Herausgeber der Reihe:

FMI
Facility Management Institut
Berlin

Facility Management 3

Heinrich Harden
Hans Kahlen
(Hrsg.)

Planen, Bauen, Nutzen und Instandhalten von Bauten

Verlag W. Kohlhammer
Stuttgart Berlin Köln

Die Deutsche Bibliothek – CIP-Einheitsaufnahme

Planen, Bauen, Nutzen und Instandhalten von Bauten /
Heinrich Harden ; Hans Kahlen (Hrsg.). – Stuttgart ; Berlin ;
Köln : Kohlhammer, 1993
(Facility Management ; 3)
ISBN 3-17-010763-1
NE: Harden, Heinrich [Hrsg.]; GT

Verlag: W. Kohlhammer GmbH Stuttgart Berlin Köln
Verlagsort: Stuttgart
Gesamtherstellung: Uwe Kraus GmbH, Murr
Printed in Germany

Vorwort

Der Begriff 'Facility Management' ist dabei, Eingang in die deutsche Sprache zu finden. Vor wenigen Jahren noch unbekannt, kommt er jetzt häufig in Titeln von Artikeln, Publikationen und Veranstaltungen vor.

Das Facility Management Institut als Herausgeber dieser Buchreihe darf darin auch die Frucht langjähriger Bemühungen um die Untersuchung, Weiterentwicklung und Verbreitung dieses Ansatzes sehen. Zugleich ist damit auch der Zeitpunkt für eine Bestandsaufnahme gegeben.

Eine solche Bestandsaufnahme darf nicht nur den heute in Europa erreichten Stand von Theorie und Praxis umfassen, sondern muß auch die jenseits des Atlantiks gelegenen Wurzeln sichtbar machen, um dem deutschsprachigen Leser ein vollständiges Bild zu vermitteln.

Die Beiträge aus den USA, die den ersten Teil des Bandes bilden, verdeutlichen den primär praktischen, in den Bedürfnissen der Gebäudenutzer begründeten Zusammenhang, aus dem dort Facility Management als reflektierte Tätigkeit hervorging und ihren Ausdruck in einer Berufsorganisation fand, die sich ein Berufsbild mit Curriculum und professionellem Verhaltenscodex schuf.

Darüber hinaus wird die schnelle Etablierung von Facility Management als eigenständigem Verantwortungsbereich in US-amerikanischen Unternehmen als Reaktion sowohl auf spezifische ökonomische Herausforderungen, vor denen diese Unternehmen in den 80er Jahren standen, als auch auf die sich rasant entwickelnden Möglichkeiten der Datenverarbeitung (CAD, Datenbanken, Workstations und PCs) erkennbar.

Allerdings sei an dieser Stelle darauf hingewiesen, daß Facility Management in den USA Funktionen hat, die ihm in Deutschland, und auch in Österreich und in der Schweiz, nicht zukommen können: Während hier das Anlagevermögen aus bilanz- und steuerrechtlichen Gründen eher als eine Möglichkeit zur Schaffung und Wahrung stiller Reserven dient, gibt es in den USA

Gründe, den Wert von Anlagen möglichst hoch erscheinen zu lassen und Facility Management auch zu diesem Zweck einzusetzen.

Eine signifikante Praxis des Facility Management existiert in Europa bisher von der Beratungsseite vor allem in den Niederlanden und in Großbritannien; dort vor allem durch die starke Rolle des öffentlichen Sektors geprägt. Den Hintergrund dafür bildet eine spezifische Tradition sozialökonomischer Theoriebildung, die z. B. in den Beiträgen von Keith Alexander und Gareth Mulligan durchscheint.

Generell zeichnen sich die europäischen und vor allem die deutschsprachigen Beiträge durch eine starke theoretische Ausrichtung aus. Einer kaum in Ansätzen vorhandenen Praxis vorgreifend, entstanden vor allem an der Wirtschaftsuniversität Wien und der Johannes Kepler Universität Linz eine Reihe von Dissertationen, die versuchten, die Vorbehalte, die in den Vorstandsetagen europäischer Unternehmen immer noch gegen die Konstituierung eigenständiger Facility Management-Verantwortungsbereiche bestehen, durch eine wissenschaftliche Argumentation aufzulösen. Ziel war es dabei, das 'exotische' Phänomen Facility Management in die klassische Betriebswirtschafts- und Managementlehre bzw. in die den Ingenieuren vertrauten planungskybernetischen Ansätze einzuordnen und damit gleichsam zu 'naturalisieren'.

Auf der anderen Seite waren es vor allem Anlagenbauer, Fabrikplaner, Architekten und beratende Ingenieure, die einerseits getrieben von den Insuffizienzen der gegenwärtigen arbeitsteiligen Planungs- und Bewirtschaftungspraxis bei baulichen Anlagen und Gebäuden, andererseits gelockt von den Möglichkeiten der informationellen Integration, welche die rasante Entwicklung der Computer- und Softwaretechnik verspricht, nach umfassenden, systemtheoretisch abgesicherten Planungskonzepten suchten.

Alle diese Ansätze spiegeln sich in den Beiträgen des zweiten und auch des dritten Teils wider, wobei der zweite einen expliziten Theoriebezug aufweist, während der dritte primär den Andeutungen einer entstehenden Facility Management-Praxis gewidmet ist. Dabei kommt eine Erscheinung ins Blickfeld, die infolge der jahrelangen Vernachlässigung der Erfordernisse einer effektiven Gebäudebewirtschaftung durch die Unternehmen in naher Zukunft hohes Gewicht erhalten wird: Facility Management als externe Dienstleistung.

Die totalisierenden, auf ein ganzheitliches, alle Lebensphasen und fachlichen Aspekte von baulichen Objekten umfassendes Facility Management gerichteten theoretischen Versuche aus dem deutschen Sprachraum, die darin einen extremen Kontrast zum pragmatischen Vorgehen in den USA abgeben, leiden unter der tatsächlichen Nichtexistenz einer Instanz, die dazu in der Lage wäre, eine zusammenhängende Verantwortung für Planen, Bauen, Nutzen und

Instandhalten von Bauten zu verkörpern und wahrzunehmen. In der Realität herrscht die Zersplitterung der Zuständigkeiten, die Diskontinuität der Lebensphasen vor.

Die Datenbank, die in den theoretischen Entwürfen ein Objekt durch sein ganzes Leben begleiten sollte, repräsentiert nur — abgesehen davon, daß die dazu erforderliche Technik noch nicht ausgereift ist — die Möglichkeit, nicht die Realität einer zusammenhängenden Bauverantwortung. Von deren konkreter Gestalt geben diese theoretischen Versuche keine Rechenschaft.

Ist es sinnvoll, für jene eine institutionalisierte Form zu suchen oder ist es hier letzten Endes nicht angezeigt, im Sinne des 'common sense' der angelsächsischen Tradition ein Gleichgewicht der beteiligten Interessen anzustreben, das auf die Fähigkeit zu Kommunikation und Kompromiß baut?

An dieser Stelle wendet sich unsere Aufmerksamkeit den Architekten zu, die am Anfang des Lebens eines Bauwerks, indem sie entwerfen, Entscheidungen über die Verwendung von Ressourcen treffen, die denen vergleichbar sind, die sonst das Topmanagement eines Unternehmens trifft, und die die ausgewählten Ressourcen in einem Managementprozeß auf ein sich herausschälendes Ziel hin zu bewegen haben.

Zu welchen Visionen sind Architekten angesichts der Aufgaben und Möglichkeiten am Ende dieses Jahrhunderts und vor der darin enthaltenen Herausforderung, die Einheit des Bauens herzustellen, fähig?

Die Beiträge im abschließenden vierten Teil des Bandes geben darauf keine endgültige Antwort, sondern zeigen Facetten eines neuen Selbstverständnisses der Architekten, das sich in Reaktion auf soziale Veränderungen, wirtschaftliche Anforderungen und technische Möglichkeiten herauszubilden beginnt. Darin zeichnet sich ab, daß Architekten im Gesamtprozeß des Bauens in Zukunft eine zentrale Rolle übernehmen könnten. Entscheidende Momente dieser Rolle bilden eine professionelle Ethik, die sich am Nutzerinteresse und der Bewahrung des Gemeinwohls orientiert und eine Management-Kompetenz, die unter Nutzung moderner Informationstechnik die Einheit und Kontinuität von Planen, Bauen, Nutzen und Instandhalten herzustellen in der Lage ist.

Die Herausgeber danken allen Autoren für die Überlassung der Beiträge. In vielen Fällen, vor allem bei den englischsprachigen, waren umfangreiche Umarbeitungen und Kürzungen notwendig, um sie dem Umfang und der Zielsetzung dieses Bandes anzupassen. Dabei muß den Mitarbeitern, die in diesem Zusammenhang aufwendige editorische Arbeiten übernahmen, ganz besonders gedankt werden. Ohne den Einsatz von Frau Dr. sc. Petra Heinich und Herrn Rainer Fischbach wäre das Buch in dieser Form nicht entstanden.

Ein Beitrag fehlt jedoch. Der Aufsatz eines unserer frühesten Weggefährten in diesem Bereich, Professor Klaus Simons von der Technischen Universität Braunschweig, konnte durch dessen tragischen Unfalltod nicht mehr vollendet werden. Seine Erfahrung und sein Fachwissen wären unzweifelhaft eine Bereicherung gewesen.

Graz, im Juli 1993 — Michael Hofmann

INHALTSÜBERSICHT

FACILITY MANAGEMENT IN EUROPA

FACILITY MANAGEMENT IN DER PRAXIS

FACILITY MANAGEMENT IM SPIEGEL EINES ERNEUERTEN BAUVERSTÄNDNISSES DER ARCHITEKTEN

INHALTSVERZEICHNIS

Ökonomie der bebauten Umwelt

Integratives Baumanagement

Bauprozeß der Zukunft

Forderungen an Industriebauten

FACILITY MANAGEMENT IN DER PRAXIS

Einführung

Planen, Bauen, Nutzen und Instandhalten

von
Heinrich Harden

Beim Bauen sind von der Formulierung der baustrategischen Ziele bis hin zur Leitung und Überwachung der Bauausführung ebenso wie in der daran anschließenden wirtschaftlichen Nutzung und Unterhaltung von Gebäuden und baulichen Anlagen erhebliche konzeptionelle und koordinierende Leistungen erforderlich, die künstlerische, technische, soziale, rechtliche und wirtschaftliche Belange integrieren. Diese Aspekte bestimmen den Lebenszyklus eines Bauwerkes, der durch den Zusammenhang von Planen, Bauen, Nutzen und Instandhalten gekennzeichnet ist.

Es ist davon auszugehen, daß Methoden der Planung, Abwicklung und der Verwaltung von Bauten im Wirtschaftsprozeß zunehmend wichtiger werden, da sie die Investitions- und Kostensicherheit erhöhen. Mit den bisherigen konventionellen Methoden sind aber offensichtlich die Planung und Realisierung großer Objekte nicht mehr zu bewältigen. Auch eine realistische Bewertung der Bauten ist in der Nutzungsphase vor allem wegen fehlender Daten äußerst schwierig.

Die Integration aller Komplexe der Planung, Ausführung, Nutzung und Unterhaltung von Gebäuden und baulichen Anlagen, die wirtschaftlichen Zwecken dienen, stellt eine außerordentliche Aufgabe dar. Dabei ist auch noch zu berücksichtigen, daß mit der rasanten Entwicklung der Produktions- und Automationstechnik und des gesamten High-Tech-Bereiches sowohl die Bauwerke und ihr Lebenszyklus nachhaltig verändert werden, als auch vollkommen neue Anforderungen vor den bauausführenden Berufsgruppen stehen. Gleichzeitig vollzieht sich in diesem Prozeß eine zunehmende Differenzierung der Zuständigkeiten, durch die die Verantwortung für das Gelingen eines Bauprojektes auf eine Vielzahl unterschiedlicher Spezialisten verteilt wird. Nicht selten wird dabei die durchgehende Steuerung der Planungs- und Bauaktivitäten durch unklare Definitionen von Zuständigkeiten gefährdet, so daß schwerwiegende Informations- und Verantwortlichkeitslücken entstehen. Hohe Termin- und Kostenüberschreitungen, schlechte Ausführungsqualität und teure Nachbesserungen können die Folge sein.

Aus diesem Grunde sollte eine zusammenhängende Planungsverantwortung über den gesamten Lebenszyklus eines Bauwerkes angestrebt werden. Sowohl bei der Integration, bei der Planung und Realisierung als auch über die Fertigstellung des Bauwerkes hinaus sind die verschiedenen Planungsaspekte von Nutzung, Instandhaltung, Umnutzung, Umbau und Abbruch zusammenhängend wahrzunehmen. Es werden damit Funktionen erfaßt, die der Verfasser in Kenntnis und Bewertung der nationalen und internationalen Entwicklung als umfassendes Facility Management definiert.

Die Planung von Bauten wird parallel oder auch in zeitlicher Folge heute in der Regel von verschiedenen Unternehmen (Architekten, Ingenieurbüros, Bauunternehmen, Bauträgerfirmen u. a.) wahrgenommen. Angelegenheit des Investors ist die daran anschließende Planung von Nutzung, Instandhaltung und Umbau. Es ist leider kein ausreichender gesetzlicher Rahmen für ein derartiges Leistungsphasenkonzept vorhanden, da auch das Leistungsbild der Honorarordnung für Architekten und Ingenieure (HOAI) im Prinzip bei der Übergabe der Bauten abschließt.

Planung, Errichtung, Nutzung und Instandhaltung von Bauten erfordert deshalb ein Management, das Ziele verbindlich formuliert, deren Erfüllung überwacht und, wenn erforderlich, korrigierende Eingriffe vornimmt.

Im Rahmen dieser Probleme richtet sich die Aufmerksamkeit auf die Möglichkeiten zur Anwendung der Computertechnik wie das Computer Aided Design (CAD) und die damit zusammenhängenden CA-Techniken, die z. B. in der maschinenbauenden Industrie schon lange Einzug gefunden, jedoch im Bauwesen aus den unterschiedlichsten Gründen noch nicht diese Bedeutung erlangt haben. Einer der wesentlichsten Gründe liegt sicherlich in der spezifischen Struktur der Bauwirtschaft, in ihrem Produktions- und im Wertbildungsprozeß. Auch haben nur wenige Unternehmen in der Bauwirtschaft die für einen komplexen Einsatz erforderliche Größe, aber ebenso spielen Berührungsängste hier eine nicht unbedeutende Rolle. Andererseits ist jedoch eine entscheidende Dimension von CAD zu erkennen, die es perspektivisch für die fachliche und zeitliche Integration aller Phasen von der Bauplanung bis zur Baunutzung erhält.

Ohne die Möglichkeiten der Computertechnik zu nutzen, wird eine zusammenhängende Verantwortung über den gesamten Entstehungsprozeß eines Gebäudes bzw. einer baulichen Anlage, die die einzelnen Fachaufgaben integriert und nach Fertigstellung die diversen Anforderungen im Zusammenhang mit der Nutzung, der Instandhaltung und dem Umbau eines Bauwerkes koordiniert, eine nicht realisierbare Aufgabe. Angesichts der Breite des heute vorhandenen Wissens von der Planung bis zur Instandhaltung, das sich in viele Spezialdisziplinen untergliedert, wird natürlich die Konzentration der Teilbereiche auf eine einzige 'Instanz' bzw. auf eine Person illusorisch. Darum kann die Lösung dieses Problems nur in der Kooperation der einzelnen Fachbereiche und Spezialisten auf der Basis einer einheitlichen Informationsgrundlage liegen. Dadurch wird es allen Beteiligten möglich, sich jederzeit über den Umfang der zu erbringenden Leistungen und über die noch offenen Fragen Klarheit zu verschaffen.

Hier wird deutlich, daß der Einsatz eines CAD-Systems allein noch nicht die erwünschten Produktivitäts- und Qualitätssteigerungen erbringt. Erst der organisatorische Zusammenschluß von Systemen, der Austausch von Zeichnungs- und Modelldaten zwischen verschiedenen CAD-Systemen, die von Architekten, Fachingenieuren und anderen Spezialisten genutzt werden, und die problemlose Datenübergabe vom CAD-System zu den Programmen, die für die Ausschreibung, Vergabe und Abrechnung oder verschiedene technische und wirtschaftliche Analysen und Prognosen eingesetzt werden, bringt reale wirtschaftliche Vorteile.

Die Entwicklung computerbasierter Werkzeuge, mit denen der Entstehungsprozeß eines Gebäudes oder einer baulichen Anlage in seiner Gesamtheit gesteuert und organisiert werden kann, ist die technische Seite des Problems, der zunehmenden Komplexität der Bauaufgaben gerecht zu werden. Unter dem Begriff des Facility Management wird der ganzheitliche strategische Rahmen für koordinierte Anstregungen, um Gebäude, ihre Systeme und Inhalte kontinuierlich bereitzustellen, funktionsfähig zu halten und an die wechselnden organisatorischen Bedürfnisse anzupassen, abgesteckt. Ziel ist es, höchste Gebrauchsqualität und Werthaltigkeit der Gebäude und ihrer Systeme zu erreichen.[1]

Obgleich sich das Facility Management zunächst in Nordamerika unmittelbar aus der Praxis heraus, ohne theoretische Grundlagen, entwickelte, ist mittlerweile, insbesondere durch die Eingliederung der Möglichkeiten der Computertechnik ein konzeptioneller Rahmen entstanden, der richtungsmäßig

1 Vgl. EURO FM Network, 1988

zu einem ganzheitlichen Baumanagement führt. Das läßt sich aus Art und Umfang der heute gestellten Aufgaben deutlich erkennen:[2]

— Gebäude sollen einerseits einen erwarteten Nutzen bringen, binden andererseits jedoch auch große Mengen an Kapital. Zwischen Nutzenerwartung und Kapitaleinsatz muß deshalb eine angemessene Proportion bestehen. (...)
— Planung und Durchführung von Baumaßnahmen setzen sich heute aus einer großen Anzahl von Einzelleistungen verschiedener Beteiligter zusammen, da wirtschaftlich genutzte Gebäude eine Menge technischer Systeme bedingen, zu deren Planung eine Vielzahl von Fachingenieuren notwendig ist. (...)
— Der Umfang der gesetzlichen Bauauflagen nimmt gegenwärtig in der Regel beachtliche Ausmaße an. Es bedarf deshalb besonderer Anstrengungen, die Planung auf das Ziel der Genehmigungsfähigkeit durch die Baubehörden hin zu orientieren. (...)
— Im Verlauf der Planung und Realisierung eines Gebäudes ist ständig zu überprüfen, ob die inhaltlichen Planungsziele kosten- und fristgerecht zu erreichen sind. (...)
— Während seiner Nutzungsphase muß ein Gebäude nicht nur instandgehalten werden. Eine optimale Gebäudenutzung verlangt öfters Modifikationen der Raumnutzung, die organisatorische Änderungen, Verschiebungen im unternehmerischen Leistungsspektrum oder technischen Fortschritt widerspiegeln. (...)

Mit der zunehmenden Technisierung bzw. Automatisierung von Bauwerken entwickeln sich diese zu komplexen technischen Systemen. Damit wird es relevant, die Charakterisierung eines technischen Systems über seine zeitlichen Entwicklungsphasen auch auf Bauprojekte zu übertragen. Die Einordnung der umfänglichen Leitungs- und Steuerungsaufgaben in den Lebenszyklus von Bauwerken ist die entscheidende Grundlage für ein ganzheitliches Managementkonzept.

Das theoretische Konzept des Lebenszyklus eines Bauwerkes legt die Grundlage für eine systematische bzw. wissenschaftliche Herangehensweise, die Charakteristika der einzelnen Phasen zu erfassen, ihre wechselseitigen Bedingtheiten zu erkennen und im Rahmen der ihnen übergeordneten Ganzheit zu sehen. Das Facility Management als ein 'ganzheitlicher strategischer Rahmen' verlangt natürlich, die Konsequenzen dieses ganzheitlichen Konzeptes genauer zu betrachten.

Ganzheit als Kategorie spielte bereits in der Philosophie der Antike eine wichtige Rolle. Erstmalig wird bei Aristoteles der Begriff 'Ganzes' (holon)

---

2 Hans Kahlen, "Beratung und Managementleistungen des Architekten", in: Walter Sertl, Klaus Zapotoczky, (Hrsg.), Neue Leistungsinhalte und internationale Entwicklungen der Unternehmensberatung, Reihe Management Consulting, Band 2, Stuttgart, Berlin (West), Köln: Kohlhammer, 1989, S. 193 ff.

deutlich von dem Begriff der bloßen Gesamtheit (pantes) unterschieden.[3] Jedoch würde uns dieses ganzheitliche Verständnis in Bezug auf die Komplexität des Lebenszyklus eines Bauwerkes nicht befriedigen. Im Zusammenhang mit der Erklärung und Strukturierung der Welt wurde das Problem der Ganzheit und seines Verhältnisses zu den Elementen in der Geschichte der Philosophie bis in die Gegenwart immer wieder diskutiert.

In der modernen Wissenschaft wird Ganzheit als ein relativ selbständiges System verstanden, dessen Eigenschaften sich qualitativ von denen seiner Elemente unterscheiden und dessen spezifische Verhaltensweise nicht allein aus der der Elemente ableitbar ist. Eine Ganzheit ist folglich um die spezifischen Beziehungen zwischen seinen Elementen reicher als die Summe seiner isolierten Teile.

Dieses Verständnis der Ganzheit ist auch die Grundlage für das theoretische Konzept des Lebenszyklus eines Bauwerkes. Planen, Bauen, Nutzen und Instandhalten wirken jeweils in ihrer eigenen Spezifik und in ihren gegenseitigen Beziehungen im Lebenszyklus. Dabei fließen ökonomische, technische und soziale Aspekte in unterschiedlichen Qualitäten und Quantitäten in die einzelnen Phasen ein, die es umfänglich zu erkennen gilt, um sie im Prozeß der Leitung und Steuerung des Lebenszyklus eines Bauwerkes berücksichtigen und optimal ausnutzen zu können. Die dazu notwendige Ganzheitlichkeit ist besonders herauszustellen.

Das Facility Management als 'ganzheitlicher strategischer Rahmen' erzeugt damit natürlich auch die Notwendigkeit eines integrativen Moments als Methode, die einzelnen Phasen in ihrer Spezifik und ihren Beziehungen zu erfassen. Damit stellt sich die umfassende und zusammenhängende Computerunterstützung des Facility Management speziell als Integrationsaufgabe dar. Vor allem die Koppelung von CAD- und Datenbanksystemen ermöglicht die organisatorisch zusammenhängende Planungskonzeption bis hin zur Nutzung und Verwertung von Gebäuden, und damit die praxisrelevante Umsetzung des theoretischen Konzeptes des Lebenszyklus eines Bauwerkes.

Mit dieser Anbindung des Facility Management an den sich rasant entwikkelnden High-Tech-Bereich wird deutlich, daß Facility Management keinesfalls ein fertiges Produkt sein kann, sondern vielmehr eine Organisations- und Arbeitsmethode ist, die auf modernsten CAD-Systemen, die graphische und alpha-numerische Daten miteinander verknüpfen, basiert.

3 Vgl. Aristoteles von Stagira, Metaphysik, aus dem Griechischen übersetzt von Friedrich Bassenge, Berlin (Ost): Aufbauverlag, 1960, S. 137 (S. 1024 A)

Das theoretische Konzept des Lebenszyklus eines Gebäudes erhält damit eine praktische Bedeutung, ebenso wie die erforderliche umfassende Bauverantwortung eine technische Basis. Eine wesentliche Voraussetzung für Facility Management ist jedoch eine funktionierende informationstechnische Infrastruktur. Die praktische Umsetzung stößt zur Zeit noch auf Schwierigkeiten. Dazu gehört, daß die erforderliche Software noch nicht lückenlos verfügbar ist (sie fehlt vor allem für die Unterstützung der frühen Planungsphasen) und daß sich das Facility Management als interdisziplinäres Konzept schwer einordnen und keiner der davon tangierten Berufsgruppen allein zuordnen läßt. Dazu kommt noch, daß die Unternehmen, die Programme für den Baubereich anbieten, softwaretechnisch nicht kompetent genug erschienen, um ihre Produkte rasch genug auf ein breiter werdendes Spektrum leistungsfähiger Hardware neuer Generation übertragen und untereinander vernetzen zu können.

Die Betrachtungen zur Gestaltung eines durchgängigen Baumanagements erlauben die Formulierung bestimmter Entwicklungstendenzen und vordringlicher Aufgaben.

Die heute unbedingt notwendige hohe Marktflexibilität der Unternehmen führt zu kürzeren Produktzyklen, die zu einer immer schnelleren Umstellung in der Fertigung der Unternehmen zwingt. Experten gehen davon aus, daß sich in der Konsumgüterindustrie spätestens nach zwei Jahren die gesamte Produktion nicht mehr an ihrem alten Platz befindet, in der Werkzeugmaschinenindustrie liegen diese Intervalle bei drei bis fünf Jahren, bei Erzeugnissen der Elektronikbranche wird sogar teilweise einmal im Jahr umstrukturiert.

International haben wir gegenwärtig noch den Zustand zu verzeichnen, daß zwar die Erzeugnisse mit CAD exakt auf dem Computer beschrieben werden können, aber die Informationen über die Produktionsstrukturen wie Gebäude, Maschinen und Versorgungsanlagen müssen mühevoll und zeitraubend zusammengestellt werden.

Facility Management im Sinne eines gesamthaften Baumanagements, als Einheit von Planen, Bauen, Nutzen und Instandhalten, wird bei Industrie-, Fertigungs- und Büroplanern, bei Architekten, Bauunternehmen und Gebäudetechnikern auf großes Interesse stoßen. Auf der operativ-technischen Ebene sind die Vorteile offensichtlich, da die Daten der einmal mit CAD geplanten Architektur, Konstruktion und Gebäudeausrüstung Grundlage für alle in den späteren Jahren eventuell folgenden Veränderungen bleiben können. Die Bauherren und/oder Nutzer können sie in ihr eigenes System der Gebäudeverwaltung und -bewirtschaftung übernehmen und legen sie ihren weiteren Planungen zugrunde. Die damit verbundene Nachfrage wird nach Ansicht von Experten aufgrund der Nutzenpotentiale in den nächsten drei bis fünf Jahren auf 15—20% des CAD/CAM-Leistungsmarktes geschätzt.

Einsparungspotentiale ergeben sich bei der organisatorischen und methodischen Anwendung des Facility Management

— aus Einsparungsnutzen bei ausgewählten Kostenelementen, der in jedem Fall kosten- und gewinnwirksam ist,
— aus Effizienzsteigerungen durch Verbesserung der Ablauf- und Informationsorganisation im Hinblick auf eine Erhöhung des Wirkungsgrades als quantitativen Aspekt,
— aus der qualitativen Wirkung der Aufgabenstellung, die sich in Aktualität, Schnelligkeit, Zuverlässigkeit und anderen Faktoren widerspiegelt, sowie
— aus Leistungs- und Effektivitätssteigerungen durch bessere Entscheidungsfähigkeit, schnellere und genauere Informationen sowie verbesserte Kommunikation.

Auf der strategischen Ebene ist das Potential, das Facility Management enthält, erst noch zu entdecken. Hier stellt sich die Frage, wer letzten Endes das Subjekt der ganzheitlichen Bauverantwortung sein wird. Wer wird die reale Zersplitterung der Prozesse des Planens, Bauens, Nutzens und Instandhaltens aufheben? Werden die Unternehmensführungen, werden Architekten und Ingenieure die hier liegende Herausforderung annehmen und zu neuen, zukunftsweisenden Mustern der Zusammenarbeit finden?

Die folgenden Beiträge sollen zumindest richtungsweisend auf diese Fragen eingehen. Komplette Antworten im Sinne eines umfassenden Lösungsansatzes für alle Probleme im Bauprozeß durch technische Hilfsmittel oder theoretische Konzeptionen zu erhalten, hieße aber zu verkennen, daß es sich letztendlich um eine Beziehungs- und Sozialproblematik zwischen allen auf die Phasen einwirkenden Menschen handelt, wie es der Begriff Facility Management auch erkennen läßt.

Facility Management in den USA

Herkunft und Anfänge

von
Melvin R. Schlitt

Ende der 70er Jahre bekam der weltgrößte Möbelhersteller, die Herman Miller Corporation, Schwierigkeiten mit seinen Kunden. Seine Büro-Möbel-Systeme erwiesen sich als zu schwerfällig, um sie den Anforderungen entsprechend schnell und unkompliziert einsetzen zu können. Das Möbelprogramm war zu kompliziert, um es zu 'managen'.

Das war für Herman Miller das auslösende Moment, zusammen mit seinen Kunden über diese Problematik nachzudenken. Unter dem Titel "Facilities Impact on Productivity" wurden von der Herman Miller Corporation 1978 die bedeutendsten Kunden zu einer Konferenz eingeladen. Für viele war es dabei überraschend, über den Zusammenhang von Facilities und die Produktivität der Arbeitenden nachzudenken. Als Ergebnis wurde eine Broschüre herausgegeben, in der die entscheidenden Erkenntnisse zur Verbesserung des Designs unter den Aspekten der besseren Nutzung und der leichteren Umgestaltung der Einrichtungssysteme dargestellt wurden.

Einige Monate später bekam Dave Armstrong, der mit an dieser Konferenz teilgenommen hatte, vom Präsidenten der Forschungsabteilung der Herman Miller Corporation das Angebot, eine Konzeption für eine Arbeitsgruppe zu entwickeln, die sich mit Fragen des bestmöglichen Managements der Ausstattung und Einrichtung in Unternehmen befassen sollte. Dieses Konzept sollte sich in erster Linie an der Forschung orientieren, aber auch die Ausbildung und Beratung berücksichtigen.

Dies führte im Juni 1979 zur Gründung des Facility Management Institute (FMI) in Ann Arbor, Michigan, durch Dave Armstrong. Das Institut bestand aus Spezialisten unterschiedlichster Fachrichtungen, vom Designer bis zum Architekten. Im Dezember 1979 folgte auch ich, als Spezialist für die Organisation von Banken, dem Ruf an dieses Institut. Folgerichtig spezialisierte ich mich auf die Probleme des Facility Management im Finanzgewerbe.

Bevor an diesem Institut irgendwelche Ausbildungsprogramme entwickelt werden sollten, wollten wir erst einmal eine entsprechende Erhebung durchführen. Um eine Datenbank aufbauen zu können, wählten wir 50 verschiedene Unternehmen unterschiedlicher Größe aus und analysierten die Zuständigkeiten für die Facilities. Wir mußten feststellen, daß die meisten Unternehmen über keinerlei Planung ihrer Facilities verfügten. Sowohl die großen als auch die kleinen Unternehmen widmeten sich ihrer Ausstattung auf der 'last minute basis'. Es bestanden keinerlei Überlegungen oder Strategien, wie die Ausstattung oder Einrichtung die Erfüllung der Unternehmensziele beeinflussen könnten.

Auf der Basis dieser Untersuchungsergebnisse konnten wir ein Ausbildungsprogramm entwickeln und die Grundlagen für einen neuen Berufszweig, den Facility Manager, legen. Wir benutzten den Begriff 'Facility Management' gegenüber dem des Gebäude-, Immobilien- oder Liegenschaftsmanagements, um bewußt darzulegen, daß die Gebäude, in denen die Menschen arbeiten, wirklich den Arbeitsprozeß beeinflussen und somit Facilities einfach mehr sind als nur Bauten oder Anlagenvermögen — ein Prozeß, den es zu 'managen' gilt.

Anfang 1980 begannen wir unser erstes Ausbildungsprogramm am FMI. Wir waren natürlich über das große Interesse überrascht. Die Teilnehmer waren zufrieden, sich endlich mit Fachkollegen über Probleme aussprechen und ihre Meinungen austauschen zu können. Bislang hatten sie sich isoliert gesehen und im Alleingang die Verantwortung für die Facilities ihres Unternehmens wahrgenommen. Es wurde aber schrittweise erkannt, daß Facility Management eine viele Bereiche der Unternehmensleitung übergreifende Aufgabenstellung darstellt.

Ebenfalls seit Anfang 1980 überprüften wir Möglichkeiten für einen Zusammenschluß oder einen Verband, in dem sich die Vertreter des neuen Berufszweiges organisieren könnten. Wir sprachen mit Organisationen, in denen bereits Teilbereiche des Facility Management vertreten waren, konnten aber in diesen Einrichtungen keine Bereitschaft für ein Zusammengehen mit dem FMI finden. Deswegen beschlossen Dave Armstrong und ich, einen eigenen Verband für das Facility Management zu gründen und vor allem Kunden der Herman Miller Corporation und Teilnehmer unserer Seminare als Mitglieder zu gewinnen. Tatsächlich fanden wir gleich Denkende und gründeten im Oktober 1980 auf einer Konferenz des FMI die 'National Facility Management Association' (NFMA) mit George Graves als ersten amtierenden Präsidenten.

Das ursprüngliche Konzept sah in der NFMA Firmenmitgliedschaften vor, mit dem Ziel, durch die Verbesserung der Produktivität der Angestellten den

Gewinn zu erhöhen. Es erwies sich jedoch bald als erfolgreicher, die NFMA als Personenvereinigung zu entwickeln. Es wurde eine Serie von Unterlagen für Mitglieder erarbeitet, die die Vorteile unseres Verbandes zur Zusammenarbeit Gleichgesinnter darlegte und unsere Weiterbildungsprogramme vorstellte. Einer unserer Vorteile bestand darin, daß die Entwicklung der NFMA durch ein Forschungsprogramm des FMI begleitet wurde.

Leider mußte ich feststellen, daß sich die ursprüngliche Nähe zur Herman Miller Corporation aus verständlichen Gründen als negativ herausstellte. Erst mit der vollständigen Trennung von Hermann Miller konnte sich die NFMA zu einer wirklich unabhängigen Vereinigung entwickeln.

Nachdem es uns gelungen war, die Unabhängigkeit der NFMA überzeugend darzustellen, entstanden auch erste Untergruppen im gesamten Land. So konnte die NFMA von 300 Mitgliedern im ersten Jahr auf 600 im zweiten und 1.200 Mitglieder im dritten Jahr anwachsen. Zu diesem Zeitpunkt traten auch kanadische Interessenten an uns heran, um sich über unsere Erfahrungen mit einer solchen Organisation zu informieren. Wir konnten feststellen, daß wir die gleichen Vorstellungen über den Sinn und Zweck eines solchen Berufsverbandes vertraten und daß es auch effektiver wäre, eine gemeinsame Organisation anstelle zweier separater zu unterhalten.

Nach der Regelung der organisatorischen Voraussetzungen wurde die National Facility Management Association in die International Facility Management Association (IFMA) umgewandelt, ohne daraus eine Vormachtstellung der US-Unterorganisationen zu etablieren. Die IFMA konnte dann ihre Mitgliederzahl jährlich verdoppeln und erreichte 1992 über 10.000 Mitglieder.

Durch das Forschungsprogramm, das Ausbildungsprogramm, ein Verbandsjournal und Konferenzen konnte die IFMA die Personen miteinander vereinigen, die in ihren Unternehmen für das Facility Management verantwortlich sind, und wurde damit zur größten Vereinigung für den Berufszweig in der Welt.

Wegen des großen Einflusses, den die Facility Manager auf die Beschaffung von Ausrüstungen, Möbeln, Lichtsystemen, Telekommunikationssystemen usw. in ihren Unternehmen haben, sind gerade sie bei den entsprechenden Firmen begehrt. Aus diesem Grunde wurde die IFMA zu einer starken Organisation und zu einem begehrten Partner der betreffenden Industriezweige.

Berufsprofil und Perspektiven

von
Edmond P. Rondeau

Seit über 15 Jahren arbeite ich auf verschiedenen Gebieten des Facility Management und konnte miterleben, wie sich dieser neue Berufszweig etablierte. Dabei muß der heutige Stand des Facility Management nur im Rahmen der sich neu andeutenden Trends im Management allgemein gesehen werden.

Der Begriff des Facility Management wird von vielen sehr unterschiedlich interpretiert. Die United States Library of Congress definiert das Facility Management als:

> "Die Praxis, den physischen Arbeitsplatz mit den Menschen und mit der Arbeit der Organisation zu koordinieren; integriert die Grundlagen der wirtschaftlichen Betriebsführung, der Architektur und der Verhaltens- und Ingenieurwissenschaften."

Heute wird in den USA das Facility Management als die Führungstätigkeit im Zusammenhang von Planung, Organisation, Versorgung und Kontrolle der produktiven Arbeitsumgebung betrachtet.

Als zentrale Prinzipien, die die technischen Komponenten der FM-Praxis determinieren, gelten:

Die Lebensqualität

Management und Angestellte erwarten und benötigen eine angenehme, sichere und effektive Arbeitsumgebung, die integrierte Ausbildungsprogramme, eine flexible Gesundheitsbetreuung, flexible Arbeitszeiten, ein Altersversorgungssystem usw. beinhaltet.

Die Kosteneffektivität

Das Management, hausinterne Nutzer der Dienstleistung, externe Berater und Verkäufer fordern und sind gefordert, ihre Geschäftspraktiken unter der besonderen Betonung von Qualität und Zuverlässigkeit zu betrachten.

Die Flexibilität

Facility Manager wie auch alle anderen Führungskräfte müssen die Komponenten ihres Geschäfts verstehen und für Veränderungen der Bedingungen bei wechselnden Nutzeranforderungen an die Arbeitsplätze flexibel sein.

In den meisten Fällen ist der Facility Manager als Bereichleiter, Direktor oder Vizepräsident eingestellt. Seine Aufgabe besteht vor allem darin, eine Vielzahl von Spezialisten aus dem eigenen Haus oder entsprechende Berater zu managen. Außerdem muß er technische mit nicht-technischen Aspekten der Arbeitsbedingungen vereinen können und somit auch die Stimmungen am Arbeitsplatz kennen. Facility Management verlangt, vorausschauen zu können, ständig nach Verbesserung zu streben und effektiv mit den Fähigkeiten der Menschen und den Möglichkeiten der Sachgüter zu arbeiten.

Die IFMA formulierte neun Hauptwirkungsgebiete für das Facility Management:

— Langzeit-Planung für Sachgüter,
— Einjahresplanung für Sachgüter,
— finanzielle Vorausplanung und Budgetierung der Sachgüter,
— Innenraumplanung, Arbeitsplatzbeschreibung,
— Installations- und Raummanagement,
— Architektur- und Technikplanung und Design,
— Neubau- und Renovierungsarbeiten,
— Instandhaltung und Betriebsmanagement der Betriebseinrichtung,
— Integration der Unterstützungsfunktionen für Sachgüter und des Service, wie der Telekommunikation, des Verkaufs, der Sicherheit, der Versorgung usw.

Das Facility Management in den USA steht vor der Aufgabe, immer mehr Forderungen zu erfüllen, um die Produktivität zu steigern. Ein geschlosseneres Management, eine sorgfältigere Planung, bewußterer Einsatz betriebswirtschaftlicher Konzeptionen und die Analyse zukünftiger Eckwerte für die Produktivitätssteigerung sind nur einige der ständig wachsenden Anforderungen.

Um die zukünftigen Aufgaben des Facility Management charakterisieren zu können, müssen erst die neuen Trends zukünftiger Geschäftsführungspraktiken abgesteckt werden. Bereits heute deutet sich an, daß sich Marktbedingungen und Konkurrenzsituationen immer schneller und umfassender verändern werden. Schneller reagieren, noch flexibler agieren und neue Ziele in kürzerer Zeit anstreben, wird auch auf die Organisation verändernd wirken. Weniger Organisationsebenen mit weniger Personal aber mehr Autorität und Verantwortlichkeiten, eine höhere Integration der Funktionen und höhere Kontroll- und Kommunikationsanforderungen werden diese Organisationen charakterisieren. Auf der anderen Seite werden die Verbraucher umfassender informiert sein und vor allem qualitativ gute und kosteneffiziente Produkte fordern.

Aber auch die weitere Entwicklung EDV-basierter Systeme, besonders zunehmend praktikable Werkzeuge der 'künstlichen Intelligenz' werden weiterhin verändernd auf Managementstrukturen und den Personalbestand wirken. Informationssysteme werden anspruchsvoller und über größere Netzwerke zunehmend unterschiedliche Systeme integrieren. Mit diesem Trend und den zu erwartenden technologischen Trends in der Telekommunikation verlagern sich die Arbeitsplätze und entwickeln sich neue Organisationsprinzipien.

Diese zu erwartenden Veränderungen werden natürlich auch umfassende Auswirkungen im politischen Bereich nach sich ziehen. Eine neue Beschäftigungspolitik, veränderte Ausbildungsinhalte, Veränderungen in der Tarifpolitik und vieles mehr fordern sowohl das Management als auch die Politiker zu neuen Lösungen heraus.

Dieser Herausforderung, diesen umfassenden Veränderungen begegnen zu können, verdeutlicht die Bedeutung eines professionell geführten Facility Management. Facility Manager sollen bewußter in die strategische Planung des Unternehmen einbezogen werden und ihre Möglichkeiten zu Effektivitätssteigerungen durch höhere Verantwortlichkeit und Autorität zum Einsatz bringen. Die Art der Arbeit des Facility Manager wird sich gleichermaßen ändern, wie sich die gesamte Geschäftsorganisation der Unternehmen verändert. Das Verständnis der Unternehmensgeschäfte, der politischen und unternehmerischen Kultur verlangt, daß das Programm, für die Zukunft ein flexibles Arbeitsumfeld zu entwickeln, weiter verfolgt wird. Dabei verlangt die Berücksichtigung einer ständig zunehmenden Informationsmenge aus den Geschäftsvorfällen auch eine zunehmend bessere Ausrüstung der Facility Manager mit Computern und Software-Systemen, die ihrerseits die Entwicklung EDV-basierter Werkzeuge für das Facility Management fördert.

Insgesamt muß festgestellt werden, daß sich das Facility Management in den USA in dem Maße entwickeln wird, wie der Facility Manager ausgestattet werden wird mit:

— mehr Autorität und Verantwortlichkeit,
— verbesserten Verfahrens- und Handlungsweisen, aber idealerweise mit weniger Bürokratie,
— mehr Managementaufgaben innerhalb des Unternehmens mit zusätzlichen Förderungs- und Karrierechancen,
— erhöhten Anforderungen an den Qualitätsservice,
— weniger festen Mitarbeitern und mehr Beratern,
— zunehmender Fachkenntnis in Fragen der Sicherheit, der Akustik, der Luftqualität und Fragen der Rentabilität,
— mehr EDV-basierten Werkzeugen, um schneller über Entwicklungen und Empfehlungen informiert zu sein,
— der Position als Dienstleister und als Berater im Haus,
— einem besseren Zugang zur Unternehmensleitung und einer Stimme in der strategischen Sachgüterplanung.

Die Zukunft des Facility Management in den USA wird sicher schwierig sein, bietet aber für die, die kontinuierlich an dieser Aufgabenstellung arbeiten, enorme Möglichkeiten, zumal die Probleme mit dem Übergang in eine Informations- und Dienstleistungsökonomie nicht abnehmen werden. Die Herausforderung besteht darin, Gelegenheiten zu finden, die mit professionellem Know-how zu managen und zu meistern sind.

Finanzielle Einsparungsmöglichkeiten

von
Theodore B. Stout

1. Einführung

Die Absicht dieses Artikels — Ergebnis von zwei Jahren angewandter Forschung — ist es, zu zeigen, wie internationale Organisationen Richtlinien für den erfolgreichen Gebrauch der Automatisierung als Werkzeug zur Unterstützung von kosteneffektiven Unternehmensentscheidungen bezüglich Spezifizierung, Zuweisung und Verwendung ihrer wertvollen Anlagen und Liegenschaften einführten. Er zeigt auf, wie der Gebrauch von Computern nicht nur zur Überwachung von Anlagen und zum Zeichnen, sondern auch zur systematischen Finanzanalyse und -dokumentation den direktesten Weg darstellt, auf dem die Facility Manager innerhalb von Großfirmen Bedeutung und Einfluß erlangt haben.

2. Der Einsatz von Computern zur Erhöhung der Finanzkraft

Vor zwei Jahren begannen wir mit einer Serie von Studien, die anhand von finanziellen Kriterien den Effekt untersuchen sollten, den der Einsatz von Computern auf das strategische, taktische und organisatorische Management der Ressourcen eines Unternehmens hat, das heißt von Liegenschaften, Inventar, technologische Ausstattung, Möblierung und Personal. Hilfsmittel sind dabei z. B. computergestützte Entwurfs- und/oder Zeichensysteme (CAD), Datenbank-Managementsysteme (DBMS) sowie anderen Methoden und Systemen.

Wir führten diese Untersuchung des computerunterstützten Facility Management (CAFM) deshalb durch, um systematische Quantifizierungen der Leistung und der Rentabilität von Facilities zu erhalten. Bis heute haben neun Unternehmen an dieser Studie teilgenommen. Diese Unternehmen benutzen verschiedene Typen von Computerausrüstung (vom PC bis zum Mainframe) und Software (von Finanzmanagementprogrammen bis zu CAD). Eine spezielle Frage dieser Studie war der Einfluß verschiedener Methoden zur Umsetzung und Anwendung von mit Facilities und Ressourcen befaßten Management- und Informationssystemen auf die Managementverantwortlichkeiten und die finanzielle Leistungsfähigkeit der Benutzerorganisationen.

3. Produktivitäts- und Durchführungsmessungen

Die Produktivitätsmessungen und -ziffern in dieser Studie stammten von den Anwendern. Von den angesprochenen Fragestellungen wiesen die, die sich auf 'Nutzung von Informationssystemen' oder 'Unterstützung von Managemententscheidungen' bezogen, die deutlichsten Änderungen durch die Anwendung des Computersystems auf. Die Einflüsse dieser Computerhilfen und -informationen ergaben in Verbindung mit guter Planung und Managerfähigkeiten auch wesentliche Beiträge zu:

— der kurz- und langfristigen Senkung der Facility-Betriebs- und Erhaltungskosten;
— der Senkung der Kosten für Änderungen;
— der Senkung der Kosten von Bauprojekten;
— größerer Managementproduktivität und
— verbesserter Produktivität der vorhandenen Belegschaft oder Erhaltung der laufenden Kapazität bei reduziertem Personalbestand.

Die Fallstudien belegen, daß bei der in jedem Unternehmen erfolgten wesentlichen internen Kostenersparnis durch die Anwendung eines CAFM-Systems (in der Facilities-Planung- und -Managementabteilung) dessen Nutzung für die Unterstützung von Managemententscheidungen der entscheidende Faktor war. In einem Fall amortisierte sich das CAFM-System innerhalb von wenig mehr als einem Jahr durch interne Kostenersparnis.

4. Erfolge, die nicht allein auf Technologie basieren

Es ist wichtig, anzumerken, daß die Erfolge der Unternehmen, wie sie in unserer Studie zur finanziellen Auswirkung berichtet werden, nicht allein auf die Anwendung eines Computersystems (Hardware und Software) zurückzuführen sind. Die Unternehmensleitung erkannte vielmehr Potentiale, um die

Wettbewerbsposition des Unternehmens zu verbessern. Diese Werte wurden durch die Überwachungs- und Analysefähigkeiten der Computer ermittelt. Das Management zeigte auch die Bereitschaft, jene Systeme aktiv einzusetzen, um organisatorische Effizienz und Produktivitätszuwachs zu erreichen und zu erhalten.

Alle befragten Unternehmen sehen jetzt ihre CAFM-'Lösung' als kontinuierlichen Prozeß, nicht als Einmalkauf; etwas, das dauernd wächst und sich entwickelt, um die Gewinnmöglichkeiten des Unternehmens zu unterstützen.

Über drei der Teilnehmer an der Studie soll in diesem Artikel gesondert berichtet werden. Es handelt sich um eine weltweit operierende Nachrichtenagentur, eine der größten Banken der USA und eine neue und schnell wachsende Passagier-Fluglinie im Südwesten der Vereinigten Staaten. Zu Beginn wurde die größte Rentabilität von der Nachrichtenagentur berichtet. Die gesamte Ersparnis innerhalb eines Vierjahres-Zeitraums überstieg elf Millionen Dollar nur durch CAD-Einsatz. Dasselbe Unternehmen installiert derzeit ein firmenweites DBMS-System für das Liegenschafts- und Dienstleistungsmanagement. Die Kostenersparnis übersteigt bereits jetzt die Installationskosten.

Die beiden anderen Unternehmen etablierten DBMS-Systeme für Liegenschafts- und Dienstleistungsmanagement, ebenso für die strategische Planung und Verwaltung von Raum, Ausstattung und menschlichen Ressourcen. Die geringsten Einsparungen überstiegen 15% des Facility-Budgets des betreffenden Unternehmens (und das, obwohl ein Teil des Budgets bisher immer dazu benutzt worden war, die Arbeit zu automatisieren), die höchsten überstiegen 40%.

5. Fallstudien

Fallstudie Nr. 1: Bankwesen

1985 entdeckte die betreffende Bank den 'Wert ihres Anlagenbestandes', so der stellvertretende Finanzvorstand. Nachdem jährlich eine Viertelmillion Dollar nur für Rechenzentrums-Dienstleistungen ausgegeben wurde, um die Erhaltungsarbeiten an den Betriebsgebäuden zu unterstützen, wurde entschieden, daß diese und andere erweiterte Computerfähigkeiten ins Haus gebracht werden sollten. Das System würde weltweit 650 000 m^2 zu betreuen haben, die mit Hilfe eines Stabs von über 100 Fachleuten mit einem Budget von über zehn Millionen Dollar verwaltet wurden. Man erwartete für das System einen Amortisationszeitraum von zwei Jahren.

Man suchte nun ein System mit einer ausgeprägten Datenbankfunktionalität und einer Anpassungsfähigkeit, die ein Frontend garantiert, das in zukünftigen Geschäftsanwendungen leicht zu ändern, einzuführen und zu benutzen sein wird — und zwar an verschiedene Geschäftsfälle inklusive Betriebsgebäude-Erhaltung und Arbeitszeit-Plänen, Liegenschafts- und Immobilienmanagement, CAD und strategische Planungen betreffend Anlagen und Personal.

Ausgehend von einem langfristigen Abwicklungsplan erkannte dieses Unternehmen, daß aufgrund seiner Forderungen nach einer 'starken, integrierten Datenbank' der Zeitplan für die Abwicklung mit den Firmendaten abzustimmen ist. Zuerst sollte die Datenbank eingerichtet werden. Vorteile würden realisiert werden, wenn jedes Modul in Betrieb genommen worden wäre.

Die Miet- und Liegenschaftsverwaltungen wurden gemeinsam mit der Projektbudgetierung als Anwendungen zuerst eingerichtet (das waren die Anwendungen, die gemessen wurden). Danach kamen CAD (der größte Teil des Entwurfs und der technischen Planung wird immer noch extern vergeben) und die strategische Planung. Diese beiden wurden gerade eben erst miteinbezogen, denn "die Daten für genaue Planung und Projektierung sind jetzt erst mit Hilfe der integrierten Datenbank verfügbar", erklärte der stellvertretende Finanzvorstand. Er führte weiter aus:

> "Das System ist ein echter Vorteil für unser Unternehmen. Das System, das wir gewählt haben, ist extrem benutzerfreundlich. Es hat uns eine große Anpassungsflexibilität ermöglicht, indem es uns erlaubt hat, die Dateneingabe zu variieren und die Lernkurve für das Personal sehr viel flacher zu halten. Der Abwicklungsplan dahinter war natürlich auch ein Schlüssel zum Erfolg.
>
> Wir merken, daß wir gerade erst begonnen haben, die Möglichkeiten des Systems und den wahren Wert unseres Anlagevermögens zu erkennen. Letztendlich hat sich das System in weniger als einem Viertel des angenommenen Zeitraums bezahlt gemacht. An die Datenbank gekoppelte Indikatoren für finanzielle Auswirkungen halfen uns auch, Möglichkeiten zur Einsparung und Kostenvermeidung von über 15% in einigen Funktionsbereichen unseres Unternehmens aufzuspüren, und neue Ergebnisse zeigen sogar noch größere Sparmöglichkeiten an. Unsere Unternehmensleitung ist sehr zufrieden mit der finanziellen Kontrolle, die wir nun über unsere Betriebsgebäude, Liegenschaften und Ressourcen erlangt haben."

Fallstudie Nr. 2: Luftfahrt

Ein expandierendes Unternehmen benötigt expansionsfähige Systeme und Anlagen, besonders dann, wenn es sich um eine der am schnellsten wachsenden Fluglinien der Vereinigten Staaten handelt. Eine Möglichkeit, die Auswirkung dieses Wachstums auf das um 50 Millionen Dollar gestiegene Jahresbudget der Liegenschafts- und Betriebsgebäude-Abteilungen zu verringern, bestand darin, Liegenschafts- und Projektdaten effektiver zu verwalten. Computer schienen zur Unterstützung sehr geeignet.

"Wir versuchten, vor allem Leasing- und Projektbudgetierung zu automatisieren. Unsere eigene interne Informationssystem-Abteilung war damit ziemlich beschäftigt. Sie schauten sich einige Produkte für uns an, aber zwischen den einzelnen Produkten bestanden große Unterschiede."

Von Hauptinteresse für jede Passagier-Fluglinie ist das Pachtmanagement. Flughafenpacht ist jedoch von allen anderen Pachtfällen verschieden. Die Federal Aviation Authority regelt alles, was Flughäfen und gepachtete Areale betrifft. Vom geschäftlichen Standpunkt aus gesehen, erfordert dies über 200 Einzelpunkte, die berücksichtigt werden müssen, um alle pachtbezogenen Informationen zu verwalten und damit umzugehen. Sehr wenige Systeme boten die Ausstattung für die Entwicklung dieses Programms an. Darüber hinaus erlaubte keines der geprüften Systeme den Austausch von Projektbudgetierungs- und Pachtdaten.

Nach sechs Monaten fand sich endlich ein System, das dieses hohe Maß an Anpassung und Datenaustausch erlaubte. Die Anwendungen wurden (vom Kunden) auf Pachtmanagement, Projektbudgetierung und strategische Raumplanung beschränkt. Zwei Benutzer wurden mit der Programmiersprache des Systems vertraut gemacht, und die gesamte Systemanpassung wurde im Haus durchgeführt.

"Während der letzten neun Monate haben wir hart daran gearbeitet, die Pacht- und Projektbudgetierungs-Module des Systems, das wir gekauft haben, praktisch verwendbar zu machen. Durch die Anpassung des Systems hatten wir keine verheerende Lernkurve in der Anwendung. Wir hatten einen ganz genauen Einführungsplan, der uns half, zusätzliche Wirkungsbereiche zu entdecken, die wir nicht vorhergesehen hatten. Zum Beispiel können wir nun die Garantien für unsere Ausstattungsgegenstände verfolgen. Das hat uns erhebliche Geldsummen erspart, die wir vorher ausgegeben hatten, weil wir nicht wußten, daß irgendwo noch Garantie bestand. Ebenso haben Verfolgung und Wahrnehmung der Vorteile von Pachtoptionen vor Stichtagen kostenintensive Pachtverbesserungen und -aufschläge erspart, für die wir üblicherweise ziemlich viel bezahlt haben.

Was uns bisher 45 Minuten gekostet hat, benötigt nun weniger als zwei. Obwohl wir keinen formalen Weg haben, über Verbesserungen zu berichten, haben wir finanzielle Indikatoren gefunden, um Einsparungen von über 30% in unseren Tätigkeitsbereichen (Erhaltung, Raumplanung, Liegenschaften, Pachtverhandlungen, Management-Entscheidungsfindung, Vermögensverwaltung etc.) aufzuspüren. Sie sind für unser Management deutlich merkbar, sowohl was die Qualität als auch was die Quantität der geleisteten Arbeit betrifft."

Fallstudie Nr. 3: Nachrichtenagentur

Obwohl sie anfänglich nach einem reinen Zeichensystem suchte, ist die betreffende Nachrichtenagentur nun dabei, firmenweit eine CAFM-Lösung zu installieren und auszubauen. Nachdem die eigenen Spezifikationen im Haus entwickelt waren, wurde die Suche nach einem System zu einem Jahr der Entdeckungen.

"Unsere Suche deckte auf, daß wir eine Menge mehr als nur CAD anwenden konnten. Wir änderten unsere Spezifikationen, nicht um sie den auf dem Markt verfügbaren Systemen anzupassen, sondern weil wir erkannten, daß bestimmte Systeme so adaptiert werden konnten, daß sie zu unseren organisatorischen und technischen Anforderungen paßten. Unsere Spezifikationen wurden geändert in Richtung auf eine starke zentrale graphische und alpha-numerische Datenbank und einfache Systemanpassung."

Den Forderungen nach computergestütztem Entwurf folgten größere Erwartungen bezüglich dem Anlagen- und Immobilienmanagement, strategischer Raumplanung und Projektierung sowie Projektbudgetierung. Wesentliche Bedeutung erhielt die Übertragungsmöglichkeit von graphischen zu alpha-numerischen Daten, und Datenbank-Sicherheit wurde notwendig, um etablierte Standards in einer Organisation mit mehr als 50 Anwendern zu erzwingen.

Die Stärke der zentralen Datenbank-Konfiguration des ausgewählten Systems war der Schlüssel zur Erhaltung des vom Unternehmen gewünschten Niveaus der Datenintegration und -integrität. Die Einfachheit in der Anpassung ermöglichte es dem Benutzer, das System dem Unternehmen anzupassen, nicht das Unternehmen dem System. Das CAD-Modul des Systems wurde als erstes eingeführt, darauf folgten Pachtmanagement und Projektmanagement zur Verwaltung eines jährlichen Baubudgets von über 240 Millionen Dollar. Strategische Planung wird als nächste Einheit installiert werden.

Die letzten vier Jahre haben erstaunliche Resultate gezeitigt:

"Wir haben über 11 Millionen Dollar gespart nur durch die Benutzung des CAD-Programms. Wir sehen noch größere finanzielle Möglichkeiten bei den anderen nicht-graphischen Einheiten des Systems (z. B. beim Pacht- und Liegenschaftsmanagement, der Vermögensverwaltung, der Projektbudgetierung), die uns bei der Verwaltung der Ressourcen und des Anlagevermögens der Gesellschaft helfen. Wir setzen das System zur effektiveren Nutzung der vorhandenen Betriebsgebäude und Liegenschaften ein. Durch die Verfolgung bereits bezahlter Betriebsgebäude und Liegenschaften können wir einen höheren Grad der Übereinstimmung zwischen den Erfordernissen des Unternehmens und den Eigenschaften der Betriebsgebäude herstellen. Das hat uns bereits Millionen von Dollar an nachträglichen Anpassungs- und Erhaltungskosten sowohl bei gepachteten als auch bei eigenen Räumen erspart.

Das generell eingesetzte System bietet sich dem Benutzer zur jeweiligen Anpassung an Firmenerfordernisse an, da es im Bedarfsfall rasch geändert werden kann. Es ermöglicht uns zahlreiche Varianten und verschiedene Planungsszenarios und damit die jeweils optimalen Geschäftsentscheidungen für die Gesellschaft."

6. Facility Management und Informationsnutzung

Wirkliche Macht ist nicht mehr Ansammlung von Information, sondern deren Nutzung. Information ist jetzt auf dem Niveau verfügbar, auf dem die Folgen einer Entscheidung erfahrbar werden. Die Rückkopplung zwischen Information, Entscheidung und Ergebnis ist unmittelbar kürzer und besser meßbar geworden.

Das wirkliche Potential der Computeranwendung für Facility Management besteht nicht darin, in welchem Umfang, sondern wie der professionelle Manager Information nutzt. Computer können diesen Prozeß entweder verbessern oder behindern. Der wesentliche Faktor ist, die notwendigen Fähigkeiten und Hilfsmittel zu entwickeln, die sowohl den Facility Managern als auch den Mitarbeitern im operationalen Geschäftsbetrieb die Möglichkeit zur strategischen Verwaltung der organisatorischen Ressourcen, die für schnellere und bessere Entscheidungen notwendigen Daten und die Fähigkeit zur Beurteilung der Durchführung geben. Dabei darf nicht vergessen werden, was Peter Drukker sagte: "Was man nicht messen kann, kann man nicht verwalten."

Facility Manager können Computer entweder dazu benutzen, geringe Effizienzsteigerungen in der Verwaltung und Verwertung der betreffenden Daten zu erzielen (Grundrisse und Auflistungen), oder sie können durch die direktere und strategische Informationsnutzung zur Festigung der Position des Facility Management innerhalb des Unternehmens beitragen. Ersteres bewirkt eine etwas schneller und vielleicht ein bißchen besser erledigte Arbeit, letzteres kann strategische und finanzielle Bedeutung innerhalb des Unternehmens verleihen.

Effektive Liegenschaftsverwaltung

von
Jeffrey M. Hamer

1. Die Neubewertung des Anlagevermögens

Unsere Wirtschaft erfährt grundlegende Änderungen: Die früher nationale Konkurrenzsituation besteht nun weltweit und zwar sowohl, was die Anzahl der Konkurrenten, als auch, was die Intensität des Wettbewerbs betrifft.

Die Kapitalmärkte sind in bisher nicht gekanntem Ausmaß unbeständig geworden; Kapital fließt über nationale Grenzen und die Auswirkungen verstärkten Wettbewerbs werden sehr viel schneller spürbar.

Innerhalb von Unternehmen und Organisationen finden größere Veränderungen statt. Es wird um größere Produktivität in erweiterten Wettbewerbsbereichen gekämpft. Unternehmen und Investoren wollen (innerhalb und außerhalb ihrer nationalen Grenzen) ihr Aktiva bestmöglich nutzen.

Gleichzeitig mit diesen Ereignissen erfolgt eine Neubewertung des Anlagevermögens, nicht nur durch Firmenaufkäufer. Robert Anderson, ehemaliger Präsident der Atlantic Richfield Company, hat dies folgendermaßen ausgedrückt:

> "Wenn man nicht dazu in der Lage ist, den wahren Wert der Aktiva zur Geltung zu bringen, lädt man jemanden dazu ein, es für einen zu tun."

Die Immobilie stellt im Rahmen des Anlagevermögens den größten Einzelposten auf der Aktivseite der Bilanz dar: Wenn man den Jahresbericht oder Finanzbericht irgendeines beliebigen Unternehmens aufschlägt, bilden die Gebäude fast immer den größten Einzelposten. Häufig werden sie in dieser Hinsicht allerdings unterbewertet.

In den bekannten amerikanischen Wirtschaftsmagazinen wie 'Forbes', 'Fortune' und 'Business Week' hat eine Investmentbank und Brokerfirma,

Goldman Sachs, Anzeigen mit Überschriften wie der folgenden plaziert: "Liegenschaften: Erkennen Sie Amerikas am meisten unterbewertete Aktiva." Sie enthalten auch folgendes Zitat: "Das am meisten unterschätzte Aktivvermögen in Amerikas Geschäftsberichten und Bilanzen ist entdeckt."

Manager fangen an, ein ganz neues Bewußtsein für die strategischen Möglichkeiten von Facility Management zu entwickeln. Einen bedeutenden Anteil an diesen Möglichkeiten haben FM-Systeme: Werkzeuge, die es den Managern ermöglichen, Gebäude betreffende Entscheidungen auf der Basis ausreichender Information zu treffen.

Amerikas Spitzenfirmen, Unternehmen wie General Motors, IBM, Shell, Boeing, McDonnell-Douglas, Eastman Kodak, Westinghouse und viele andere, haben vor einiger Zeit Facilities-Informationssysteme eingeführt. Bezeichnenderweise bieten die weltgrößten Anbieter von Computerhardware und -software, wie z. B. IBM, Digital Equipment und Autodesk, nun auch Facility Management-Systeme an.

Dies sind nicht reine CAD-Systeme, sondern Mittel zur Unterstützung der Entscheidungsfindung. Computergestützte FM-Systeme (CAFM) helfen Managern, bezüglich eines detaillierten Gebäude- und Ausstattungsinventars auf dem laufenden zu bleiben: Räume und Flächen, Möblierung und Ausstattung, Versorgungsleitungen, Miet- und Pachtverträge. Diese Systeme sind dazu gedacht, den Anwendern die richtige Wahl betreffend Umzüge, Vertragseinhaltung, Gebäude- und Kapitalausnutzung zu erleichtern. Die ökonomischen Vorteile aus diesen Investitionen sind außerordentlich beeindruckend.

Ein überzeugendes Plädoyer für FM-Systeme kann ausschließlich über eine nüchterne Kosten/Nutzen-Analyse erfolgen. Die Kosten, Vorteile und Ersparnisse durch Investitionen in Immobilien betreffende Informationssysteme sind im allgemeinen sehr eindrucksvoll und ausreichend, um die Realisierung in den meisten Unternehmen zu rechtfertigen. Dennoch ist es erstaunlich, wie wenig bislang über Fälle bekannt wird, in denen dies im Geschäftsleben umgesetzt wurde.

2. Die Bedeutung von Grundstücken und Gebäuden

Die meisten Unternehmen glauben, sie bräuchten keine Liegenschaftsverwaltung. Das Gegenteil ist der Fall. Laut IFMA sind zwischen 10 und 18% der jährlichen Ausgaben (gesamte Ausgaben in der Gewinn- und Verlustrechnung der Unternehmen) in irgendeiner Form mit Gebäuden verbunden.

Noch deutlicher wird das, wenn wir unsere Aufmerksamkeit von der Gewinn- und Verlustrechnung auf die Bilanz richten. Laut Harvard Real Estate Inc. sind zwischen 25 und 50% der gesamten Aktiva mit Grundstücken und Gebäuden verknüpft. Das bedeutet, daß zwischen einem Viertel und der Hälfte der Bilanzsumme eines Unternehmens seine Liegenschaften betrifft. Wenn man den Jahresbericht irgendeines großen Unternehmens betrachtet, sind die Einzelposten Grundstücke, Gebäude, Ausstattung, Einrichtung und Maschinen.

Wieviel sind 25% der Bilanzsumme? Nach einer von Harvard Real Estate Inc. 1981 durchgeführten Studie waren 25% des bilanzierten Vermögens US-amerikanischer Unternehmen als Grundbesitz in einer Größenordnung von 650 Millionen m^2 gebunden. Weitere 650 Millionen m^2 wurden gepachtet. Der Wert dieser gesamten Liegenschaften belief sich auf nahezu 1,4 Billionen Dollar.

Diese beeindruckende Größe hat ihre Wirkung auf das Management und die Beratungsunternehmen, die Unternehmen zu einem effizienteren Management verhelfen, nicht verfehlt. Price Waterhouse, eine der großen internationalen Wirtschaftsprüfungs- und Beratungsfirmen, behauptet, daß 1986 in Amerika Immobilienvermögen im Werte von über 1,5 Billionen Dollar 'unterverwaltet' waren. Dafür gibt es drei Gründe:

— Historische Basis der Kosten:
  Traditionellerweise werden Liegenschaften und fixe Aktivposten in den Büchern auf Basis der Anschaffungskosten geführt. Das heißt, sie werden in der Bilanz zu dem Wert geführt, der dem Preis entspricht, den die Unternehmen gezahlt haben, um sie zu erwerben. Im allgemeinen liegt dieser Wert (nach einiger Zeit) weit unter ihrem tatsächlichen Wert. Liegenschaften steigen im allgemeinen im Wert, während die Buchführungsprinzipien Abschreibungen vorsehen. Im Laufe der Zeit wird die Spanne zwischen dem 'Buch'-Wert (Kaufpreis weniger Abschreibungen) und dem 'Markt'-Wert (dem zu erzielenden Verkaufspreis) größer.

— Gemeinkostenbewußtsein:
  In der Vergangenheit waren Ausgaben im Zusammenhang mit Grundstükken und Gebäuden Teil der Gemeinkosten. Diese wurden als nachrangig angesehen und kaum analytisch durchleuchtet. Im Bewußtsein vieler Manager gehören Gebäude betreffende Ausgaben zum administrativen 'Wasserkopf' und sind deshalb schwer zu durchschauen und noch weniger zu steuern.

— Mangel an Aufmerksamkeit:
  Unternehmensleitungen haben Gebäude bis jetzt nicht als bedeutenden Teil

ihres Unternehmens erkannt (Manager glauben nicht, daß sie 'etwas mit Immobilien zu tun' haben). Wie wir oben gezeigt haben, ändert sich dies. Price Waterhouse schlägt vor, daß die damit Befaßten Grundstücke und Gebäude als strategische Ressourcen betrachten sollen, genauso wie Personal, Kapital und Technologie.

Es gibt einen sehr deutlichen Beweis für diese traditionell schlechte Verwaltung und den Mangel an Aufmerksamkeit:

Laut Harvard Real Estate Inc. hat eines von fünf Unternehmen kein Verzeichnis seines Immobilienbesitzes, das heißt, kein wie auch immer geartetes — nicht einmal auf fliegenden Blättern. Ein umfassendes oder zentrales Verzeichnis des Immobilienbesitzes ist für ein großes Unternehmen schwieriger zu realisieren, als es scheint, besonders, wenn sich der Besitz über viele Orte oder möglicherweise Länder verteilt und verschiedenen Unternehmenseinheiten oder Tochterfirmen zugeordnet ist. Die Schwierigkeiten, es auf dem laufenden zu halten, wenn Unternehmensteile umziehen, Pachtverträge und Optionen auslaufen, Eigentums- und Besitzverhältnisse sich ändern, lassen jedoch die Anfangsschwierigkeiten bei der Erstellung des Verzeichnisses gering erscheinen.

Zwei von drei Unternehmen haben kein Informationssystem über ihren Immobilienbesitz. Aber das ändert sich nunmehr rasch.

Erwähnenswert ist hier ein Phänomen, das die IFMA 'churn' nennt, was sich ins Deutsche am besten mit (Durcheinander-)Wirbeln übertragen läßt. Die 'Churn'-Rate ist die Änderungsrate durch Umzüge, Bauprojekte etc. Die durchschnittliche Änderungsrate bei IFMA-Mitgliedern beträgt über 30% pro Jahr. Das bedeutet nicht notwendigerweise, daß ein Drittel des Unternehmens jährlich einmal umzieht oder sich verändert, manchmal kann es bedeuten, daß z. B. irgendwelche 5% im Unternehmen sechsmal umgezogen sind. Es ist nicht ungewöhnlich, daß projektorientierte Unternehmen (in der Raumfahrt, Verteidigung und im Maschinenbau) oder solche Bereiche, die aufgrund von Gesetzesänderungen häufige Wechsel erfahren (wie z. B. im Beförderungs- oder Finanzwesen), Änderungsraten bis hin zu 100% im Jahr aufweisen können.

Die Verantwortlichen für die Gebäudeverwaltung sind per definitionem auch damit befaßt, die Zukunft vorherzusehen, nämlich den Bedarf an Büroflächen, z. B. Gebäuden, und die Anforderungen an sie. Das ist natürlich sehr schwierig für jegliche Unternehmensaktivität.

3. Neue Trends in der Liegenschaftsverwaltung

Es gibt einige Trends im Zusammenhang mit all dem oben Gesagten. Einer davon ist, mehr Personal einzustellen. Laut der Real Estate Research Corporation und der Equitable Real Estate Inc. ist der Personalbestand der Liegenschaftsverwaltungen in den vier Jahren von 1982 bis 1986 in über drei Viertel der Fälle gewachsen. Diese Tatsache allein ist noch nicht sehr interessant. Wenn wir jedoch die 76%, die gewachsen sind, genauer betrachten, erkennen wir, daß davon fast die Hälfte (49%) um mehr als 400% gewachsen ist! Hier geschieht ganz offensichtlich etwas. Viele 'Personen werden auf das Problem angesetzt'. Vielleicht geschieht das deshalb, weil das Management beginnt, den großen Wert der betroffenen Aktivposten zu erkennen.

Ein anderer und ziemlich neuer Trend ist die Welle von Umstrukturierungen und sowohl freundlichen als auch feindlichen Übernahmen auf dem freien Markt und im allgemeinen Geschäftsleben. Wie eingangs erwähnt, werden Unternehmen umstrukturiert, um zu größeren Aktiva zu gelangen (und sie neu bewerten zu können). Vergessen wir nicht, daß die Gebäude der größte Einzelposten in der Bilanz sind.

Es gibt zwei vom Topmanagement wahrgenommene Haupttrends, welche als Triebkräfte hinter den großen Veränderungen auf dem Gebiet der Anlagen-Informationssysteme wirken:

— Die Gebäudekosten wachsen im Laufe der Zeit (und erhöhen damit auch ihren Anteil an den Betriebskosten).
— Die Kosten für Automatisierung verringern sich mit der Zeit.

Als Ergebnis sehen wir eine Rechtfertigung dafür, die Gebäudeverwaltung zunehmend durch Nutzung von automatischen Werkzeugen mit Informationen zu versorgen. Wir können diskutieren über die Kosteneffizienz von 'wann' und 'wieviel', aber nicht mehr über 'ob überhaupt'.

4. Kosten und Vorteile der Gebäude-Informationssysteme

Nun zu den (wirtschaftlichen) Vorteilen von Gebäude-Informationssystemen, die qualitativ in zwei Hauptkategorien eingeteilt werden können:

— Vorteile durch Reduktion der die gesamten Gebäude betreffenden Kosten.
— Vorteile durch bessere Gebäudequalität und Anpassung an die Erfordernisse der Benutzer (optimale Übereinstimmung zwischen Gebäude und Nutzer).

Quantitativ ergeben sich Vorteile aus vier verschiedenen Punkten. Sie sind im folgenden nach ansteigenden Dollarbeträgen aufgelistet.

— Die Arbeit der Gebäudeverwaltung:
  Dies ist ein Gewinn an 'menschlicher Produktivität', so wie mit einem CAD-System. Ein leicht meß- und nachbeweisbarer Vorteil, aber nur in der Arbeit einer relativ kleinen Anzahl von Leuten.
— Realisierungskosten:
  Dies ist eine Reduktion der Anzahl der Umzüge, Bauprojekte und ähnlicher Ausgaben. Das sind zwar prozentual relativ geringe Einsparungen, aber bezogen auf (sehr hohe) Umzugs, Bau- und Ausstattungsbudgets.
— Ressourcenkosten:
  Hier ergibt sich eine Reduktion sowohl des Betrages, der für den Raum selbst aufgewandt wird, als auch der Beträge für Einrichtung und Ausstattung. Sogar eine prozentual nur sehr geringe Ersparnis macht sich in absoluten Dollarbeträgen deutlich bemerkbar.
— Abwicklungskosten:
  Dies ist möglicherweise der größte Vorteil, wenn auch schwer meß- und beweisbar. Er resultiert daraus, daß das Unternehmen besser funktioniert und arbeitet, wenn Abteilungen, Aktivitäten und Prozesse, die eine enge Zusammenarbeit erfordern, nahe aneinanderrücken, weil dann funktionale, technologische und Dienstleistungserfordernisse besser erfüllt werden etc.

Es ist wichtig, sich daran zu erinnern, daß Facility Management eine entscheidungsunterstützende Funktion ist. Große wirtschaftliche Vorteile ergeben sich nicht aus schönen Zeichnungen oder bunten 3D-Ansichten. Große wirtschaftliche Vorteile resultieren gelegentlich aus wenigen guten Ideen, aus ein paar gescheiten Entscheidungen von Zeit zu Zeit.

Wie werden Vorteile dann erreicht? Wir erreichen wirtschaftliche Vorteile durch Beantwortung von Fragen für das Management, wie z. B.:

— Wieviel Personal haben Sie?
— Welche Ausstattung gibt es in Ihrer Abteilung?
— Wo ist dieser Prozeß jetzt angesiedelt?
— Wo haben wir Ausnahmen von unseren Richtlinien gemacht?
— Welchen Platzbedarf haben Sie?
— Welche Dienstleistungen und Unterstützung durch die Umgebung braucht diese Aktivität?
— Welche Unternehmensbereiche sollten an welche anderen angrenzen?
— Paßt diese Gruppe in dieses Gebäude?
— Was kostet es insgesamt, dorthin umzuziehen?
— Wie werden wir in fünf Jahren aussehen?

— Was passiert, wenn ..... ?

5. Datenbanken als Schlüssel zu einer effektiven Liegenschaftsverwaltung

Der Schlüssel zu einer effektiven Liegenschaftsverwaltung wird durch eine einzige (definitive) Informationsquelle — die Datenbank — geschaffen. Die Datenbank sollte zentral, auf dem neuesten Stand, leicht zugänglich, genau und redundanzfrei sein. Alle Abteilungen im Unternehmen müssen auf dem gleichen Informationsstand arbeiten.

Ein interessantes Datenbankkonzept für Gebäudeverwaltung ist eines, das wir 'eine Informationsbasis aus vielen' nennen. Es ist aufregend deshalb, weil dem Wesen nach die gesamte Information, die Gebäudeverwalter zur Erreichung dieser großen Vorteile benötigen, in der Mehrzahl der Unternehmen bereits existiert. Eine Datenbank für ein Gebäude-Verwaltungssystem setzt sich aus Informationen zusammen, die in anderen Datenbanken bereits vorhanden sind, z. B. in denen für:

— strategische Planung,
— Architektur/Entwurf,
— CAD,
— Gehaltsbuchhaltung,
— Telefonanschlüsse,
— Liegenschaften,
— Materialbeschaffungsplanung,
— Einkauf,
— Buchhaltung,
— Personal,
— Produktionsplanung und -kontrolle,
— Budget

etc.

Ein anderes interessantes Konzept ist 'Brückenschlagen'. Etwa 90% der Information existiert bereits in maschinell lesbarer Form in den vorher genannten Datenbanken. Das heißt, sie kann elektronisch aus bestehenden Datenbanken übertragen werden. Das ist höchst interessant, denn der größte Kostenfaktor jeder Computeranwendung ist üblicherweise weder die Hardware noch die Software, sondern das Sammeln, das Überprüfen und die Eingabe der Daten in das System.

Goldman Sachs bemerkt:

"Heutzutage benutzt man Liegenschaften, um das Vermögen der Aktionäre zu erhöhen (...)" (und als) "Abwehr gegen eine Übernahme."

"Gesellschaften sehen Liegenschaften (...) als potentiellen Wert, der durch eine langfristige Unternehmensstrategie geschaffen werden sollte."

Der Ausgangspunkt dafür ist, daß Gebäudeaktiva weltweit vielleicht das größte Gewinnpotential in den Unternehmensbilanzen darstellen. Facility-Management-Informationssysteme sind der Schlüssel zu deren besseren Nutzung.

Organisatorische Einbindung

von
Franklin D. Becker

1. Einführung

Planung, Entwurf und Verwaltung von Gebäuden gibt es, seit Gebäude existieren. Neu ist also nicht die Funktion, sondern ihr überlegter, bewußter und systematischer Einsatz als Teil des Aufbaus und der Entwicklung von Unternehmen. Die in den USA ansässige *International Facility Management Association* (IFMA) faßt unter dem Begriff 'Facility Management' folgende Funktionen zusammen:
— langfristige Planung,
— Liegenschaften,
— Raum-Management,
— Architektur und Haustechnik,
— Einrichtungsplanung,
— Einrichtungsinstallation,
— Erhaltung,
— Budgetierung.
Was Facility Management von benachbarten Gebieten wie Architektur, Innenarchitektur, Raumausstattung und Immobilienverwaltung unterscheidet, ist sein hauptsächlicher Bezug zu im Nutzungsprozeß befindlichen Gebäuden: Facility Management beschäftigt sich mit Planung, Entwurf und Verwaltung von Gebäuden und damit zusammenhängenden technischen Systemen, Ausstattung und Möblierung, mehr aber noch damit, die Fähigkeit des Unternehmens zu verbessern, seine grundlegenden geschäftlichen Ziele in einer sich rasch ändernden Welt zu erreichen. Facility Management ist also eher eine Management- als eine technische Funktion.

2. Anforderungen an die Organisation

Als Managementfunktion sollte die Art der Planung, des Entwurfs und der Verwaltung von Gebäuden vereinbar sein mit grundsätzlichen Werten, Zielen und Vorhaben des Unternehmens, praktisch also mit dem Entwicklungsstand eines bestimmten Unternehmens und seiner Unternehmenskultur. Dazu ein Raster von drei grundsätzlichen Entwicklungsstufen.

Übersicht 1: Organisationstypen

’Loose fit’	’Tight fit’	’Elastic fit’
Ad-hoc-Entscheidungen	Zentraler Standard	Zentrale Richtlinien
Minimum an Information	Maximum an Information	Ausgesuchte Information
Minimum an Kontrolle	Maximum an Kontrolle	Stichprobenartige Kontrolle
Dienstleistung	Kosten	Kosten und Dienstleistung
Reaktiv	Reaktiv	Vorausschauend
Taktisch	Taktisch	Strategisch
Ungeplante Verschiedenheit	Geplante Einheitlichkeit	Geplante Verschiedenheit
Ausgehandelte Entscheidungen	Diktierte Entscheidungen	Konsensentscheidungen

’Loose fit’ ist typisch für kleine Unternehmen, ebenso aber auch für größere in einem relativ stabilen organisatorischen Umfeld. Wichtige Merkmale des ’loose fit’-Unternehmens sind geringe formale Kontrolle der Gebäude, Ad-hoc- und reaktive Entscheidungsfindung, geringe Nutzung strukturierter Information zur Entscheidungsfindung, relativ wenige formale Kontrollmechanismen und geringe Rollenverschiedenheit oder Spezialisierung innerhalb des Facility Managements.

’Tight fit’ ist wesentlich typischer für große Unternehmen. In ’tight fit’-Unternehmen wird Facility Management bewußter und formaler betrieben. Hauptmerkmale sind unter anderem formale Verantwortlichkeit für die Verwaltung der Gebäude, wesentlich mehr Bürokratie und zentrale Kontrolle, Sammlung von Information, aber wenig Analyse und Anwendung, unklare strategische und organisatorische Entscheidungen und ein überwältigendes Bedürfnis, in das durch rasche Veränderung und Wachstum ausgelöste Chaos Ordnung zu bringen.

’Elastic fit’ beruht auf beiden früheren Stadien, indem es sie integriert. Die Notwendigkeit von zentraler Kontrolle wird anerkannt, aber auch der Wert dezentraler Entscheidungsfindung. Kontrollmechanismen sind straff, aber dynamisch, daher das Konzept der '*Elastizität*'. Es gibt klare Unterscheidungen zwischen strategischen Überlegungen und organisatorischen Entscheidungen. Spezifische Kenndaten und Datenbanken werden allgemein benutzt. Ein Hauptziel ist es, die Balance zu finden zwischen der Konstanthaltung der Kosten und der Verbesserung des Dienstes an den Kunden, zu denen nun laut Definition Angestellte ebenso zählen wie zahlende Kunden.

Relativ wenige Unternehmen haben bereits diese dritte Stufe erreicht. Von Ausnahmen abgesehen, befinden sich in den USA die meisten großen Firmen auf der zweiten Stufe. In Großbritannien wechseln viele von der ersten zur zweiten Stufe. Unabhängig vom speziellen Stadium jedes einzelnen Unternehmens sind die meisten größeren Unternehmen Anforderungen aus den folgenden Zusammenhängen und Bereichen ausgesetzt:

— Verantwortlichkeit,
— Datenbanken und spezifische Kenndaten,
— spezialisiertes Fachwissen/Berater,
— Aus- und Weiterbildung,
— Einbeziehung der Endnutzer,
— systematische Bewertungsmethoden,
— engere Verbindung zur Unternehmensplanung,
— gezielte Verwendung von Computern und
— Vergabe von Dienstleistungen an andere Firmen.

Im folgenden sollen sowohl die Reaktionen britischer als auch amerikanischer Unternehmen auf diese Anforderungen dargestellt werden. Dazu wird sich einerseits auf eine Anzahl veröffentlichter IFMA-Forschungsberichte, andererseits auf eine neuere Studie, die der Frage nachgeht, wie sich die Facility Management-Funktion in zehn großen multinationalen Konzernen während der letzten fünf bis sieben Jahre entwickelt hat, gestützt.[1]

3. Veränderungen des Organisationsprofils

Sowohl in den USA als auch in Großbritannien bringen die Veränderungen der Facility Management-Anwendung eine stärkere Betonung folgender Punkte mit sich:

---

1 Vgl. Franklin Becker, "The Changing Facilities Organization", Forschungsbericht, in: International Facility Management Association (Hrsg.), Forschungsberichte, Houston, TX: IFMA, 1988

— Kostensenkung und Wertzuwachs,
— Kunden- bzw. Nutzerservice (innerhalb und außerhalb des Unternehmens),
— mehr Professionalität (bessere Werkzeuge, Techniken, Konzepte, Informationsnutzung),
— Etablierung solider Kenndaten/Datenbanken,
— Flexibilität (sowohl was Personal als auch was Gebäude und Einrichtungen betrifft),
— Verbesserung der Koordination von Facility Management-Funktionen und der Verbindung zu den einzelnen Geschäftsabteilungen,
— bessere Organisation/Standardisierung von Raumplanung und -nutzung,
— verbesserte Kommunikation der Facility Management-Funktionen sowohl nach oben als auch nach unten innerhalb der gesamten Hierarchie.

So ist auch zu verstehen, daß sich in dem erwähnten Unternehmen eine klare, Aussage über ihre Facility Management-Philosophie entwickelt hat, wie z. B.:
— Wir werden immer einfache, funktionelle, kosteneffektive Gebäude mit hoher Raumnutzung zur Verfügung stellen.
— Wir werden nur das bauen, erwerben, haben, was wir brauchen.
— Wir werden in hohem Maße vorausschauend handeln.
— Unsere gesamte Belegschaft wird unsere Arbeit und unsere Ziele verstehen.
— Wir werden den Bürokratismus beschneiden.

Eine 1988 in den USA erschienene Studie zeigt, daß bei der Mehrzahl der Befragten (64%) zentralisiertes Facility Management die Regel war.[2] In derselben Studie gaben 85% der Befragten an, daß sie häufig mit kurzfristiger Facility Management-Strategieplanung befaßt seien, und 63% gaben eine Beteiligung an langfristiger Planung an.

Gut verwaltet, können Gebäude ein bedeutendes Aktivvermögen des Unternehmens darstellen. Zumindest sind gut gestaltete und verwaltete Gebäude geeignet, direkte Betriebskosten durch wirkungsvollere Überwachung und Kontrolle von sämtlichen Abläufen — wie Energieverbrauch und Erhaltungskosten bis zu Baukosten und Personalstand — zu verringern. Gute Datenbanken und Kenngrößen können helfen, neuralgische Punkte bereits sehr früh zu erkennen, so daß das Management herausfinden kann, warum bestimmte Regionen oder Niederlassungen ständig ihre Budgets überschreiten, hinter den

2 International Facility Management Association (Hrsg.), Forschungsbericht — Überblick über Facility Management in Facilities Design & Management Magazin vom Juli/August 1988, Houston, TX: IFMA, 1988

Vorgaben herhinken oder personell überbesetzt sind. Gute Planung zu Beginn kann den Bauprozeß beschleunigen und die Kosten durch die Verminderung vermeidbarer Nachtragsänderungen senken. Gebäude, die bereits für die Einrichtung neuer Kommunikationstechnologien und im Hinblick auf unvorhersehbare organisatorische Änderungen geplant werden, sparen Zeit und Geld für Anpassungskosten, Reparatur- und Unterbrechungszeiten.

Andere Vorteile sind wesentlich subtiler: Konzepte, welche erwünschte Formen der Kommunikation innerhalb der Belegschaft fördern; Architektur und Innenausstattung, die dazu beitragen, hochqualifiziertes Personal anzuziehen und zu halten, das vielleicht in nicht allzu großer Zahl vorhanden ist; desgleichen ergonomische und Bausystem-Entwürfe, die Luftqualität und Beleuchtung verbessern und helfen, Müdigkeit und gesundheitliche Beschwerden zu reduzieren, indem sie die Zufriedenheit der Beschäftigten erhöhen.

4. Der Weg in die Zukunft

'Facility Management am Scheidepunkt?' ist eine Frage, die zur Zeit häufig diskutiert wird: Facility Management hat in kurzer Zeit einen langen Weg zurückgelegt. Es hat aber auch noch einen langen Weg vor sich!

Die Haupterfordernisse, wie ich sie sehe, sind:

— Definition und Ausrichtung der Durchführung des Facility Management in einer Weise, die sowohl die Notwendigkeit der Konstanthaltung der Kosten als auch der Erzielung hoher Servicequalität für das Management und die übrige Belegschaft anerkennt.
— Ermutigung zur Weiterführung von Personalentwicklung und -training (inklusive Aufstiegsmöglichkeiten), die die besten Köpfe innerhalb der Organisation anziehen und herausfordern sollen.
— Entwicklung und Unterstützung einer Forschungstradition, die das Management mit einer Informationsgrundlage für kritische Facility Management-Entscheidungen versieht.
— Entwicklung über das 'tight fit'-Modell in der Facility Management-Organisation hinaus zu einem Stadium, das Mannigfaltigkeit gutheißt und mit Veränderung fertig wird, ohne die Bedürfnisse von Individuen, Gruppen oder auch die des Unternehmens nach Kontrolle und Identität zu opfern.
— Informationsaustausch mit dem Topmanagement, der der Organisation Wege und Möglichkeiten aufzeigt, ihre grundlegenden geschäftlichen Ziele zu erreichen.

In vielen Unternehmen wird Facility Management von den meisten Mitarbeitren noch immer als eine relativ niedrig angesiedelte, weitgehend reaktive Dienstleistungsfunktion angesehen — sicherlich nicht an der Schnittstelle zwischen Organisationspolitik und Praxis. Aber warum nicht? Facility Management ist beteiligt an der Finanz- und Kapitalplanung, Planung menschlicher Ressourcen, Voraussagen, Budgetkontrolle, Public Relations und Marketing. Zentrale und dezentrale Entscheidungsfindung in Einklang zu bringen, kosteneffektive Möglichkeiten zur sinnvollen Einbeziehung der Mitarbeiter in Arbeitsplatzentscheidungen zu entwickeln, Firmenimage, individuelle und Gruppenbedürfnisse nach Identität auszubalancieren, den Service zu verbessern bei gleichzeitiger Konstanthaltung oder Reduktion der Kosten — das alles sind alltägliche Facility Management-Verantwortungsbereiche, welche für das gesamte Unternehmen relevant sind.

Innovative Facility-Politik und -Praxis in diesen Fragen schließen grundlegende Prinzipien ein, die möglicherweise für viele andere Teile der Organisation relevant sind und Facility Management die Gelegenheit geben, eine führende Rolle bei sorgfältig bedachten organisatorischen Änderungen und Entwicklungsbemühungen zu spielen.

Literatur

Becker, Franklin; "The Facility Management Performance Profile"; in: Premises Management, Juni 1980

-----; "The Changing Facilities Organization"; Forschungsbericht; in: International Facility Management Association (Hrsg.); Forschungsberichte; Houston, TX: IFMA, 1988

International Facility Management Association (Hrsg.); "Forschungsbericht — Überblick über Facility Management"; in: Facilities Design & Management Magazin vom Juli/August 1988; Houston, TX: IFMA, 1988

Facility Management
in Europa

Sozio-ökonomische Rahmenbedingungen

von
Keith Alexander

Die meisten Diskussionen zu Facilities Management werden weltweit durch gemeinsame Probleme beherrscht. Dies sind internationale Probleme, die aus der Rezession und Umstrukturierung erwachsen.

Facilities Management zielt auf die Integration von Menschen, Technologien und Facilities ab, um eine Aufgabe des Unternehmens zu erfüllen. Ein strategisches Herangehen an das Facilities Management gründet sich auf die Fähigkeit, Facilities zu bestimmten Erfordernissen des Unternehmens in Beziehung zu setzen.[1] Die Rolle von Facilities Management in einem Unternehmen wird durch das Verhältnis zu dessen Hauptgeschäft bestimmt; und sein Erfolg wird an dem Beitrag zur Erfüllung der hauptsächlichen Geschäftsziele gemessen.

Diesem Grundanliegen wird gegenwärtig große Aufmerksamkeit gezollt; und viele Unternehmen befinden sich in einem Prozeß der Umstrukturierung, um günstigere Verhältnisse in den 'neuen Strukturen' zu schaffen. Firmen überprüfen grundlegende Fragen nach dem Zweck ihres Unternehmens, wie z. B. 'In welchem Geschäft sind wir tätig?', 'Wer sind unsere Kunden?', und entwickeln gleichzeitig eine Geschäftsphilosophie.

Diese Managementfragen wie Leistungskonzepte, Teamwork, Gesamtqualität, Service müssen klar erkannt und verstanden werden, da sie bedeutende Auswirkungen auf technische Belange und die Dienstleistung Facilities Management haben.

---

1 Vgl. Keith Alexander, "Relating Facilities Needs to Business Needs", in: IFMA European Conference of Facility Management, Brussels, May 1992

Die für Facilities Management Verantwortlichen müssen grundlegende Geschäftsfragen ansprechen. Welche Facilities werden benötigt, um die Geschäftstätigkeit zu unterstützen, und wie kann man sie am effektivsten bereitstellen? Wie ist unser Ausstattungsgrad gegenwärtig, und welche Schritte sollten unternommen werden, um die Leistung unserer Facilities für die Hauptgeschäftsziele zu verbessern?

1. Facilities Management in Europa

Unternehmen überall in Europa erfahren gegenwärtig grundlegende Veränderungen. Sie haben einen Prozeß der Neubestimmung und Reorganisation in Vorbereitung auf die mittlerweile erfolgte Vollendung des gemeinsamen europäischen Binnenmarktes durchlaufen. Die Politik der Europäischen Gemeinschaft zielt darauf ab, einen gemeinsamen europäischen Wirtschaftsraum zu schaffen und damit neue Impulse zu geben und die internationale Wettbewerbsfähigkeit Europas zu stärken.

Es wächst die Erkenntnis, wie wichtig Wirtschaftsbeziehungen sind, um diese Ziele zu erreichen. Der Dienstleistungssektor nimmt an Bedeutung zu und neue Technologien werden in zunehmendem Maße verwendet. All diese Faktoren beeinflussen den Arbeitsplatz in Europa und haben Auswirkungen auf Facilities Management. Traditionelle Konzepte und Muster der Arbeit verändern sich und schaffen neue Möglichkeiten für die Verbesserung der Lebens- und Arbeitsbedingungen.

Immer mehr Arbeitsstellen tragen europaweite Verantwortung. Euro-Manager verbringen mehr Zeit in Flughäfen als an ihren Schreibtischen. Ein ganzes Bündel von Trends veranlaßt viele Unternehmen, die Lage ihrer Betriebsstätten zu überprüfen.

So wird in einigen multinationalen Unternehmen das Konzept eines Hauptbüros abgeschafft. Die unterschiedlichen Sektoren multinationaler Unternehmen werden von dem Land aus geleitet, in dem Büros strategisch am sinnvollsten sind.

Facilities Management spielt eine wichtige Rolle im Ausgleich von divergierenden Forderungen zwischen dem Unternehmen und dessen Tätigkeitsort, zwischen dem Unternehmen und dem einzelnen, zwischen dem Unternehmen und der Umwelt. Diese Faktoren stehen in enger Wechselbeziehung und erfordern ein integriertes Herangehen unter Berücksichtigung der Umwelt, des Marktes, der Facilities sowie der Endverbraucher.

Die Antwort auf diese Schlüsselfragen ist charakteristisch für das europäische Facilities Management und unterscheidet sich deutlich von der Praxis anderswo in der Welt. Damit kann es auch keine bloße Übernahme der Erfahrungen aus den USA geben, sondern man muß sich auf die europäischen Dimensionen des Facility Management und auf das Verständnis ihrer wesentlichen Besonderheiten konzentrieren.

2. Das Unternehmen und der einzelne

Der gemeinsame Markt wird insbesondere die Lebensqualität im Europa der 90er Jahre beeinflussen. Die soziale Dimension des Binnenmarktes ist ein Schlüsselfaktor für dessen Erfolg oder Mißerfolg. Die Verbesserung der Arbeitsbedingungen steht auf der Tagesordnung der Europäischen Gemeinschaft, unterstützt durch die Sozialcharta und eine lange europäische Geschichte der Sozialgesetzgebung und marktwirtschaftlichen demokratischen Ordnung.

Facilities Management hat zu allererst mit Menschen zu tun, und seine Hauptaufgabe ist "die Betreuung und der Schutz des Menschen"[2]. Menschen sind in jedem Unternehmen die wichtigste Ressource. Für jeden Manager ist es wichtig zu verstehen, wie das Leben des einzelnen und kleiner Gruppen das Leben des Unternehmens ergänzt und bereichert. Dies erfordert ein kreatives Verwischen der Grenzen zwischen dem privaten und dem Arbeitsleben.

Menschen am Arbeitsplatz sind sowohl Produzenten als auch Konsumenten. Um Waren und Dienstleistungen zu erzeugen, braucht man eine Stätte, in der die Arbeit und die allgemeinen Strukturen und Werte des Lebens ineinandergreifen. Facilities Manager müssen die daraus resultierenden unterschiedlichen Bedürfnisse verstehen. In ihrer Eigenschaft als Konsumenten sollten alle Facilities-Nutzer als 'hochgeschätzte Klienten' behandelt werden. Als Produzenten benötigen sie Unterstützung, um effektiv zu arbeiten.

Effektives Facilities Management stellt einen positiven Beitrag zur Investition des Unternehmens in Menschen dar. Ein neuer nationaler Standard in Großbritannien fördert unter dem Titel 'Investition in Menschen' die Prozesse, durch welche Arbeitern in Schlüsselpositionen wirksame Unterstützung zuteil wird. In Japan indes wird die Produktivität von Büroangestellten als Schlüssel

2 Keith Alexander, "Facilities Management: the State-of-the-Art in Europe", Summary Report, Euro FM Conference '90, Glasgow: University of Strathclyde, 1990

für die Wirtschaft an der Wende zum 21. Jahrhundert betrachtet.[3] Die Aufgabe von Facilities Management besteht darin, die Divergenzen aus den häufig unterschiedlichen Bedürfnissen zwischen dem Unternehmen und dem einzelnen zu überbrücken.

Die Kriterien für Büroqualität sind durch den Markt verzerrt worden. Gebäude werden nach physischen Eigenschaften beschrieben, von denen angenommen wird, daß sie den Bedürfnissen der Nutzer entsprechen. Probleme durch 'kranke Gebäude' sind aus einer Überbetonung der physischen auf Kosten der psychologischen, sozialen Faktoren menschlicher Nutzung entstanden.

Untersuchungen der Büroqualität in Großbritannien, Kontinental-Europa und den Vereinigten Staaten haben die Bedeutung der Einbeziehung des Nutzers in die Entscheidungsfindung deutlich gemacht. In Großbritannien und den Vereinigten Staaten wird die Einbeziehung der Nutzer jedoch vielfach durch die Dominanz von Spekulationsüberlegungen bei Gebäuden eingeschränkt.

Die Definition der Büroqualität erfordert eine differenzierte Perspektive, die Marktfähigkeit, Verwendbarkeit, Bewohnbarkeit und Kompatibilität in Betracht zieht. Die wachsende Konsumentenbewegung verlangt nach einer genaueren Prüfung der menschlichen Bedürfnisse und nach einer Neubewertung der Umweltkonzepte.

Die Schlüsselaufgabe für Facilities Manager besteht darin, ein für die Gesundheit verträgliches Gebäude zur Verfügung zu stellen, ein Gebäude, das das körperliche, seelische und soziale Wohlbefinden seiner Nutzer fördert. Facilities Manager sollten die Aufgeschlossenheit für diese Aufgabenstellung fördern. Eine Raumkonstellation soll geschaffen werden, in der Menschen Entscheidungen treffen und ihre Ziele erreichen können, mithin eine wahrhaft demokratische Konstruktion.

Unternehmen sollten ein geeignetes Gleichgewicht von Facilities bereitstellen, um die Bedürfnisse des einzelnen und der Gruppen zu unterstützen und die Philosophie des Unternehmens zu verbreiten, beispielsweise ein angemessenes Gleichgewicht zwischen der effektiv organisierten Arbeitswelt einerseits sowie Freizeiträumen und Facilities für die Erholung andererseits.

In Großbritannien sind einige der besten Beispiele für die Verwirklichung dieses Herangehens im Gesundheitswesen zu finden. Die Reform des Gesundheitswesens legt einen Schwerpunkt auf die 'Arbeit für die Patienten'. Sehr

3 Vgl. New Office Promotion Committee, "Guidelines for New Offices in the Coming Generation", in: New Office Promotion Association, April 1988

viel mehr Aufmerksamkeit wird dem 'hochgeschätzten Klienten' entgegengebracht. Die Einführung von Facilities Management in das nationale Gesundheitswesen gründet sich auf ein Programm der 'Gesamtqualität' und 'Kundenbetreuung' in der Organisation als Ganzem.

Die Aufgabe besteht darin, eine angenehme, fürsorgliche Umgebung zu schaffen und einen hochwertigen Service zu gewährleisten.

> "Ein Krankenhaus ist kein Gebäude, sondern eine Dienstleistungseinrichtung. Das Krankenhaus sollte dort sein, wo die Dienstleistung am meisten benötigt wird. Dies ist ein ganzheitliches Herangehen, das auf die Behandlung des ganzen Menschen, von Körper und Geist, gerichtet ist. Das Umfeld wird so gestaltet, daß nicht nur die neuesten Facilities für die Patientenbetreuung bereitgestellt werden, sondern auch Wohlgefühl beim Patienten durch hochwertigen Service hervorgerufen wird. Die Auswirkung hochwertiger Facilities auf die Patientenbetreuung wird in zunehmendem Maße erkannt."[4]

Die Einheitliche Europäische Akte betont erneut die Sozialpolitik mit ihren Vorkehrungen für Sicherheit und Gesundheit, den ökonomischen und sozialen Zusammenhang und den Dialog zwischen den Sozialpartnern. Die Annahme der Sozialcharta schreitet voran. Die Charta wurde 1989 von allen EG-Mitgliedsstaaten mit Ausnahme von Großbritannien unterzeichnet. Nicht nur 'Business' sollte das Endziel des einheitlichen Marktes sein, sondern ein Gleichgewicht zwischen ökonomischen und sozialen Faktoren und die Sicherung des Wohlergehens des einzelnen in der besten Tradition europäischer Sozialgeschichte.

Zu fördern ist ein aufgeschlosseneres Herangehen an die Harmonisierung der divergierenden Forderungen des einzelnen und der Gruppe sowie des Unternehmens. Ein Gleichgewicht ist beispielsweise herzustellen zwischen der Erfordernis nach hoher Qualität des Arbeitslebens einerseits und der Erfordernis nach Mehrwertschaffung und Kostensenkung andererseits.

3. Das Unternehmen und die Stadt

Heutige Büros sind Betriebsstätten mit internationalen, regionalen und lokalen Dimensionen. Entsprechend diesen Dimensionen sollte der Arbeitsplatz gestaltet und eingerichtet sein.

Ein Rezept für den Erfolg im grenzüberschreitenden Management besteht darin, global zu denken, aber lokal zu handeln. Facilities Manager können

---

4 Robert Ulrich, "View Through a Window May Influence Recovery in Surgery", in: Science 1984

dazu beitragen, eine Symbiose zwischen der lokalen und der weltweiten Wirtschaft zu erzeugen, indem sie ein Umfeld mit einer physischen Struktur schaffen, in welcher lokale und internationale Dimensionen in Interaktion treten können. Zugleich kann sich eine kohärente Lebensform entwickeln, in der Arbeit, Wohnen und Freizeit zusammentreffen. Die Herausforderung besteht darin, die internationale Kooperation mit dem Bedürfnis nach einem lokalen Zusammenhang in Einklang zu bringen.

Durch das Schrumpfen von Unternehmen wird das Personal im Hauptsitz verringert. Der Erfolg wird von eigenständigen, kenntnisreichen, flexiblen Arbeitskräften abhängig. Die Notwendigkeit einer imponierenden Unternehmenszentrale im großen Stil geht zurück.

Forschungsergebnisse, die kürzlich in Großbritannien veröffentlicht wurden, befassen sich mit dem Markt für gut durchdachte und ausgestattete, sogenannte intelligente Gebäude und konzentrieren sich auf Geschäftsgebäude, unabhängig von ihrem innerstädtischen Kontext.

Laut DEGW-Report über 'intelligente' Gebäude in Europa nimmt ein Euro-Gebäude bereits Gestalt an.

> "Das entstehende Geschäftsgebäude wird sich außerhalb der Stadt befinden, nahe einem Flughafen, mit guten Straßenverbindungen und öffentlichem Zugang. Das Gebäude wird drei bis fünf Stockwerke hoch sein, 15 bis 18 m in die Tiefe reichen, über flexibel einrichtbare Stockwerke von 500 bis 2500 m^2 und eine gut konstruierte Außenhaut zur Gestaltung des Äußeren verfügen. Bei Lohnkosten, die normalerweise zehnmal so hoch sind wie Raumkosten, werden Computer-Systeme genutzt, um die Produktivität des Personals durch aktives Management des Unternehmens, des Raumes und des Gebäudes zu maximieren."[5]

"Vor allem ist Intelligenz eher ein Dienst am Kunden als ein Dienst am Gebäude"[6]. Erforderlich ist eine enge Integration von Gebäude-Management, Raum-Management und Unternehmens-Management.

Ein derartiges Herangehen wird jedoch von bestimmten Städten losgelöst sein. Das ökonomische Argument besagt, daß ein hoher Prozentsatz der bestehenden Bürogebäude in Großbritannien nicht mit Erfolg für heutige Anforderungen modernisiert werden kann. Das für Verkabelung und Ventilation erforderliche zusätzliche Volumen sei in vielen Bürogebäuden nicht vorhanden.

Andererseits werden die Technologien zur Lösung dieser Probleme weiterentwickelt: Laser-Technologie und Mikro-Systeme reduzieren den für die

---

5 DEGW and Teknibank, The Intelligent Building in Europe, May 1992

6 Department of Employment, "Investors in People: The National Standards Links to Assessment Indicators", Sheffield, England, 1993

Wartung erforderlichen Raum, und Terminals mit geringerer Leistungsaufnahme reduzieren die anfallende Wärmebelastung. Das für Installationen zusätzlich benötigte Volumen mag eine zeitweilige Erscheinung sein, so daß der vorhandene Raum für die Menschen bereitgestellt werden kann.

Was die wachsende Sorge der Verbraucher um die Arbeitsbedingungen anbelangt, so bietet der Markt gegenwärtig nur Teillösungen an. Intelligenzintensive Gebäude, grüne Aufkleber an Gebäuden und Zertifikate für Luftqualität erfassen nicht die ganze Komplexität der Interaktion zwischen Mensch und bebauter Umwelt.

Wir müssen

> "für das 21. Jahrhundert das europäische Urbanitas-Ideal neu erschaffen. In diesem Urbanitas-Ideal stellt die City ein experimentelles und räumliches Umfeld dar, in dem der einzelne ein volles und reiches Leben führen und zugleich Teil einer kreativen Wirtschaft sein kann und von den Produktions- und Dienstleistungssystemen nicht entfremdet ist."[7]

Einige europäische Beispiele für Stadtentwicklung und Stadterneuerung stellen Modelle für die Harmonisierung internationaler, regionaler und lokaler Erfordernisse dar. Glasgow ist ein erstklassiges Beispiel einer City, die diese Probleme löst. Die von 'Glasgow Action' entwickelte Stadterneuerungsstrategie wurde auf der Konferenz 'Glasgow — towards a great European City' vorgestellt. Diese Initiative wurde von der Glasgow Development Agency (GDA) aufgegriffen, die nun Vorschläge für ein größeres internationales Stadterneuerungsprojekt entwickelt, um den intellektuellen und ökonomischen Rang der City zu erhöhen.

Die Vorschläge weisen fünf Richtungen auf:

— Die internationale Stadt:
  Der Schwerpunkt liegt auf einem weiten Spektrum von Möglichkeiten außerhalb Großbritanniens.
— Die Stadt der Wissenschaft:
  Wie können die Ressourcen der Forschungs- und Bildungsstätten die Wettbewerbsfähigkeit der Stadt erhöhen und neue kommerzielle Möglichkeiten eröffnen?
— Die kreative Stadt:
  Produktion und Darstellung anregender kultureller und künstlerischer Aktivitäten; Nutzung des Potentials der Kulturindustrie für Wohlstand und ein positives Image der Stadt.

---

7 Keith Alexander, "Professional Development in Facilities Management in Europe", in: Keynote Paper, Euro FM Conference '90, Glasgow: University of Strathclyde, 1990

— Die Stadt als Kommunikationszentrum:
  Verbesserung der Infrastruktur, beispielsweise der Verkehrs- und Telekommunikationsmittel.
— Die grüne Stadt:
  Verbesserung der natürlichen Vorzüge der Stadt und Entwicklung ihrer Umwelt-Ökonomie und Umwelt-Technologien.

Eine weitere GDA-Initiative ist das Projekt 'Euro-Gateway'. Ein europäisches Demonstrationsprojekt und einzigartiges Netzwerk zwischen drei Entwicklungsagenturen in Glasgow, Montpellier und Düsseldorf/Dortmund. Das Projekt bietet Unternehmen effektive Unterstützung für die Bewältigung der vielen Probleme an, die von 1992 an entstehen. Insbesondere bedient es die Interessen kleiner und mittlerer Unternehmen, die in Europa expandieren wollen.

GDA erkennt die Bedeutung von Facilities Management für die Strategie von Städten. Zur Unterstützung dieser Strategie sollten nicht allein hochwertige Facilities entwickelt werden, ebenfalls benötigt werden Management-Kenntnisse, um die effektivste Nutzung des Potentials zu sichern.

Die Stadt bildet den Kontext, in dem die Mehrheit der Facilities Manager in Europa arbeiten werden. In den Niederlanden weisen sowohl Amsterdam als auch Rotterdam und Den Haag ihre eigenen Vorzüge als europäische Wirtschaftszentren auf. Jede dieser Städte baut auf die Qualität der für die europäische Wirtschaft bereitgestellten Facilities und Dienstleistungen.

Der gemeinsame Markt müßte theoretisch einen stagnierenden Gewerbe-Immobilienmarkt anregen. Immobilien sind aber ein Produktionsfaktor, der von der Gesetzgebung des gemeinsamen Marktes nicht berührt wird. Nichtsdestoweniger sind Immobilien ein Hauptfaktor aller geschäftlichen Entscheidungen.

Für Facilities Manager besteht das Problem darin, daß es in Europa auch nach 1992 keinen einheitlichen Immobilienmarkt gibt. Europäische Unternehmen werden zwölf unterschiedliche Eigentumssysteme in Betracht ziehen müssen, mit unterschiedlichen Formen des Grundstückrechts, unterschiedlichen Grundsteuern, unterschiedlichen Pacht-, Planungs- und Bauregelungen.

Daraus ergibt sich für Facilities Manager eine größere Verantwortung, nicht zuletzt auch der Stadt gegenüber.

4. Das Unternehmen und die Umwelt

Cooper[8] hat angeregt, neu zu definieren, was wir unter 'Komfort' verstehen. Er hat argumentiert, daß das traditionelle Herangehen an Komfort nach psycho-physiologischen Kriterien heute einfach nicht mehr ausreicht. Statt dessen müssen Kriterien für Umweltqualität nicht nur ökonomische, soziale und psychologische, sondern auch ökologische und politische Faktoren mit einschließen.

Eine von Touche Ross Management Consultants durchgeführte Befragung zeigte, daß die große Mehrheit der Unternehmen in Großbritannien und Kontinental-Europa ein wirksames Unternehmenskonzept für ökologische Aufgaben als einen Schlüssel zum Erfolg in den 90er Jahren betrachtet. Befragungen von Betriebsdirektoren offenbarten viele Interessenkonflikte in britischen Unternehmen beim Umgang mit Umweltproblemen, insbesondere im Dienstleistungssektor.

Der Begriff 'Grün' wird heute verwendet, um ein Herangehen zu beschreiben, das die Umweltfolgen jeder Handlung zu berücksichtigen sucht, mit Blick auf den Erhalt der Ökologie des Planeten als Ganzes. Der Bedarf an 'gesunden' Gebäuden zum Nutzen der Stadt ist mit den Auswirkungen auf die weitere Umwelt in Einklang zu bringen.

Nur etwas mehr als die Hälfte der großen europäischen Unternehmen haben derzeit eine Umweltpolitik, die darauf gerichtet ist, die Beeinflussung der Umwelt auf ein Minimum zu begrenzen. Bisher haben nur wenige Unternehmen vollständige Umwelt-Rechenschaftslegungen vorgenommen. Diese sind als systematische, objektive und unabhängige Analysen der Umweltauswirkungen des Unternehmens zu verstehen. Viele haben jedoch Überprüfungen der umweltbezogenen Schlüsselfragen vorgenommen. Viele Unternehmen gehen nun daran, eine umweltverträgliche Produktion zu demonstrieren. Eine gesunde Arbeitsweise wird als ein wesentliches Marketing-Instrument angesehen. Öffentliche Erklärungen zu Umweltpolitik und Arbeitsweise können den Umwelt-Leumund und die Umwelt-Vertrauenswürdigkeit eines Unternehmens prägen.

---

8 Ian Cooper, "Environmental Quality: Responding to a New Agenda", in: Paper to Conference: Designing for Environmental Quality 89, Birmingham Polytechnic, Sept. 1989

Der Verkauf von Konzepten umweltbewußter, ökologischer und nutzerfreundlicher Verfahren ist nun zum Bestandteil der Unternehmensentwicklung geworden. Aber ist das ausreichend?

Umweltqualität vom Mikro- bis zum Makro-Niveau ist von vielen Faktoren zugleich abhängig: vom Umwelt-Management und von der Wahl der Materialien und Methoden für Gebäude, Betriebsanlagen, Dienstleistungen und Energiequellen.

Aber selbst diese Argumente konzentrieren sich mehr auf physische als auf soziale und symbolische Aspekte der Gebäudenutzung. Gleichfalls beziehen sie sich mehr auf Produkte und Lieferungen als auf die Prozesse der Aufrechterhaltung der Qualität für die Nutzer.

Ein derartiges Herangehen führt zwangsläufig zum Bedürfnis nach einem effektiven Management der Unternehmensaktivitäten, um zu sichern, daß sie bestimmten Umweltzielen entsprechen. Diese Ziele können durch Gesetzgebung, Vorschriften, Industrienormen oder Unternehmenspolitik definiert sein.

Die Elemente eines effektiven Umwelt-Management-Systems, die von klar umrissenen Erklärungen der Unternehmenspolitik über organisatorische Aufgaben und Verantwortlichkeiten, Praktiken und Verfahren, Dokumentation, Plänen und Programmen bis hin zur Steuerung, Rechenschaftslegung und Revision reichen, müssen mit jenen von Qualitäts-Management-Systemen übereinstimmen.

Die Elemente eines Umwelt-Management-Systems können so festgelegt und standardisiert werden, daß das System nach seiner Vollständigkeit und Effektivität bewertet werden kann. Das Umwelt-Management-System 'British Standard 7750' stellt ein derartiges Verfahren dar. In Form einer Einzelaufstellung und eines Leitfadens kennzeichnet es die Elemente eines modellhaften Management-Systems für Umwelterfordernisse.

Die Einheitliche Europäische Akte weist die EG-Kommission allgemein an, ein hohes Niveau von Maßnahmen zum Schutz der Gesundheit und Sicherheit zu Grunde zu legen, und führt aus, daß Mitgliedsstaaten Verbesserungen für die Gesundheit und Sicherheit am Arbeitsplatz fördern müssen. Umweltpolitik ist ein integraler Bestandteil der Wirtschafts-, Sozial- und Industrie-Politik der EG.

5. Ausbildungserfordernisse und -aktivitäten

Das europäische Herangehen an Facilities Management beinhaltet die Errichtung umweltverträglicher Gebäude im städtischen Kontext sowie die Gestaltung der Beziehungen zwischen dem Unternehmen, dem einzelnen, der Umwelt und der Stadt. Dieses Herangehen erfordert neue Management-Kenntnisse.

Aber wer versteht so viel vom Geschäft des Klienten, daß er hochwertige Facilities zur Erhöhung der Effektivität des Unternehmens liefern kann? Gegenwärtig gibt es solche Wissensträger in der Regel nicht. In der Praxis liegt der Schwerpunkt derzeit auf ökonomischen, technologischen und Umweltproblemen als Reaktion auf die zunehmende Gesetzgebung. Erforderlich ist ein besseres Gleichgewicht zwischen sozialen, technischen und ökonomischen Fragen im Kontext des Unternehmens. Auf diesem Gebiet kann Facilities Management die größte Wirkung ausüben.

Ein Schlüssel zur Zukunft von Facilities Management liegt in der Entwicklung eines entsprechenden Ausgleich zwischen betriebswirtschaftlichen Kenntnissen und technischen Kenntnissen. Vielfach wird dies bedeuten, daß man zu grundlegenden technischen Kenntnissen kaufmännische, soziale und psychologische Kenntnisse hinzufügt. Wir benötigen den 'hybriden Manager' mit einem Gleichgewicht von technischen und Management-Kenntnissen. Wir brauchen mehr Diskussionen über das Verhältnis zwischen aufgabenspezifischen und allgemeinen Managementfähigkeiten. Wollen wir einen professionellen Manager oder einen technischen Fachmann hervorbringen?

Strategische Facilities Manager werden eher nach ihren Manager-Fähigkeiten als nach ihrer technischen Kompetenz eingeschätzt. Die Nachfrage nach erfahrenen Managern ist in Europa stark. Nach Kevin Barham und John Oates muß der internationale Manager[9] über eine Mischung von technischer Kompetenz, Sprachkenntnissen, kultureller Sensibilität und vor allem über eine alles beherrschende Vision verfügen, die Aktivitäten in vielen verschiedenen Ländern verbinden kann.

In vielen Unternehmen erfolgt auch eine Neubestimmung und Unterscheidung der Funktionen als Abnehmer und Lieferant sowie eine Entwicklung hin zum Vertrag als Grundlage für die Lieferung von Dienstleistungen. Neue Kenntnisse im Einkaufs werden vom informierten Abnehmer und kundigen Klienten verlangt.

Effektive Facilities Manager werden mehr Management-Zeit an der Schnittstelle mit dem Nutzer einplanen. Erforderlich ist die Entwicklung hochleistungsfähiger Systeme, die die Zeit freisetzen, die bisher für die Ausarbei-

---

9 Vgl. Kevin Barham and John Oates, The International Manager, Ashworth Management College, Berkhamstead, Hertfordshire, o. J.

tung schwerfälliger Verträge benötigt wurde. Diese neuen Systeme werden einen Wettbewerb um Qualität und eine effektive Handhabung von Verträgen ermöglichen.

Das Erlernen und Beherrschen folgender neuer Fähigkeiten sind erforderlich:
— des zielgerichteten Umgangs mit Menschen,
— der Anwendung der Marketingkonzeption,
— der Kenntnis von Beschaffungspraktiken,
— des Führens von Vertragsverhandlungen.

Die Ausbildung und Schulung im Facilities Management muß als Bestandteil der allgemeinen Weiterbildung im Management betrachtet werden, wenn sie nicht zu einer Nebensächlichkeit werden soll. Facilities Manager müssen in der Lage sein, zur strategischen Geschäftsplanung beizutragen; sie sind Anwärter für gehobene Management-Posten in einem Unternehmen.

In Großbritannien werden Kompetenz-Standards für Facilities Manager von den Unternehmen aufgestellt, die sich an der Management Charter Initiative (MCI) beteiligen. Diese Initiative ist zu einer wichtigen Stimme auf dem Gebiet der Management-Ausbildung, Schulung und Weiterbildung geworden.

Die Management Charter Initiative stellt sich das Ziel, ein System von Management-Qualifikationen zu schaffen. Die Mitglieder der Charter Group bekennen sich zu einem 10-Punkte-Verhaltenskodex in der Management-Weiterbildung. Mehr als 1000 Unternehmen in Großbritannien haben sich verpflichtet, nach diesem Verhaltenskodex zu arbeiten. Management-Berufsstandards sind veröffentlicht worden, und enge Bindungen sind zwischen den MCI-Netzwerken, Schulungs- und Unternehmer-Komitees und lokalen Unternehmen hergestellt worden.

Das nationale Forum hat Leitlinien auf der Grundlage von Kompetenzen erstellt und wird Auszeichnungen für nachgewiesene Management-Fähigkeiten vergeben. Eine Aufstiegsleiter vom unteren operativen Management über das mittlere taktische Management bis hin zum oberen strategischen Management wurde entwickelt. Auf jeder Stufe werden solche Eigenschaften wie Zugänglichkeit, Unternehmens- und individuelle Entwicklung und die Einbeziehung des Auftraggebers gefördert. Die Management-Charta betont auch die kontinuierliche Weiterbildung während einer Karriere.

Gemeinsam mit dem National Health Service in Großbritannien arbeitet CFM gegenwärtig daran, eine Facilities Management-Qualifikation zu entwikkeln und eine Brücke vom fachspezifischen zum allgemeinen Management zu schaffen. Diese Initiative wird jetzt als Bestandteil verschiedener Ausbildungs- und Schulungsprogramme betrachtet (NHC Training Directorates, Health and

Social Services Management Diploma Programme, Management Education Scheme by Open Learning). In diesem Rahmen ist Facilities Management eng mit der Ausbildung und Schulung der Anwärter für das allgemeine und gehobene Management verbunden.

Eine europäische Berufsqualifikation sollte entwickelt werden, nationale Befähigungsnachweise werden irrelevant.

6. Facilities Manager — Ein europäischer Beruf?

Der Rahmen für die Ausbildung von Facilities Management wird zunehmend europäisch, wie die folgenden Indizien zeigen:

— Gesamteuropäische Unternehmen mit gemeinsamen Standards (die besten in Europa).
— Einfluß der EG auf die Umwelt- und Arbeits-Gesetzgebung.
— Standardisierung: Euro-Standards und Bau-Vorschriften.
— Öffentliche Ausschreibungen und konkurrierrende Angebote: offen für Unternehmen innerhalb der EG.
— Harmonisierung von beruflichen Qualifikationen.

Facilities Management ist der Verbesserung der Arbeitsbedingungen der europäischen Arbeitnehmer verpflichtet. Facilities Management ist daher für die europäische Wirtschaft von großer Bedeutung und kann dazu beitragen, notwendige Informationen für politische Entscheidungen bereitzustellen, um den Herausforderungen der europäischen Wirtschaft zu begegnen.

Europäische Kooperation ist lebenswichtig für:

— die Erarbeitung gemeinsamer Standards und Dokumentationen,
— die Entwicklung praktischer Werkzeuge und Methoden,
— die Verbreitung der besten Praktiken,
— den Transfer von Technologien.

Die Forderung nach beruflicher Fortbildung im Facilities Management und die Entwicklung eines überzeugenden europäischen Berufes ist nach wie vor aktuell. Die Überzeugungskraft des Facilities Management ist von mehreren Faktoren abhängig, wie:

— verstärktem Auftreten,
— der Ausbildung und Forschung als Schlüssel zur Professionalisierung,
— den Qualifikationen: von Bildung, Schulung, praktischem Training,
— der beruflichen Weiterbildung,
— der europäischen Harmonisierung,
— einem anerkannten Verhaltenskodex.

Die berufliche Fortbildung im Facilities Management wird dazu beitragen, daß wir in Europa durch Konferenzen und Partnerschaften in Forschung und Ausbildung zusammenwachsen.

Literatur

Alexander, Keith; "Facilities Management: The State-of-the-Art in Europe", in: Summary Report; EuroFM Conference (FMI '90) Glasgow, April 1990; Glasgow: University of Strathclyde, 1990

----; "Professional Development in Facilities Management in Europe"; in: Keynote Paper; Euro FM Conference (FMI '90), Glasgow, April 1990; Glasgow: University of Strathclyde, 1990

----; "Relating Facilities Needs to Business Needs"; in: IFMA European Conference of Facility Management; Brussels: IFMA, May 1992

Barnham, Kevin; John Oates; The International Manager; Ashworth Management College; Berkhamstead, Hertfordshire, England; o. J.

Bartlett, Christopher A.; Ghoshal Sumantrag; Managing Across Borders; London: Hutchinson Business Books, 1989

Cooper, Ian; "Environment Quality: Responding to a New Agenda"; Paper to Conference: Designing for Environmental Quality 89; Birmingham: Polytechnic, Sept. 1989

DEGW and Teknibank; The Intelligent Building in Europe; May 1992

Department of Employment; "Investors in People: The National Standards Links to Assessment Indicators"; Sheffield, England, 1993

New Office Promotion Committee; "Guidelines for New Offices in the Coming Generations"; in: New Office Promotion Association, April 1988

Ulrich, Robert; "View Through a Window May Influence Recovery in Surgery"; in: Science, 1984

Wissenschaftliche Eingliederung

von
Michael Hofmann

1. Einführung

Wie in den Beiträgen des Abschnitts 'Facility Management in den USA' dargestellt, bildete sich in den letzten beiden Jahrzehnten in den USA ein innerbetriebliches Leistungsfeld heraus, das zur Lösung von Aufgaben der Nutzung und Instandhaltung vorwiegend von Bürogebäuden und Bankeinrichtungen eingesetzt wurde: das Facility Management.

In Europa haben Facility Management-Konzepte über Großbritannien und die Niederlande auch in den deutschsprachigen Ländern Eingang gefunden und sind mittlerweile dabei, das strategische Denken in Industrieunternehmen und Dienstleistungsorganisationen nachhaltig zu beeinflussen.

In den Publikationen zum Management Consulting[1] finden sich auch Konzepte, die diesem Bereich zuzuordnen sind und die sich infolge ihres interdisziplinären Charakters nicht unter den bisher üblichen Begriffen wie Bau-Projektmanagement oder Bauprojektsteuerung einordnen lassen. Dazu wurde der in den USA geprägte Begriff Facility Management zwar beibehalten, allerdings in einer erweiterten, die Lebenszyklusphasen eines Objekts umspannenden Form. Der Verfasser versteht darunter Probleme und Aufgaben, die sich von der Planung über die Realisierung und Nutzung bis hin zur Umwidmung und dem Abriß von Bauten und baulichen Anlagen erstrecken bzw. generell bei der Verwaltung von Liegenschaften auftreten.

---

1 Siehe hierzu: Walter Sertl, Klaus Zapotoczky, (Hrsg.), Neue Leistungsinhalte und internationale Entwicklungen der Unternehmensberatung, Reihe Management Consulting, Band 2, Stuttgart, Berlin (West), Köln: Kohlhammer, 1989

Zur theoretischen Fundierung und Erweiterung des Facility Management haben in den letzten Jahren mehrere wissenschaftliche Arbeiten in den deutschsprachigen Ländern beigetragen, die u. a. folgende Gesichtspunkte zum Gegenstand hatten:

— notwendige Beratungsleistungen, die sich aus dem erweiterten Leistungsfeld des Architekten ergeben,
— die zeitliche und fachliche Integration von Bauwerksplanung und Bauwerksnutzung aus der Sicht des Bauingenieurs,
— die Einbeziehung des Immobilienmanagements in diese Problematik,
— die Möglichkeiten der Integration von Betriebswirtschaft und Managementtheorie in den Ansatz eines umfassenden Facility Management,
— das vom gesamten Lebenszyklus eines Bauwerks ausgehende computerintegrierte Bauen und
— der Denkansatz eines das Facility Management umfassend verallgemeinernden Objektmanagements.

2. Die Ausweitung des Facility Management zum 'Objektmanagement'

Ausgehend von einer Analyse und kritischen Wertung des Facility Management als einem neuen innerbetrieblichen Leistungsfeld, das bestimmte Funktionen des betrieblichen Geschehens zusammenfaßt und in ein neues Bestimmungsgefüge stellt entwickelt Gerhard Palisek[2] das Konzept eines 'Objektmanagements', das auf den Methoden des Facility Management aufbaut.

Dazu führt er aus: "Objektmanagement ist die Gestaltung einer Objektstruktur einer unter wirtschaftlichen Bedingungen geführten Organisation durch die Menschen".[3] Die Objektstruktur definiert Palisek als Arbeitsumgebung des Menschen. Aus betriebswirtschaftlicher Sicht beschäftigt sich das Objektmanagement mit Betriebsmitteln, die Unternehmen im Produktions- und Dienstleistungsbereich langfristig zur Verfügung stehen und den Einsatz des Menschen im Arbeitsprozeß ermöglichen, unterstützen bzw. vollständig

2 Gerhard Palisek, Consulting Perspektiven: Das Leistungsfeld 'Facility Management' als Grundlage eines 'Objektmanagements', Wien: Wirtschaftsuniversität, 1988

3 Derselbe, "Das Leistungsfeld Facility Management als Grundlage eines Objektmanagements", in: Walter Sertl, Klaus Zapotoczky, (Hrsg.), Neue Leistungsinhalte und internationale Entwicklung der Unternehmensberatung, a. a. O., S. 216

oder teilweise ersetzen. Palisek beschränkt das Objektmanagement dabei nicht auf Gebäude und Anlagen, sondern er ist der Auffassung, daß es auch bei Verteilungs- und Transportsystemen bzw. Informations- und Kommunikationsnetzen eingesetzt werden kann. Objektmanagement vereint und ergänzt Facility Management und Anlagenwirtschaft und übernimmt die ganzheitliche Betreuung des Betriebsmittelbereiches.

Das Objektmanagement beinhaltet nach Palisek auch das Projektmanagement. Während das Projektmanagement alle Tätigkeiten umfaßt, ein Objekt innerhalb eines vorgegebenen Termin- und Kostenvolumens abzuwickeln, erstreckt sich das Objektmanagement über den gesamten Lebenszyklus eines Gebäudes, endet also nicht mit der Fertigstellung des Objektes und der Übergabe an den Nutzer. Es hat besonders in der Objektnutzung einen Schwerpunkt.

An die Darstellung der Beobachtungsaussagen über das Phänomen Facility Management schließt Palisek eine Wertung, besonders der Verhältnisse im deutschsprachigen Raum an.

Er entwickelt Aspekte einer Theorie des Objektmanagements, zeigt Lösungsmöglichkeiten für die gegebene Problemstellung auf und formuliert ein entsprechendes Modell. Es werden auf der Basis des Konzepts der Lebenszyklusphasen aus dem 'Systems Engineering' von Lebenszyklusphase zu Lebenszyklusphase im Objektmanagement-Modell die Beschreibungen des Objektzustandes übernommen und mit Informationen über die Objektveränderungen in der jeweiligen Lebenszyklusphase ergänzt, damit sie in der Phase der Objektnutzung möglichst vollständig verfügbar sind. Die von Phase zu Phase erfolgende Verfeinerung und die ständige Anpassung der Zustandsbeschreibungen bei Veränderungen kann nur abgesichert werden, wenn ein passendes Dokumentationssystem vorliegt. Eine sichere Zustandsbeschreibung ist ein dynamischer und kontinuierlicher Prozeß, der die Veränderungen des komplexen Objektes widerspiegelt.

Die Objektmanagement-Strategie ist ein Teil der Unternehmensstrategie, sie leitet sich aus dieser ab. Wenn also neue Objekte (Betriebsmittel) nach der Unternehmensstrategie erforderlich sind, dann ist es Aufgabe des Objektmanagements, die mit diesen Maßnahmen verbundenen Ziele wie Kostensenkung, Gewinnsteigerung, Kapitalanlagen u. a. in Abstimmung und in Koordination mit anderen Teilstrategien des Unternehmens zu verwirklichen.

An der Lösung solcher Aufgaben sind zahlreiche Institutionen und Gruppen beteiligt. Sie stellen die Umgebung des Objektmanagements dar und legen die zeitabhängigen Rahmenbedingungen für die Lebenszyklusphasen eines Objekts und für das Objekt selbst fest.

Die Hauptmethoden des Objektmanagements werden von den beteiligten Partnern bzw. von den Institutionen, die diese vertreten, bestimmt und zwar von

— den Investoren (die ihre Idee wegen monetärer oder anderer Vorteile mit niedrigstem Kosten- und Zeitaufwand verwirklicht haben wollen), die die Ziele festlegen;
— den Konstrukteuren und Erbauern, die die komplexen Objekte errichten (sie bedienen sich bei der Problemlösungs-Steuerung der Methoden und Hilfsmittel des Projektmanagements);
— den Managern, die die Ziele der Investoren verwirklichen; sie sind die Entscheidungsträger und benutzen die Methoden und Hilfsmittel des Controlling, wobei sie auf Basis der verfeinerten Ziele in den Lebenszyklus-Phasen mittels Soll/Ist-Vergleich die Erfolgskontrolle mit Ausnahme-Berichterstattung an den Auftraggeber durchführen.

Den Aufgaben des Objektmanagements ordnet Palisek drei Ebenen zu:

— die Ebene der Systemgestaltung, also der Strategiegestaltung der Organisation 'Unternehmen',
— die Ebene des Projektmanagements, d. h. des Managements einmaliger Spezialaufgaben mit bestimmtem Anfangs- und Endzeitpunkt sowie
— die operationelle Ebene, z. B. der regelmäßigen Wartung von Betriebsmitteln.

Objektmanagement heißt also, sich mit einem komplexen Objekt zu beschäftigen, das auch komplexe Methoden der Handhabung fordert. Je besser diese Methoden aufeinander abgestimmt sind, je stärker sie integriert sind, desto erfolgreicher wird das optimale Zusammenspiel der Elemente eines komplexen Objekts, gemessen an den Hauptkriterien Zeit, Kosten und Qualität, sein.

Die Verknüpfung mit der Realität führt Palisek zu Konfigurationsempfehlungen und zeigt Hindernisse auf, die einer Realisierung des Objektmanagements entgegenstehen. Er schlägt Gestaltungsschritte für eine neu zu gründende Organisation für den Prozeß der strategischen Planung, der Konstruktion und die Phase des laufenden Betriebes vor. Doch auch in bestehenden Organisationen stellt das Objektmanagement ein Mittel dar, um Objekte und damit vorhandene Ressourcen besser zu nutzen.

Aufgrund der genannten hohen Anforderungen vor allem hinsichtlich Komplexität, Dynamik, Qualität und Quantität ist die Unterstützung des Objektmanagements durch die elektronische Datenverarbeitung in der Praxis unerläßlich. Diesem kompletten System muß der Zugriff auf Datenbestände des Umfeldes (Gesetze, Normen, Standards) jederzeit möglich sein.

Die Zukunft des Objektmanagements liegt in der Möglichkeit, geplante Vorhaben in jeder denkbaren Parameterkonstellation antizipativ computerunterstützt durch Simulationen zu optimieren. Darüber hinaus bietet das Objektmanagement diese Unterstützung über den gesamten Lebenszyklus komplexer Objekte, integriert hinsichtlich Zielsetzung, Planung, Ausführung und Kontrolle. Das Objektmanagement unterstützt das strategische Management.

Eine praktische Umsetzung des theoretischen Konzepts in Industrieunternehmen ist bisher kaum zu finden. Dieter Henzler und Uwe W. Heidbreder benutzen den von Palisek geprägten Objektmanagement-Begriff als Oberbegriff ihres 'Computer Integrated Facilities Management', wie später noch ausgeführt wird.

3. Betriebswirtschaftliche Aspekte des Facility Management

Einen neuen Facility Management-Ansatz auf der Basis der Betriebswirtschafts- und Managementlehre als Konzept für das Management von Sachanlagen zu entwickeln, versucht Walther Moslener.[4] Er stellte sich die Aufgabe, ein Führungsinstrumentarium für das Management der Sachressourcen zu entwickeln, das den planvolleren Umgang mit Betriebsmitteln, also mit Grundstücken, Maschinen, Werkzeugen und Arbeitsmitteln gewährleistet.

Moslener arbeitet den komplexen Zusammenhang zwischen den Produktivitäts- und Kostenfaktoren 'Arbeitsumgebung' und 'Arbeitstechnik' heraus, die ein möglichst computergestütztes Management erfordern. Er beschreibt das Facility Management-Konzept als "Zusammenführung von Aspekten der Produktions- und Kostentheorie mit den Erkenntnissen der Managementlehre unter bewußtem und gezieltem Einsatz der EDV als Managementinstrument."[5]

Für die Entwicklung des Facility Management in den USA sieht er als wesentliche Ursachen:

— unternehmensintern die mangelhafte Raumaufteilung, die schlechte Bestandsführung, die sich entwickelnde Dezentralisierung und das Verlangen nach zweckmäßigeren Investitionen;

---

4 Siehe Walther Moslener, Wesen und Bedeutung des Facility Management — Ein neues Konzept in der Betriebswirtschafts- und Managementlehre, Linz: Johannes Kepler Universität, 1988

5 Ebenda, S. 1

— extern die erweiterten alphanumerischen und CAD-Möglichkeiten für Unternehmen, die zunehmenden gesetzlichen Auflagen und die steigenden Zinssätze.

Die Reaktionen auf diese Entwicklungen führten zu Auswirkungen auf alle Berufsgruppen, die unmittelbar in den Lebensphasen Planen, Bauen, Nutzen und Instandhalten von Bauten eingebunden sind.

Die aus dem übergreifenden Ansatz des Facility Management neu entstandenen Anforderungen wirkten sich auf den Inhalt dieser Berufe aus: es wurden Arbeitsfelder geschaffen, deren Wirkungen meist in mehrere dieser Berufe gleichzeitig hineinreichen.

Der Autor geht besonders auf die betriebswirtschaftliche Bedeutung des Facility Management aufgrund des Entwicklungsstandes in den USA ein, stellt die immateriellen Voraussetzungen in der Bewußtseinshaltung der Unternehmensmitarbeiter dar und leitet daraus ein Facility Management-Modell ab.

Es werden Forderungen nach einem planvollen Umgang mit Betriebsmitteln, nämlich Grundstücken, Gebäuden, Maschinen, Werkzeugen und Arbeitsmitteln in privatwirtschaftlichen Unternehmen und Organisationen bzw. Institutionen der öffentlichen Hand aus dem Blickwinkel der Kapitalgeber oder Unternehmer herausgestellt.

Moslener beschreibt den aktuellen Entwicklungsstand in den USA und äußert dabei die Vermutung, daß besonders die durch das Management nicht mehr beherrschte Anwendungsvielfalt der Büro- und Informationstechnologie, aber auch das günstige Preis-/Leistungs-Verhältnis der EDV-Hardware und die benutzerfreundliche Software zu den unmittelbaren Ursachen für die Ausbildung des FM gehören.

Die beschriebene Entwicklung führte zu einer Überbeanspruchung der Gebäudetechnik in Altbauten und damit einhergehend zu einem erhöhten Reparatur- und Installationsaufwand, zu Betriebsunterbrechungen und unvorhergesehenen Informationslücken. Die in den Unternehmen und Dienstleistungsorganisationen für diese Aufgaben nicht vorhandenen Kapazitäten brachten erhebliche Gemeinkostensteigerungen durch die Inanspruchnahme von Dienstleistern. Auch bei Neubauten war eine Ignorierung des steigenden Technisierungsgrades der Verwaltungstätigkeiten festzustellen.

Moslener kommt zu der Feststellung, daß die Einbeziehung des Facility Management überwiegend auf Verwaltungsbereiche die Wirkung haben soll

> "vom Topmanagement bis zum Hausmeister durch bereichs- und hierarchieübergreifende Bündelung von Erkenntnissen und Methoden:
>
> — Die Angemessenheit und Funktionstüchtigkeit des Arbeitsumfeldes mit geringstmöglichem Aufwand sicherzustellen;

— das Wohlbefinden der Mitarbeiter als Quelle hoher Produktivität zu sichern;
— innerbetriebliche Kostentransparenz und kurze Entscheidungswege durch redundanzarmen Einsatz der EDV zu schaffen;
— persönliche Bereitschaft zu innerbetrieblichen Veränderungen herbeizuführen;
— unnötig gebundenes Kapital für die Zukunftsaufgaben des Unternehmens freizusetzen."[6]

Moslener fordert die Computerunterstützung des Facility Management als Grundvoraussetzung für ein effektives Management. Ausgehend vom Ende der 80er Jahre erhältlichen Angebot an Hard- und Software, bei der Tendenz zur zunehmenden Verbesserung des Preis-/Leistungs-Verhältnisses, veranschaulicht er die beim Facility Management erforderliche Massendatenverarbeitung unter technischen und wirtschaftlichen Gesichtspunkten. Dieser Prozeß versetzt Industrieunternehmen und Dienstleistungsorganisationen in die Lage, ihre Unterbringungssituation zu erfassen, zu werten, zu planen und zu steuern.

Er trifft die Feststellung, daß die gesamte technische Entwicklung auf dem Gebiet der EDV in hohem Maße den Bedürfnissen und Anforderungen des Facility Management entgegenkommt. Die technischen Bedingungen zur Meisterung der Facility Management-Aufgaben werden dabei für im deutschsprachigen Raum als gegeben angesehen. Die Auswahl der Hard- und Software ist von den Unternehmen und Organisationen entsprechend ihren spezifischen Anforderungen und Erwartungen vorzunehmen.

Die Zukunft computergestützter Problemlösungen liegt auf jeden Fall in der Vernetzung der Systeme. Davon und von bereits vorhandenen Lösungen und Konfigurationen wird es abhängen, mit welchen Investitionskosten eine größere Wirtschaftlichkeit, eine zweckmäßigere Konfiguration und ein schneller Informationsaustausch erreichbar sind.

Moslener unternimmt den Versuch einer theoretischen betriebswirtschaftlichen Fundierung des Facility Management. Nach erfolgter Bestandsaufnahme der Facility Management-Praxis untersucht er die systembildenden Ansätze in der deutschen klassischen Betriebswirtschaftslehre und weitere Teilaspekte bei der Anlagenwirtschaft und im Bereich der Anlageninstandhaltung. Er nimmt eine Neubestimmung des Leistungsumfanges des Facility Management vor, arbeitet ausgehend von der Unternehmenszielsetzung funktionelle, instrumentelle, strukturelle und soziologisch relevante Gesichtspunkte heraus und stellt dann Ziele, Gestaltungsvariablen und den Bedingungsrahmen für ein umfassendes Facility Management vor.

6 Moslener, a. a. O., S. 35

Moslener definiert dabei Management "als eine (freiwillig) von einem Individuum übernommene Gesamtverantwortung für eine klar definierte Zielsetzung, die nur mittels eines arbeitsteiligen Prozesses erreicht werden kann."[7] Der Managementbegriff schließt die Sachverantwortung sowohl in einem funktional-ökonomischen Sinn als auch in einem ökologisch-ethischen Sinn ein.

Facility Management soll also in fließender Abgrenzung zum industriellen Fertigungsprozeß die langfristig kostengünstigste Kombination der Betriebs- und Arbeitsmittel sichern, die für die Erfüllung des Unternehmenszwecks nachweislich erforderlich sind.

Ein funktionales und humanes Arbeitsumfeld erfordert psychologisch geschulte Führungskräfte mit ausgeprägtem sozialen Verständnis und kooperativem Führungsstil. Deshalb wird eine strukturelle Einordnung des Facility Management hinsichtlich seiner Stellung in der Betriebsorganisation und des Ausführungsaufwandes unter aufbauorganisatorischen Aspekten und soziologischen Gesichtspunkten vorgenommen.

Moslener berührt auch soziologisch relevante Aspekte, die bei der Umsetzung bereichsübergreifender Standardisierung, bei unternehmensinternen Umzügen, bei Ortswechseln und bei der Teilabgabe bisheriger Selbständigkeit zunehmende Reibungsflächen zwischen Personen und Gruppen erwarten lassen. Gleichfalls geht er auf erforderliche Führungseigenschaften, die für den Konzepterfolg von Bedeutung sind, ein.

Art und Umfang der Aufgaben machen deutlich, daß die Umsetzung eines Facility Management-Konzeptes vorwiegend in großen Industrieunternehmen und Dienstleistungsorganisationen geboten ist, obwohl die Facility Management-Philosophie auch für kleinere Organisationseinheiten gilt.

Es ist bereits heute erkennbar, daß die Anwendung dieses Konzeptes dazu führt, Gemeinkosten zu reduzieren, gebundenes Kapital freizusetzen, die Produktivität der Mitarbeiter zu stärken und die Kostenabweichungen bei komplexen Bauvorhaben zu reduzieren, so daß sich Wettbewerbsvorteile und eine sichere Budgeteinhaltung einstellen.

Moslener weist auf die integrierenden Aspekte des Facility Management-Ansatzes hin und vertritt die Auffassung, daß die betriebswirtschaftliche Führungs- und Managementlehre dadurch eine neue Dimension erhält.

---

7 Moslener, a. a. O., S. 78 f.

4. CAD-integrierte Projektplanung, -steuerung und -verwaltung

Heinrich Harden[8] geht in seiner Arbeit davon aus, daß Verfahren für Planung, Abwicklung und Verwaltung von Bauten im Wirtschaftsprozeß zunehmend an Bedeutung gewinnen. Die in den vergangenen zwei Jahrzehnten vollzogene Wandlung in den Produktions- und Arbeitstechniken führte vom bisherigen Trend zur Arbeitsteilung zurück zur ganzheitlichen Arbeitsgestaltung.

Harden erkennt diesen Trend deutlich vor allem in der industriellen Produktion und dadurch ausgelöst und zeitversetzt auch in den Wirtschaftsbereichen der Bauindustrie und des Anlagenbaues. Die Konzentrationsbestrebungen in der Industrie und das Verlangen nach immer größeren Produktionsanlagen führten zu einem ständig steigenden Bedarf nach flexibel nutzbaren, funktional und technisch anspruchsvollen Büroflächen, Fabriksgebäuden und Anlagen.

Diese Entwicklung erfordert die Bewältigung komplexer Bauaufgaben und erhöht den Planungs- und Managementaufwand, sowohl in der Abwicklungs- als auch in der Nutzungsphase von Bauten und baulichen Anlagen.

Dabei müssen Bauten als Funktionsträger für Produktions- und Lebensbedürfnisse des Menschen in Zukunft immer höheren Anforderungen genügen. Ihre Befriedigung verlangt eine qualitativ bessere Steuerung von Bauprojekten und damit zusammenhängend eine Integration der dazugehörigen Planungsleistungen.

Harden weist darauf hin, daß die Lösung dieser Aufgaben ohne einen umfassenden EDV-Einsatz nicht möglich ist, und stellt das Modell einer Informationsflußsteuerung bei der Planung und Abwicklung von Bauten als Voraussetzung für sinnvolle und korrekte Planungsunterlagen vor, wobei er der Meinung ist, daß CAD als Instrument integrierter Planung auch als Basis für ein Facility Management-Konzept dienen könnte.

Der jetzige Stand der Bauplanung ist durch eine Differenzierung in Spezialdisziplinen gekennzeichnet, die die Verantwortung für ein fertigzustellendes Bauprojekt auf viele Partner verteilt. Die zur Zeit praktizierte Technik der arbeitsteiligen Planung gefährdet die durchgehende Steuerung von Planungs-, Bau- und Nutzungsaktivitäten deshalb, weil in dem Netzwerk von Anforderungen und Zuständigkeiten die Schnittstellen unklar definiert sind und da-

8 Siehe hierzu Heinrich Harden, CAD als Instrument integrierter Planung, Projektplanung, -steuerung und -verwaltung, Linz: Johannes Kepler Universität, 1989

durch wesentliche Informations- und Verantwortungslücken entstehen können. Konsequenzen dieser Arbeitsweise sind nicht eingehaltene Funktionsanforderungen, Termine und Kostenziele.

Der Aufwand für die Errichtung eines Bauwerkes ist wirtschaftlich nur dann gerechtfertigt, wenn es auch wirtschaftlich genutzt wird. Der Wert eines Bauobjektes ist einerseits bestimmt durch die Planungsqualität und andererseits durch die Bau- und Unterhaltungskosten. Anders jedoch als die Bauplanung wird die Planung der Nutzung und Instandhaltung bisher unterschätzt. Es mangelt nicht nur an den erforderlichen Operations- und Informationsgrundlagen, sondern zugleich in den meisten Unternehmen an der Abstimmung mit den strategischen Unternehmenszielen.

Harden geht davon aus, daß rationelle Methoden für Planung, Abwicklung und Verwaltung von Bauten im wirtschaftlichen Prozeß zunehmend an Bedeutung gewinnen, da sie unter anderem die Investitions- und Kostensicherheit erhöhen.

Der Einsatz der EDV hat zwar in einigen Bereichen (Harden nennt insbesondere den Komplex Ausschreibung, Vergabe, Abrechnung) effektive Lösungen gebracht, die jedoch meistens Inselcharakter haben. Computergestützte Planungs- und Abwicklungstechniken gewinnen zunehmend an Bedeutung. Zum effizienten Einsatz dieser Techniken müssen jedoch die Abwicklungsprozesse neu gestaltet und straff strategisch ausgerichtet werden.

Als Aufgabe einer integrierten Planung stellt Harden die Erhöhung der Zielsicherheit der Gesamtplanung heraus. Zielsicherheit differenziert er in diesem Fall in Anforderungs-, Kosten- und Terminsicherheit. Die integrierte Planung hat dabei drei Aufgaben für das übergeordnete Planungsziel zu lösen, nämlich durchgängige Zielkontrolle, umfassendes Wissen und zusammenhängende Verantwortung.

Er entwickelte ein Basiskonzept, das für eine effiziente Kommunikation aller Planungsbeteiligten sorgen soll. Computergestützten Informationssystemen, insbesondere der geeigneten Konfiguration von Rechnern, Datenbanken und Anwendungssoftware, wird allerdings lediglich die Rolle eines 'intelligenten' Werkzeugs zugewiesen. Als wesentlich wird in diesem Zusammenhang die Kreativitätsleistung des Menschen, seine Organisationsfähigkeit und die Bereitschaft, sich dieser Technik systemorientiert zu bedienen, herausgearbeitet.

Harden spricht sich für eine zusammenhängende Planungsverantwortung über den gesamten Lebenszyklus eines Bauwerks durch eine mit entsprechender Autorität ausgestatteten Steuerungsinstanz aus, die die einzelnen Fachplanungen integriert. Er fordert über die Fertigstellung hinaus einen Koordinator für die verschiedenen Planungsaspekte von der Nutzung, der Instandhaltung, des Umbaus und des Abbruchs bis zum Ende der Nutzungsdauer des Gebäudes, d. h. eine umfassendere Funktionsausübung, als sie zur Zeit durch Facility Management ausgeübt wird. Diese integrierte Planung sollte jedoch in ihren Teilbereichen nicht durch eine einzige Planungsinstanz, sondern durch kooperative Leistung wahrgenommen werden.

> "Hier tritt natürlich die Frage nach dem konkreten Leistungsbild und der organisatorischen Form integrierter Planung auf. Planung wird parallel oder auch in zeitlicher Folge von verschiedenen organisatorischen Einheiten betrieben, die zudem meist zu verschiedenen Unternehmen (Architektur- und Ingenieurbüros, ausführende Firmen, Generalübernehmer, Bauträgerfirmen) gehören. Die 'Honorarordnung für Architekten und Ingenieure' ('HOAI'), deren Leistungsphasenkonzept nur bis zur Übergabe reicht, definiert hierfür kein Leistungsbild."[9]

Harden geht davon aus, daß eine durchgängige Verantwortlichkeit nur tragbar ist, wenn eine lückenlose Dokumentation des Projektablaufes erfolgt, aus der jederzeit Entscheidungen den entsprechenden Entscheidungsträgern zugeordnet und die zu ihnen führenden Prozesse rekonstruiert werden können. Dies unterstreicht noch einmal die Bedeutung der Kooperation auf einer geklärten Informationsgrundlage.

Harden steckt die wesentlichen Ergebnisse der Arbeit und die zu ihnen führenden Voraussetzungen wie folgt ab[10]:

— Integrierte Planung und durchgängige Steuerung von Bauprojekten sind zwei sich gegenseitig bedingende Ziele, die angesichts der heutigen Bauaufgaben eine hohe Priorität haben.
— Den CA-Techniken kommt als Integrationstechniken bei der Realisierung dieser Ziele eine hohe Bedeutung zu; sie sind dabei als Basis von Informationssysteme einzusetzen.
— CAD-Systeme für das Bauwesen müssen spezifischen Anforderungen genügen, die sich aus der Struktur der zu modellierenden Gegenstände und den bautypischen Anwendersichten ergeben.
— Anforderungsgerechte CAD-Systeme für das Bauwesen können nur aus einem umfassenden Ansatz resultieren, der die Konzepte und Hilfsmittel

9 Harden, a. a. O., S. 3

10 Heinrich Harden, "CAD-integrierte Planung im Facility Management", in: Walter Sertl, Klaus Zapotoczky, (Hrsg.), Neue Leistungsinhalte und internationale Entwicklung der Unternehmensberatung, Reihe Management Consulting, Band 2, Stuttgart, Berlin (West), Köln: Kohlhammer, 1989, S. 6

der modernen Softwaretechnik zur Kenntnis nimmt und einsetzt. Ihre Einführung beinhaltet anspruchsvolle Organisationsaufgaben.

5. Computerunterstützung in der Architektur

Eine Weiterführung des Gedankengebäudes der vorgenannten Arbeiten aus der Sicht eines Architekten erfolgt durch Hans Kahlen[11], indem er im Bereich der Architektur Anwendungsgebiete der elektronischen Datenverarbeitung im allgemeinen und des Computer Aided Design im besonderen identifiziert und die Rahmenbedingungen näher bestimmt, unter denen ein solcher Einsatz Früchte zu bringen verspricht.

Kahlen untersucht, ob computergestützte Informationssysteme in der Lage sind, den Architekten umfassender als bisher mit Wissen auszustatten und ihm insbesondere obligatorische Routinearbeiten zu erleichtern. Das scheint dringend notwendig, da zunehmende Personalkosten und eine kaum zu bewältigende Informationsflut den Architekten zwingen, rationellere Arbeitstechniken in seiner Tätigkeit anzuwenden.

Dabei wird die Auffassung vertreten, daß im Vergleich zur intensiven EDV-Nutzung durch Fachingenieure und auch hinsichtlich der objektiven Leistungsfähigkeit der EDV eine auffallende Diskrepanz zwischen der technisch möglichen und der tatsächlichen EDV-Anwendung in den Architekturbüros festzustellen ist. Als Ursache wird besonders auf die soziale Unsicherheit und die Betriebsgrößenstruktur in der zahlenmäßig größten Gruppe der Büros verwiesen.

Während in der Industrie solche Zielsetzungen wie CIM allgemein eine effiziente Vorgehensweise bestimmen und mit großer Zielstrebigkeit verfolgt werden, wurde die Arbeitsleistung des Architekten von der Entwicklung der Computertechnik bisher nur wenig beeinflußt.

Kahlen kommt zu der Schlußfolgerung, daß der Berufsstand des Architekten auf lange Sicht nur dann überlebensfähig bleibe, wenn es ihm gelänge, innovative Dienstleistungen[12] anzubieten und die Möglichkeiten der EDV

---

11 Siehe Hans Kahlen, CAD-Einsatz in der Architektur, Reihe Facility Management, Band 2, Stuttgart, Berlin (West), Köln: Kohlhammer, 1989

12 Vgl. Hans Kahlen, "Beratungs- und Managementleistungen des Architekten", in: Walter Sertl, Klaus Zapotoczky, (Hrsg.), Neue Leistungsinhalte und internationale Entwicklungen der Unternehmensberatung, Reihe Management Consulting, Band 2, Stuttgart, Berlin (West), Köln: Kohlhammer, 1989

dazu zu nutzen; denn diese führe zu wesentlichen Arbeitserleichterungen und besser begründeten qualitativen Entscheidungen in vielen Planungsprozessen.

Kahlen wählt in seinen Ausführungen als theoretischen Ausgangspunkt ein Lebenszykluskonzept für Bauten und präsentiert in der Arbeit ein geschlossenes strategisches Konzept für eine zunehmende EDV-Unterstützung der Architektenarbeit. Er bringt aber auch gleichzeitig zum Ausdruck, daß ein komplettes EDV-System, das alle zur integrierten Computerunterstützung der Architektentätigkeit erforderlichen Komponenten einschließt, bisher auf dem Markt weder zu kaufen ist, noch aufgrund der unterschiedlichen Betriebsgrößen der Architekturbüros für alle geeignet wäre.

Deshalb stellt er eine Methode vor, mit der sich die erforderlichen Systemkomponenten systematisch so bestimmen lassen, daß wesentliche Integrationsforderungen erfüllt werden. Die weitere Diskussion geht von der Forderung aus, daß ein System den Erfolg eines Architekturbüros nicht schmälern, sondern ihn erhöhen sollte, und bewertet dann die Akquisitionsmöglichkeiten und Leistungserweiterungen, die durch den EDV-Einsatz ermöglicht werden.

Kahlen orientiert sich hin auf neue Dienstleistungen und hebt insbesondere das Bau-Projektmanagement als treuhänderische Steuerung eines Projektes nach wirtschaftlichen Kriterien sowie das Facility Management als lebenszyklusorientierte Betreuung von Objekten hervor.

Der Erfolg des umfassenden gedanklichen Ansatzes von Facility Management verbindet sich jedoch mit einer realistischen Einschätzung des dadurch erschließbaren Gestaltungsbereiches und mit der Entwicklung von Implementationsstrategien, die in den Unternehmen durchsetzungsfähig sind. Gerade in dieser Hinsicht seien einige der gegenwärtigen Diskussionsansätze jedoch noch zu wenig realistisch. Eine wesentliche Voraussetzung für Facility Management ist jedoch eine funktionierende informationstechnische Infrastruktur, die im Zusammenhang mit der Informationsintegration des gesamten Unternehmens zu sehen ist.

Solche Leistungen könnten jedoch nur Architekturbüros erbringen, die unternehmerisch geführt würden, in denen also durch ein solides Management strategische Ziele gesetzt und realisiert würden bzw. ein solches

"als Bedingung dafür die Voraussetzungen für eine kontinuierliche Existenz und den Erfolg des Büros schafft, indem es für die Qualifikation und Motivation der Mitarbeiter sorgt, den Leistungen des Büros ein charakteristisches Profil gibt, sie gezielt vermarktet, sowie ihre Qualität und den wirtschaftlichen Erfolg einer sorgfältigen Kontrolle unterwirft."[13]

Er kommt in seiner wissenschaftlichen Arbeit zu dem Schluß, daß eine integrierte Computerunterstützung der Architektenarbeit nicht nur zur Erhöhung ihrer Qualität und Produktivität beiträgt, sondern auch Ansprüche erfüllen würde, die gegenwärtig vor allem von Gebäudenutzern aus der privaten Wirtschaft und von der öffentlichen Hand gestellt werden. Von ihnen wird die Forderung erhoben, Nutzung und Instandhaltung von Gebäuden zunehmend als Managementaufgaben zu verstehen.

"So zielt ein sich auf den gesamten Lebenszyklus von Gebäuden erstreckendes Facility Management auf eine optimale Nutzung, Instandhaltung und Verwaltung von Gebäuden und ihren Einrichtungen. Dazu bedarf es eines wohlerschlossenen und ständig aktualisierten Datenbestandes. Dieser entsteht mit geringem zusätzlichen Aufwand, wenn die Projektdaten, die bei einer computerunterstützten Bauplanung ohnehin anfallen, entsprechend aufbereitet und fortgeschrieben werden."[14]

In dieser Aufbereitung der Projektdaten, die bei der computergestützten Bauplanung entstehen, sowie ihrer ständigen Aktualisierung, Aufbereitung und Fortschreibung sieht Kahlen eine Grundlage eines "umfassenden Management" von Gebäuden und Anlagen.

Diese Gesamtverantwortung führt zu einer Ausdehnung der Zuständigkeit der Architekten, die ihnen als Treuhänder und Berater ihrer Auftraggeber auf Grund der immer komplizierter werdenden Aufgaben erwächst; sie führt letzlich zur Idee eines umfassenden Facility Management.

6. Beratungsfeld Facility Management

Martin Ott[15] geht von der Tendenz aus, daß die ständig wachsenden Anforderungen an alle Unternehmensbereiche zu einer Datenflut führen, die nur dann die Betriebsergebnisse positiv beeinflußt, wenn sie für den Entscheidungsträger transparent ist. Der umfassende Ansatz des Facility Management läßt sich neben dem eigentlichen 'Tagesgeschäft' schwer erfassen, so daß der Autor Unternehmensberatungen auffordert, ihr Leistungsangebot zu überdenken und

13 Facility Management Institut (Hrsg.), Kahlen und Partner, Junge Architekten in Deutschland, Band 1, Stuttgart, Berlin, Köln: Kohlhammer, 1991, S. 28

14 Kahlen, a. a. O., S. 10 f.

15 Siehe Martin Ott; Facility Management als Beratungsleistung, dargestellt am Beispiel des Energiemanagements, Linz: Johannes Kepler Universität Linz, 1989

Teilaspekte ihrer Beratungen in ein ausgearbeitetes 'Gesamtkonzept Facility Management' zu integrieren.

Ott stellt sich die Aufgabe,

"die Notwendigkeit der Einbindung einer möglichst umfassenden und frühestmöglich einsetzenden Energieberatung in den Gesamtkomplex eines Facility Management Consulting aufzuzeigen. Dabei soll zugleich exemplarisch am Gegenstand Energiemanagement die Komplexität der Umsetzung der Theorien des Facility Management in die Unternehmensberatungsrealität erarbeitet werden."[16]

Er erfaßt dabei in seinen Untersuchungen u. a.:

— inwieweit Facility Management als Beratungsaufgabe bereits verstanden worden ist und welche theoretischen und praktischen Umsetzungsstrategien für ein FM-Consulting erforderlich sind;
— ob aufgrund seines umfassenden Ansatzes und des notwendigen Spezialwissens innerhalb dieser Themenvielfalt Facility Management als Beratungsaufgabe für ein reines Beratungsunternehmen erschließbar und durchführbar ist;
— inwieweit externe Dienstleister solche Leistungsfelder abdecken können;
— ob über eine reine FM-Beratung hinaus eine lebenszyklusbegleitende Unterstützung des beratenen Unternehmens als externe Dienstleistung mittels geeigneter EDV durch ein Beratungsunternehmen sinnvoll erscheint;
— mit welchen Mitteln die notwendigen Veränderungen im Unternehmen zur Implementation des Facility Management durchgeführt werden können;
— ob durch die Einbindung eines Energiemanagements in das Facility Management diesem zusätzliche unternehmensrelevante Daten zufließen können, die eine optimierte Gestaltung sämtlicher Energieflüsse im Unternehmen erlauben und damit auch mittel- und langfristig zu einem Wettbewerbsvorteil führen.

Generelle These der Arbeit von Ott ist es, daß das Facility Management mit Hilfe einer entsprechenden Computerunterstützung in der Lage ist, in den Industrieunternehmen eine neue Managementqualität zu erzeugen. Diese neue Managementdimension im Bereich des Arbeitsumfeldes ermöglicht einen bewußteren Einsatz der Sachressourcen und des darin gebundenen Kapitals.

Ott befaßt sich mit dem Facility Management als Implementierungsaufgabe sowie dem bei der Umsetzung höheren Organisations- und Personalaufwand und erarbeitet die theoretischen und praktischen Grundlagen für eine Beratungsleistung auf dem Gebiet des Facility Management.

16 Ott, a. a. O., S. 1

Die Planung und Durchführung eines Facility Management Consulting wird dabei als Grundlage genutzt, um die Einbeziehung von externen Dienstleistern in das Facility Management darzustellen.

Da die Realisierung ohne eine geeignete EDV-Unterstützung nicht sinnvoll ist, werden die Hinzuziehung externer Systemberater sowie der Aufbau eines eigenen Leistungsfeldes EDV mit einer möglichen Erweiterung zu einer lebenszyklusbegleitenden Dienstleistung diskutiert.

Ott analysiert die theoretischen und praktischen Umsetzungsstrategien für ein Facility Management-Konzept, die Anforderungen an die Personen, die technische Ausstattung und geeignete EDV-Unterstützung im Sinne eines Management-Informationssystems sowie die Organisationsmerkmalsausprägung bei definierten Betriebsgrundtypen.

Übersicht 1: Merkmalsausprägungen bei vier Betriebsgrundtypen[17]

1 Betriebsgröße: gering Energieintensität: gering	Keine spezifischen Einrichtungen auf Dauer Disposition als Teil der Betriebsleitung nebenbei Operative Aufgaben nach Bedarf	Geringe ablauforganisatorische Festlegungen, z. B. zur Energieträgerbeschaffung bzw. bei Fremdleistung im Störungsfall
2 Betriebsgröße: gering Energieintensität: hoch	Wichtige Teilfunktion der Betriebsleitung Energiebeauftragter zur Koordinierung Spez. Mitarbeiter für bestimmte Aufgaben	Ablauforganisatorische Regelungen für Sicherung und Überwachung der Energieversorgung (Soll-Ist-Vergleich, Wartung und Pflege)
3 Betriebsgröße: groß Energieintensität: gering	Energie-Ausschuß Energie-Team Energie-Koordinator Gruppe Energieversorgung	Ablauforganisatorische Regelungen ergeben sich aus dem allgemeingültigen Organisationsgrad
4 Betriebsgröße: groß Energieintensität: hoch	Energie-Ausschuß Energie-Teams Energie-Koordinator(en) (Haupt-)Abteilung	Weitreichende spezifische Festlegungen (für die Erfüllung von Daueraufgaben wie für besondere Vorhaben)

17 Entnommen aus: Ott, a. a. O., S. 143

Faßt man also Facility Management als Management der Sachressourcen auf, dann ordnet Ott das Management sämtlicher Einrichtungen eines Objekts (Heizung, Klimatisierung, raumlufttechnische Systeme, Prozeßwärmeerzeugung sowie -verbrauch) darunter ein.

Exemplarisch stellt Ott die Energieberatung als lebenszyklusbegleitende Aufgabe, als Beratungssegment 'Energiemanagement' vor, dessen Einbindung in das Facility Management zusätzliche Finanz- und Liquiditätsressourcen im Unternehmen freisetzt.

Bereits bei der Planung und Ausgestaltung der Gebäude in technischer Hinsicht sollten alle Kriterien einer zukünftigen rationellen Energieanwendung berücksichtigt und die entsprechenden Potentiale freigesetzt werden. Diese Aufgabe führt deshalb zu einer lebenszyklusbegleitenden Tätigkeit und damit zu einem Energiemanagement.

Ott schlußfolgert aus den Untersuchungen und den Ergebnissen seiner Arbeit, daß das Facility Management in den Unternehmen der Industriestaaten einen festen Platz als 'Management der Sachressourcen' einnehmen wird, so wie es bereits heute das Finanzmanagement und das Personalmanagement gibt. Er zeigt tendenziell auf, daß die Entwicklung der Unternehmen zu informationsbasierten Organisationen

— mit der Wandlung hin zu flacheren Strukturen mit Projektgruppen und
— mit einer fortschreitenden Spezialisierung

ein flexibles, sich anpassendes Facility Management zum Vermittler zwischen lang- und mittelfristigen Unternehmenszielen und kurzfristigen Anforderungen werden läßt.

7. Computerintegrated Facilities Management

Ausgangspunkt für den Ansatz von Henzler/Heidbreder[18] ist die Annahme, daß die entwickelte Automatisierung in Fertigung und Verwaltung und die Wandlung im Arbeitsbewußtsein der Menschen die Aufgabenschwerpunkte der Planung, Steuerung und Bewirtschaftung von Gebäuden, Anlagen und Einrichtungen berühren und ein auf Produktivität, Flexibilität und Profitabilität beruhendes zukunftsweisendes Managementkonzept erfordern. Betrachtet man Gebäude, Anlagen, Einrichtungen und Ausrüstungen als strategische Erfolgspo-

18 Siehe Dieter W. Henzler, Uwe W. Heidbreder, Praxis des Objekt-Managements — Methodik, Planung, Durchführung, Berlin (West), Landsberg am Lech: Moderne Industrie, 1989

tentiale, so ergibt sich die Notwendigkeit, die bestehenden Organisations- und Unternehmensstrukturen wesentlich zu verändern.

Es kann davon ausgegangen werden, daß in Europa bei großen Vorhaben Kosten- und Terminüberschreitungen bei der Realisierung, Fehler bei der Planung und Realisierung, hohe Bewirtschaftungskosten und auch mangelhafte Erfüllung der Nutzerbedürfnisse an der Tagesordnung sind. Als Grund für diese Schwierigkeiten werden unzureichende Grundlagenarbeit, überholte Planungsmethoden, fehlende Kostenoptimierung sowie unqualifizierte Mitarbeiter und damit zusammenhängend psychologische Ursachen genannt.

Henzler/Heidbreder nehmen nicht nur mit der Übernahme des Begriffs selbst einige Anleihen bei Palisek[19] und sehen unter Auswertung der Erfahrungen beim Facility Management in den USA folgende Potentiale:

— Die Aufwendungen für Liegenschaften und Sachanlagenbestände können reduziert werden.
— In Abstimmung mit den wechselnden Anforderungen der Nutzer kann durch rechnerintegrierte Produktions- und Verwaltungsgestaltung eine steigende Produktivität und Flexibilisierung der Objekte und Dynamisierung der Liegenschaften und Sachanlagen erreicht werden.

Strategische Erfolgspotentiale in Industrieunternehmen und Dienstleistungsorganisationen und ihre praktische Realisierung erfordern also in der nächsten Zeit,

— die Investitionen in die Humanressourcen und die Sachkapitalbestände zu vergrößern,
— die Betriebsmittel und Unternehmensobjekte zu flexiblen, dynamischen Betriebsstätten zu modernisieren.

Henzler/Heidbreder fordern deshalb eine umfassende Betrachtungsweise von der strategischen Planung, über das Anlagencontrolling bis zum Projektmanagement, um die Effektivität in der nachfolgenden Nutzung und Betreibung der Objekte über deren gesamten Lebenszyklus zu erhöhen. Sie stellen das Objektmanagement als neue Managementleistung vor, die

> "(...) durch Ausgliederung verschiedener Funktionen und Bereiche aus der Produktion (z. B. Anlagenwesen) und Administration (z. B. Anlagenbuchhaltung und Investitionsplanung) und durch Bündelung dieser Aktivitäten zu einer umfassenden betrieblichen Linienfunktion mit voller Budgetverantwortlichkeit in der oberen Führungsebene einer Organisation entsteht."[20]

---

19 Vgl. hierzu die Ausführungen von Henzler in Henzler/Heidbreder mit Palisek, Consulting-Perspektiven, a. a. O.

20 Henzler/Heidbreder, a. a. O., S. 26

Objektmanagement bedeutet dabei, eine Objektstruktur als Arbeitsumwelt der Menschen in einem überwiegend unter ökonomischen Bedingungen geführten System (Organisation) zu gestalten.[21]

Objektmanagement unterscheidet sich jedoch vom bisher praktizierten Finanzmanagement und von der traditionellen Anlagenwirtschaft, weil es verschiedene Funktionen bündelt, die bisher auf heterogene, operationelle Positionen verteilt und deshalb auch durch unterschiedliche Rechnertechnologien, Subsysteme und Insellösungen reflektiert wurden.

Henzler/Heidbreder fordern deshalb ein integriertes Objektmanagement mit Hilfe eines automatisierten und integrierten Anlageninformationssystems als Führungsmittel, damit in Zukunft Informationen über die unterschiedlichsten Nutzungsalternativen der Objekte, über die Bewirtschaftung der Gebäude und Anlagen aus technischer und betriebswirtschaftlicher Sicht zur Verfügung stehen sowie Aufgaben der Gebäude-, Raum-, Einrichtungs- und Ausrüstungsplanung unterstützt werden. Auch Entscheidungen über Liegenschaften, taktische Bewirtschaftung und die Planung der Raumbedürfnisse können so viel flexibler getroffen werden.

Henzler/Heidbreder gehen davon aus, daß für ein integriertes Objektmanagement-Informationssystem und die in dieser Funktion ausgeübten Tätigkeiten und Aufgaben der Planung und Bewirtschaftung von Objekten fünf verschiedene computergestützte Techniken eingesetzt werden können:

— Decision-Support-Systems (DSS)
— Computer-Aided-Engineering (CAE)
— Computer-Aided-Design (CAD)
— Word Processing (WP)
— Management Information System (MIS).[22]

Sie entwickeln ein Konzept für ein automatisiertes Informationssystem (Computer Integrated Facilities Management CIF) zur Betriebsmittelbewirtschaftung für die praktische Arbeit in Wirtschaftsunternehmen und Organisationen.

Für die Produktionsunternehmen werden fünf verschiedene Wirtschaftsgebiete fünf definierten Wirtschaftsfaktoren zugeordnet.

Das vorgestellte EDV-Konzept ist dabei Basis des CIF-Modells der integrierten CAD-Datenbanksysteme und der aufgesetzten Anwendungs-Software.

Bei der Diskussion des Nutzens des Objektmanagements gehen Henzler/Heidbreder einerseits von erheblichen Investitionen in die EDV und die

---

21 Vgl. Palisek, a. a. O.

22 Siehe Henzler/Heidbreder, a. a. O., S. 99 ff.

Qualifizierung der Mitarbeiter aus, sprechen andererseits jedoch von einer erheblich höheren Qualität der Leistungen in der Anlagenwirtschaft. Diese höhere Qualität soll nach ihrer Meinung durch das 'Computerintegrated Facilities Management' ('CIF') erreicht werden, das folgende Vorteile bietet:[23]

- Zeitgewinn gegenüber konventionellen, nicht EDV-gestützten Formen der Anlagenwirtschaft;
- Zuverlässigkeit im Vergleich zum handwerklichen Vorgehen,
- höhere Integration gegenüber bisherigen Lösungen.

Henzler/Heidbreder schlagen vor, die Effizienz des CIF an der Erhöhung des Nutzungsgrades der Anlagen und an der Verbesserung der betrieblichen Abläufe zu messen und auf Rentabilitätsberechnungen nicht zu verzichten. Sie lassen keinen Zweifel daran, daß mit der raschen Entwicklung der Technologie, der Technik und der Informationsverarbeitung eine wesentlich höhere Reaktionsfähigkeit und Qualität im Entscheidungsprozeß für alle Investitionsmaßnahmen eines Unternehmens als auch für eine effiziente Bewirtschaftung und ein zuverlässiges Controlling im Anlagenbereich notwendig sind.

8. Computerintegriertes Bauen (CIB)

Im Bauwesen führt die Anwendung industrieller Produktionstechnologien und moderner Informations- und Kommunikationstechniken[24]

- zur neuartigen architektonischen, bauingenieurmäßigen und technischen Gestaltung der Bauwerke/Gebäude: schrittweise Entwicklung vom 'gewöhnlichen' Bauwerk zum 'intelligenten' Bauwerk (hochautomatisiert, extrem flexibel, individuell gestaltbar, kostenoptimal im Betrieb);

23 Henzler/Heidbreder, a. a. O., S. 227

24 Siehe Werner Schwarz, Stand und Entwicklung der Anwendung ausgewählter Schlüsseltechnologien, insbesondere Informatik/Automatisierung im Bauwesen und sich daraus ergebende Konsequenzen für Lehre und Forschung im Bauingenieurwesen, Studie, Leipzig: Technische Hochschule, Sektion Technologie der Bauproduktion, 1987; derselbe, "Computerintegriertes Bauen", in: Hans Kahlen (Hrsg.), Bauen in den neuen Bundesländern, Reihe Facility Management, Band 4, Stuttgart, Berlin, Köln: Kohlhammer, 1991

Übersicht 2: Informationskomplexe im Bauwerkslebenszyklus[25]

Lebens-zyklushaupt- Phasen eines Bauwerks	Informationskomplexe (IK) in den Lebenszyklusphasen	Informationskomplexe über alle Lebenszyklusphasen
Initiierung/ Planung	— IK 'Bauherr/Auftraggeber' (Baubedarf, Funktionen, Standort und andere Informationen) — IK 'CAD/CAE-Architekt/Fach-ingenieure' (Grundlagen, Daten, Umwelt-, Kostendaten, Fachinformationen, Objektbeschreibung, Qualitätsanforderungen usw.) — IK 'CAP-Architekt' (Leistungsbuch-Beschreibung, Ausschreibung, Angebote-Prüfung, Wertung, Vergabe, Preisspiegel usw.)	— IK 'Kosten' (Kostenschätzung, -berechnung, -ansschlag, -feststellung, Betriebskosten) — IK 'Behörde' (Prüfung, Genehmigung, Vorschriften, Gesetze)
Realisierung	— IK 'Bauunternehmen' (Mengen, Kapazitäten, Leistungen, Termine, Kosten; PPS (Soll-Daten), BDE (Ist-Daten), CAM (Soll-Ist-Vergleich), CAQ (Objektkontrolle, Kostenkalkulation)	
Betrieb/ Stillegung	— IK 'Bauwerksnutzer' (Objektinformationen, Dokumentationen, Fachinformationen zur Instandhaltung, Wartung, Rekonstruktion u. a.; Raumbuch, Belegung, Informationen über das Nachrichtennetz, Energieversorgung, Inventar-, Ausrüstungsverzeichnis)	— IK 'Facility Management'

25 In Anlehnung an: "Computerintegriertes Bauen", a. a. O., S. 152 f.

— zum computerintegrierten Bauen (CIB) im Sinne einer "Strategie zur etappenweisen Verwirklichung des computerintegrierten Lebenszyklusses eines Bauwerkes unter Einbeziehung der 'intelligenten' Bauwerke und des integrierten Managements (Facility Management)"[26] sowie
— zum durchgängigen Management des gesamten Bauwerkslebenszyklus (umfassendes Facility Management).

Ein derartig umfassendes Facility Management setzt ein komplexes Informations-/Datensystem voraus, das zu jeder Zeit den baubeteiligten Partnern für ihre Tätigkeiten in den Bauwerkslebenszyklusphasen die erforderlichen Informationen bereitstellt. Diese Datenbasis ermöglicht die Wahrnehmung einer 'gesamthaften Verantwortung' und die 'integrative Planung' über den Lebenszyklus eines Bauwerkes wahrzunehmen.

Im Bauwesen entspricht die schrittweise Einführung des Computerintegrierten Bauens den CIM-Strategien anderer Industriezweige, wie des Maschinenbaus, der Autoindustrie, der Fertigungsindustrie u. a.. Die Entwicklung der Produktivkraft und des Leistungsvermögens wird auch im Bauwesen wesentlich von der Informatik, d. h. den computergestützten/-integrierten Systemen, der künstlichen Intelligenz (besonders von den Expertensystemen) und methodisch von den Systemproduktionstechnologien[27] zur Entwicklung und Nutzung von Mensch-Informationstechnik-Systemen[28] beeinflußt werden.

Das Computerintegrierte Bauen schafft wesentliche Voraussetzungen für ein umfassendes Facility Management, insbesondere durch die Analyse und die Gestaltung des Gesamtprozesses und der Teilprozesse des Bauwerkslebenszyklus und ihrer durchgängigen Informationsversorgung. Für die praktische Realisierbarkeit eines derartigen komplexen Informationssystems ist es zweckmäßig, eine Dekomposition in Informationskomplexe (IK) nach den Hauptlebenszyklusphasen Initiierung/Planung, Realisierung, Betrieb/Stillegung vorzunehmen, wie es Übersicht 2 zeigt.

---

26 Schwarz, "Computerintegriertes Bauen", in: Kahlen (Hrsg.), a. a. O., S. 129

27 Dietrich Balzer, Werner Schwarz, "Betreiben von Software für Prozeßsteuerungssysteme", in: messen steuern regeln, 30. Jg., Heft 2, Berlin (Ost): VEB Verlag Technik, Februar 1987

28 Werner Schwarz, Theorie und Praxis der ergatischen Steuerung großer produktionstechnischer Systeme, Leipzig: Technische Hochschule, Dissertation B (Habilitationsschrift), 1985

Literatur

Balzer, Dietrich; Werner Schwarz; "Betreiben von Software für Prozeßsteuerungssysteme", in: messen steuern regeln; 30. Jg.; Heft 2; Berlin (Ost): VEB Verlag Technik, Februar 1987

Facility Management Institut (Hrsg.); Kahlen und Partner; Reihe Junge Architekten in Deutschland; Band 1; Stuttgart, Berlin, Köln: Kohlhammer, 1991, S. 28

Harden, Heinrich; CAD als Instrument integrierter Planung, Projektplanung, -steuerung und -verwaltung; Linz: Johannes Kepler Universität, 1989

-----; "CAD-integrierte Planung im Facility Management"; in: Walter Sertl, Klaus Zapotoczky, (Hrsg.); Neue Leistungsinhalte und internationale Entwicklung der Unternehmensberatung, Reihe Management Consulting, Band 2, Stuttgart, Berlin (West), Köln: Kohlhammer, 1989

Henzler, Dieter W.; Uwe W. Heidbreder; Praxis des Objekt-Managements — Methodik, Planung, Durchführung; Berlin (West), Landsberg am Lech: Moderne Industrie, 1989

Kahlen, Hans; CAD-Einsatz in der Architektur; Reihe Facility Management, Band 2; Stuttgart, Berlin (West), Köln: Kohlhammer, 1989

-----; "Beratungs- und Managementleistungen des Architekten", in: Walter Sertl, Klaus Zapotoczky, (Hrsg.); Neue Leistungsinhalte und internationale Entwicklungen der Unternehmensberatung, Reihe Management Consulting, Band 2, Stuttgart, Berlin, Köln: Kohlhammer, 1989

Moslener, Walther; Wesen und Bedeutung des Facility Management — Ein neues Konzept in der Betriebswirtschafts- und Managementlehre; Linz: Johannes Kepler Universität, 1988

Ott, Martin; Facility Management als Beratungsleistung, dargestellt am Beispiel des Energiemanagements; Linz: Johannes Kepler Universität, 1989

Palisek, Gerhard; Consulting Perspektiven: Das Leistungsfeld 'Facility Management' als Grundlage eines 'Objektmanagements'; Wien: Wirtschaftsuniversität, 1988

-----; "Das Leistungsfeld Facility Management als Grundlage eines Objektmanagements", in: Walter Sertl; Klaus Zapotoczky; (Hrsg.); Neue Leistungsinhalte und internationale Entwicklung der Unternehmensberatung, Reihe Management Consulting, Band 2, Stuttgart, Berlin (West), Köln: Kohlhammer, 1989

Schwarz, Werner; Theorie und Praxis der ergatischen Steuerung großer produktionstechnischer Systeme; Leipzig: Technische Hochschule, Dissertation B (Habilitationsschrift), 1985

-----; Stand und Entwicklung der Anwendung ausgewählter Schlüsseltechnologien, insbesondere Informatik/Automatisierung im Bauwesen und sich daraus ergebende Konsequenzen für Lehre und Forschung im Bauingenieurwesen, Studie; Leipzig: Technische Hochschule, Sektion Technologie der Bauproduktion, 1987

-----; "Computerintegriertes Bauen", in: Hans Kahlen (Hrsg.), Bauen in den neuen Bundesländern, Reihe Facility Management, Band 4, Stuttgart, Berlin, Köln: Kohlhammer, 1991

Sertl, Walter; Klaus Zapotoczky; (Hrsg.); Neue Leistungsinhalte und internationale Entwicklung der Unternehmensberatung; Reihe Management Consulting; Band 2; Stuttgart, Berlin (West), Köln: Kohlhammer, 1989

Ökonomie der bebauten Umwelt

von
Gareth E. Mulligan

1. Einführung

Gebäudeökonomie entstand als Forschungsgebiet in der Mitte der 70er Jahre durch die sogenannte Energiekrise. Fast zwei Jahrzehnte später steckt dieses Forschungsfeld immer noch in den Kinderschuhen. Die Ökonomen erkennen es nicht als eigenständig an, obwohl Bauen in jeder Wirtschaft eine der wichtigsten Aktivitäten ist. Ein großer Teil der natürlichen Ressourcen wird gewöhnlich für die Errichtung die Instandhaltung und den Betrieb von Gebäuden verwendet, und Gebäude spielen eine bedeutende Rolle sowohl in der Produktion als auch in den Dienstleistungen für die Bevölkerung. Es ist erforderlich, die verwendeten Ressourcen gut zu verwerten. Dies ist der Hauptgrund für die ursprüngliche Entwicklung der Gebäudeökonomie. Dies ist auch der Grund dafür, warum die Gebäudeökonomie künftig an Anerkennung und Bedeutung gewinnen wird.

Der Begriff 'bebaute Umwelt' wird verwendet, um Gebäude, bauliche Anlagen und andere Modifikationen zu beschreiben, welche der natürlichen Umwelt zugefügt werden. Obdach kostet die meisten Haushalte, Betriebe und Organisationen einen bedeutenden Teil ihrer Einkünfte, zugleich verkörpert es auch einen substantiellen Teil ihres Vermögens. Da die Entwicklung und Instandhaltung der bebauten Umwelt ein derartig großer Verbraucher von Ressourcen und Erzeuger von Reichtum ist, ist es nicht erstaunlich, daß diese Aktivitäten einen erheblichen Einfluß auf das Funktionieren der Volkswirtschaft haben. Die Entwicklung der bebauten Umwelt übt einen großen Einfluß auf die Bereitstellung von Waren und Dienstleistungen aus und somit auch auf den Lebensstandard. Güte und Struktur des Bauwerks beeinflussen die Effizienz der Erzeugung von Waren und Dienstleistungen ebenso wie die Qualität von Leben und Umwelt. Planung, Gestaltung und Wartung von Bauten haben einerseits Auswirkungen auf die Nutzung von Ressourcen in den Bau-, Instandhaltungs- und Betriebsphasen, andererseits auf Werte wie Komfort und Design und somit auch auf das Preis-/Leistungs-Verhältnis.

Die jährlichen Ausgaben eines Landes für die bebaute Umwelt sind beträchtlich. Der größte Teil der bebauten Umwelt existiert bereits, doch durch Baumaßnahmen wird er jedes Jahr modifiziert und kann über mehrere Jahrzehnte völlig verändert werden. Einmal erbaut, können Bauwerke viele Jahre, manchmal Jahrhunderte bestehen bleiben. Bauherrn haben im allgemeinen kaum eine Vorstellung davon, auf welche Weise ihr Bau zu Veränderungen der bebauten Umwelt führt und welcher Art die langfristigen ökonomischen oder sozialen Auswirkungen sind. Gebäudeökonomie sucht diese Ungewißheit durch die Zusammenschau von ökonomischen und sozialen Interessen während des Lebenszyklus der betreffenden Bauwerke zu mindern.

2. Die Schlüsselbegriffe der Gebäudeökonomie

Gebäude- und Bauökonomie

Gegenwärtig ist die Bauökonomie wohl der am meisten entwickelte Bereich der Gebäudeökonomie. Gebäudeökonomie integriert jedoch die Bauphase in einen umfassenderen konzeptionellen Rahmen. Gebäudeökonomie befaßt sich eher mit der Frage nach dem Warum als mit der Frage nach dem Wie der besonderen Bauweise eines Gebäudes. Der Bauprozeß und die zugrundeliegende Bautechnologie müssen im Kontext der Verwertung und Nutzung des Gebäudes — der Schwerpunkte der Gebäudeökonomie — verstanden werden.

Die Ziele von praktizierenden Ökonomen und Gebäudeökonomen sind verschieden. Einfach gesagt, die orthodoxe Volkswirtschaft ist das Studium der Art und Weise, in der Volk und Gesellschaft knappe Ressourcen (die alternative Verwendungen haben können) anwenden, um mannigfaltige Waren, Dienstleistungen und daraus erzielte Einkünfte zu erzeugen und unter die Mitglieder und Gruppen der Gesellschaft zu verteilen. In Großbritannien befassen sich in der Gebäudeökonomie Praktiker damit, Auftraggebern behilflich zu sein, das häufig erwähnte, aber selten definierte 'Preis-/Leistungs-Verhältnis' bei ihren neuen oder sanierten Gebäuden zu erreichen. Dies wird manchmal falsch als Kostenminimierung verstanden. Tatsächlich ist das Ziel im öffentlichen wie im privaten Sektor die Maximierung der Differenz, die zwischen den Kosten des Gebäudes für den Nutzer einerseits und seinem Wert, Gebrauchs- oder Tauschwert, andererseits besteht. Man könnte argumentieren, daß diese beiden Ziele unvereinbar sind.

Gebäudeökonomie befaßt sich mit der optimalen Verwendung von Ressourcen für Gebäudeeigentümer und Bauunternehmer. Optimale Verwendung bezüglich eines Projekts einer Einzelperson führt nicht notwendigerweise zu einem Gesamtoptimum bezüglich aller Investitionen dieser Person, noch wird solch ein lokales Optimum direkten Einfluß auf die optimale Mittelverwendung für die Gesellschaft haben.

Dies ist ein wichtiger Aspekt. Um es noch einfacher auszudrücken: Entscheidungen bezüglich Fragen der Wirtschaftlichkeit in der bebauten Umwelt müssen auf Grund der Komplexität der Umweltfaktoren mit großer Sorgfalt getroffen werden. Viel zu oft wird die Gesamtheit der Faktoren ignoriert und folglich sind viele Empfehlungen von geringem Wert oder sogar von Nachteil. Vor allem die Heterogenität der Aufgaben und die Subjektivität der Bedürfnisse erschweren den Versuch, allgemeine Verfahren zur Erzielung von Wirtschaftlichkeit im Gebäudesektor zu formulieren. Das wird bereits sichtbar, wenn wir einzelne Aspekte der Gebäudeökonomie betrachten.

Boden

'Boden' ist der volkswirtschaftliche Schlüsselbegriff, mit dem wir uns befassen müssen, da Gebäude unlösbar mit dem Grundstück, auf dem sie stehen, verbunden sind.

Unter 'Boden' verstehen wir die freien Flächen der Natur, die genutzt werden können, um einen Ertrag zu erzielen. Dies ist eine umfassende Definition. Sie schließt alle natürlichen Ressourcen ein, die dem Menschen zugänglich sind und für produktive Zwecke verwertet werden können, einschließlich Mineralien, Gewässer, Wälder etc. Daher bezieht sich der Begriff 'Boden' im ökonomischen Sinne nicht nur, wie gemeinhin angenommen, auf die Erde, sondern schließt auch Wasserflächen ein (im Baukontext beispielsweise untertunnelt oder als Basis für Ölplattformen genutzt).

Boden ist ein primärer Produktionsfaktor. Zusammen mit der Arbeit stellt er die Basis eines jeden Produktionsprozesses dar. Boden (zusammen mit der Arbeit) bringt die anderen zwei Faktoren der Produktion hervor, nämlich Kapital und Unternehmertum (die sekundären Faktoren). In der Praxis mag es sehr schwierig sein, Boden von den anderen Produktionsfaktoren, insbesondere vom Kapital, zu trennen. Theoretisch hat Boden jedoch zwei einzigartige Unterscheidungsmerkmale. Erstens ist Boden im Angebot begrenzt, und zweitens erfordert es keine Produktionskosten. Wenn auch — und dies ist der kritische Punkt — das Angebot an Boden im physischen Sinne begrenzt ist, so kann es doch für viele verschiedene Zwecke genutzt werden. Es kann beispielsweise von landwirtschaftlicher Nutzung zum Bauland oder von touristisch genutztem Boden zum Bergbau wechseln. Boden tendiert zu der Nutzungsart, die den höchsten Ertrag abwirft. Die Lage des Bodens kann nicht verändert werden, und dies ist ein weiterer wichtiger Aspekt. Während Boden im physischen Sinne der am wenigsten mobile Produktionsfaktor ist, ist es im ökonomischen Sinne einer der mobilsten Faktoren, weil die Ökonomie sich nicht mit spezifischen materiellen Objekten befaßt, sondern mit der Art und Weise, wie diese Objekte zum wirtschaftlichen Prozeß als ganzes beitragen. Sobald Boden einmal bebaut ist, ist seine wirtschaftlichen Mobilität sehr eingeschränkt.

Der Markt für Gebäude

Es gibt einige Luxusgüter, bei denen ein hoher Preis den Wert erzeugt. Gebäude gehören jedoch im allgemeinen nicht zu dieser Klasse. Gewöhnlich verlangen die Käufer von Gebäuden den größten Gebrauchswert zum niedrigsten Preis. Es ist zweckdienlich, Bauherrn in zwei Hauptklassen einzuteilen. Der erste Typ wünscht Gebäude als Teil einer Marktaktivität; das Gebäude ist hier ein Produktionsfaktor (Kapital/Boden) und hat einen kalkulierbaren Nachfrage-Preis. Der zweite Typ wünscht das Gebäude für den Konsum der Annehmlichkeiten, die es bietet. Natürlich ist es mitunter sehr schwierig, die beiden Typen von Bauherrn zu unterscheiden: Die Menschen gehören als Individuen bzw. als Gruppenmitglieder manchmal zu der einen und manchmal zu der anderen Klasse.

Im allgemeinen gehören kommerzielle und gewerbliche Nutzer, Finanziers und Investoren zur ersten Klasse. Öffentliche Einrichtungen zählen ebenfalls zu dieser Klasse an, wenn sie für ihre eigenen Versorgungsbetriebe oder zur Weitervermietung bauen. Diese Situation ändert sich nicht, wenn Gebäude subventioniert werden, da das Ziel auch hier der Ausgleich von Ausgaben und Einnahmen auf einem bestimmten Niveau ist. Hauseigentümer sowie öffentliche und private Körperschaften, die Dienstleistungen gratis zur Verfügung stellen, gehören zur zweiten Klasse. Diese Gebäudenutzer benötigen Gebäude als nützliche Einrichtungen und nicht als Produktionsmittel. Ihr Nachfrage-Preis steht im Verhältnis zu dem, was sie sich leisten können oder aus ihrem

Einkommen oder Kapital zu zahlen bereit sind. Dies sind nicht Preise, die es für einen Produktionsfaktor zu zahlen lohnt.

Es kann selbstverständlich keine klare Abgrenzung geben zwischen den Klienten, die Gebäude als Produktionsfaktor benötigen, und jenen, die sie als nützliche Einrichtungen brauchen. So berücksichtigen Unternehmen oft nicht nur den Wert von Gebäuden für Geschäftszwecke, sondern auch die äußere Erscheinung; andererseits ziehen Einzelpersonen (Hauseigentümer usw.) häufig den Wert des Gebäudes bei Wiederverkauf in Betracht.

Bauindustrie

Bevor wir eine Untersuchung der ökonomischen Theorie bezüglich der Gebäude vornehmen, ist es notwendig, jene Industrie zu betrachten, welche für Bau und Instandhaltung von Gebäuden verantwortlich ist.

Die Bauindustrie existiert, weil Menschen und Betriebe für ihre Aktivitäten ein Obdach benötigen. Dabei ist nicht nur das 'Dach über dem Kopf' gemeint, sondern ganz allgemein der umbaute Raum. Wie auch für andere Waren gibt es einen Markt für den Kauf und Verkauf von umbautem Raum. Dieser Markt hat besondere Kennzeichen, die für sich allein genommen auch in anderen Industriezweigen vorkommen, aber in der Kombination allein in der Bauindustrie zu finden sind. Diese Kennzeichen lassen sich vier Gruppen zuordnen:
— der physischen Natur des Produkts,
— der Struktur der Industrie und Organisation des Bauprozesses,
— den Faktoren des Bedarfs,
— der Methode der Preisbildung.
Das Endprodukt der Bauindustrie ist zumeist groß, schwer und teuer. Es wird praktisch überall benötigt und ist größtenteils speziell auf die Erfordernisse jedes einzelnen Kunden abgestimmt. Ein Großteil der Produktkomponenten wird andernorts von anderen Industrien hergestellt. Die Struktur der Industrie wird weitgehend durch diese Produktkennzeichen bestimmt.

Das Baugewerbe ist im Unterschied zu den meisten anderen Industriezweigen nicht eine einzige Branche, sondern gliedert sich in mehrere unterschiedliche Bereiche, z. B. grob unterteilt in die Bereiche Hochbau, Tiefbau, Reparatur und Instandhaltung, Materialherstellung. In der Praxis kommt es häufig zu Überlappungen, um eine bestimmte Dienstleistung zu erbringen. Die Märkte sind weiter untergliedert nach Geographie, Größe, Art und Komplexität der Arbeit.

In der Bauindustrie bezieht sich die Preisbildung auf große unteilbare Arbeitskomplexe, von denen jeder einzelne einen großen Teil des Arbeitspensums eines Unternehmens ausmacht. Die verbreitetste Methode der Preisbildung ist die Beteiligung an einer Ausschreibung und die Unterbreitung eines Angebots, aber auch Verhandlungen in der einen oder anderen Form spielen eine Rolle. Keine dieser Methoden paßt so recht in das übliche Preisbildungsmuster der Ökonomie. Das große Risiko stellt eine Hauptsorge dar. Ein Auftragnehmer muß, anders als in den meisten Industriezweigen, seinen Verkaufspreis im voraus festsetzen, noch bevor die Produktkosten absolut feststehen. Auf Grund der Konkurrenz bci der Beschaffung von Aufträgen sind die Spielräume für Bauunternehmen gewöhnlich gering.

Die Bestimmung des Bedarfs in der Bauindustrie ist ein sehr komplexer Prozeß, der eine gesonderte Analyse erfordern würde. Ein wichtiger Aspekt soll jedoch hier erwähnt werden. Weil die Bauindustrie größtenteils Investitionsgüter produziert, unterliegt sie erheblichen Schwankungen in der Nachfrage nach ihren Produkten, denn die Investition ist im Gegensatz zur Konsumtion oft aufschiebbar und vom Zustand der Wirtschaft und Regierungspolitik abhängig.

3. Der Immobilien-Lebenszyklus in der Ökonomie

Immobilien sind eine Kombination von Gebäuden und dem Grund und Boden, auf dem sie stehen. Gebäudeökonomie behandelt sowohl Parzellen von Land als auch Gebäude als zusammenwirkende Faktoren in einem ökonomischen Prozeß.

Obwohl Kapital und Boden unterschiedliche Begriffe sind (was sich auch dadurch ausdrückt, daß Boden als beständiger Wert nicht abgewertet werden kann), ist das sogenannte fixe Kapital wesentlich mit der Nutzung von Boden verbunden. Einige dieser Verbindungen sind nicht dauerhaft, können jedoch lange Zeiträume umfassen. Der dauerhafte Charakter des Bodens sollte nicht verwechselt werden mit dem zeitweiligen Charakter der Nutzung von Boden. Deshalb sind sowohl Kapital als auch Bodennutzung durch Zeitweiligkeit charakterisiert. Unter einigen Verfassern gibt es eine breite Diskussion darüber, ob Boden in den Begriff des Kapitals eingeschlossen werden sollte. Dieser 'Grenzcharakter' des fixen Kapitals weist auf die gemeinsame Grundlage hin, auf der Gebäudeökonomie und Bodenökonomie stehen. Die Voraussicht der künftigen Nutzung von Land ist deshalb in der Gebäudeökonomie von gleicher Bedeutung wie die Voraussicht der künftigen Nutzung der Gebäude.

Gebilde wie Gebäude und Infrastrukturbauten, die auf dem Boden errichtet wurden, werden als das eigentliche Kapital betrachtet. In der Praxis ist es oft schwierig, diese Unterscheidung vorzunehmen. Boden und Gebäude können zusammen als Immobilie aufgefaßt werden. Deshalb sind Immobilien, die gemeinhin als Kapital bezeichnet werden, in Wirklichkeit eine Kombination der beiden Faktoren der Produktion, nämlich Kapital und Boden.

Übersicht 1: Immobilien-Lebenszyklus

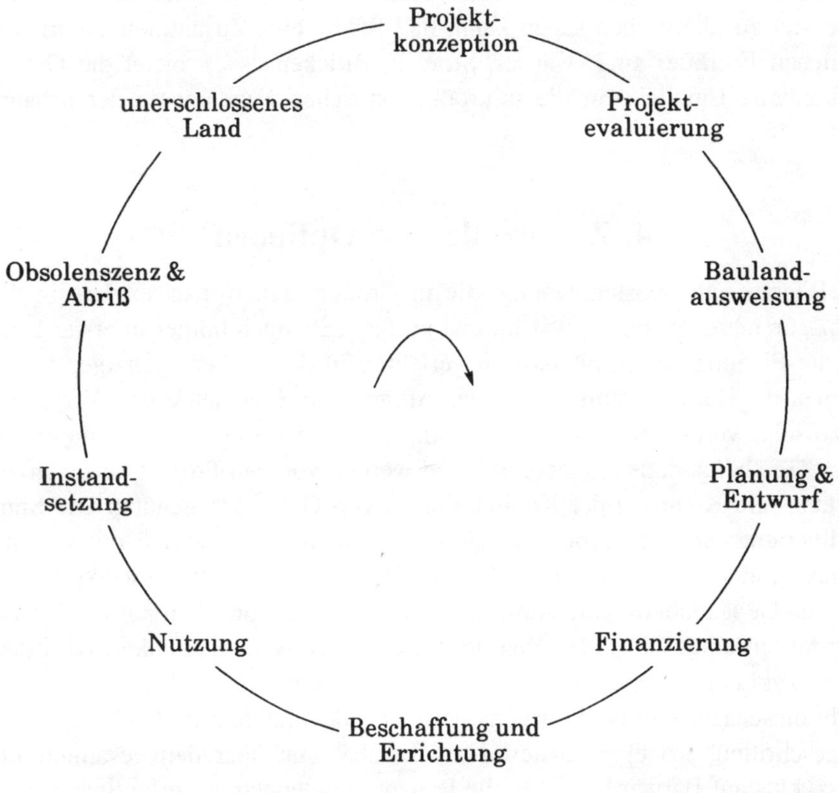

Der Lebenszyklus eines Gebäudes kann als Lebenszyklus der Immobilie aufgefaßt werden, beginnend und endend mit einem freien Grundstück, dem sogenannten unerschlossenen Land.

Der Immobilien-Lebenszyklus ist in der Übersicht 1 dargestellt. Wie das wirtschaftliche Leben eines Gebäudes mit dem ökonomischen Wert des Landes, auf dem es steht, verflochten ist, so überlappt die Gebäudeökonomie die Sphäre der Bodenökonomie. So manch ein gutes Gebäude ließ man verfallen, riß es ab und ersetzte es durch ein anderes Gebäude, weil das ursprüngliche Gebäude im Verhältnis zum Wert des Landes nicht ausreichenden Gewinn erbringen konnte. Der Immobilienlebenszyklus enthält mitunter Abkürzungen und Umwege verschiedener Art. Zum Beispiel kann der Abriß Teil der Bauphase sein, wobei alle Phasen ab Projekt-Konzeption vor dem Abriß liegen und die Grundstücksbeschaffung ganz übersprungen wird. Natürlich bietet jede Phase des Zyklus viele Gelegenheiten für unternehmerische Fehler, Verzögerungen und Änderungen in den Plänen der Beteiligten. Die Übersicht 1 stellt daher den 'längst'-möglichen Immobilien-Lebenszyklus dar. Da man ohne viel zu übertreiben sagen kann, daß Städte eine Zusammenballung von baulichen Facilities sind (Häuser, Straßen, Brücken usw.), bietet die Gebäudeökonomie Einblicke in die mikroökonomischen Fundamente der urbanen Wirtschaft.

4. Zeitprofile und Optionen

Die Literatur zur Kostenplanung, die in Großbritannien insbesondere in den sechziger Jahren erschien, war und ist größtenteils noch immer in erster Linie auf die Planung der Kapitalkosten gerichtet. In den frühen sechziger Jahren nahmen die Berufsorganisationen der Architekten, Ingenieure und Vermesser spezifische Verfahren der Kostenplanung auf. Diese sind mittlerweile fest in deren Geschäftspraxis eingebunden und werden von den Projekt-Gruppen zur Planung und Kontrolle der Kapital-Kosten von Gebäuden genutzt. Die Standardliteratur auf dem Gebiet der Gebäudeökonomie befaßt sich mit Lebenszyklus- und Nutzungskosten-Verfahren. Dennoch ist der Blickwinkel, unter dem die Gebäudeökonomie zumeist betrachtet wird, vor allem auf die Errichtungskosten eines Gebäudes abgestellt; nur wenig Aufmerksamkeit wird dem Lebenszyklus gezollt.

In dieser Hinsicht ist die Praxis der Gebäudeökonomie in den USA weiter fortgeschritten, wo eine Kosten-/Nutzen-Schätzung über den gesamten Lebenszyklus auf Barwertbasis für alle Bauentscheidungen des öffentlichen Sektors erforderlich ist. Die Gründe dafür, daß keine Analysen der Lebenszykluskosten angestellt werden, obwohl man sie prinzipiell befürwortet, hängen gewöhnlich mit dem Fehlen von Daten über Betriebs- und Instandhaltungskosten sowie Havarie-Raten und Ersatzzyklen zusammen, mit der 'Unmöglichkeit', die Zukunft vorherzubestimmen, mit Argumenten zu Zinsen, Diskont- und Inflationsraten und mit der Tendenz der Entscheidungsträger, die Gegenwart gegenüber der Zukunft überzubewerten.

Dieser Rückstand in der praktischen Anwendung überrascht um so mehr, wenn man berücksichtigt, daß die Anfangskapitalkosten durch einen zeitlich koordinierten kontinuierlichen Betrieb, eine ebensolche Vermietung und funktionale Nutzung geringer werden.

Wenn wir uns mit dem wirtschaftlichen Gebrauch der Ressourcen in der Produktion und der Nutzung der bebauten Umwelt beschäftigen, dann müssen wir als Anfangspunkt den Lebenszyklus des Anlagevermögens wählen. Tatsächlich muß unser ökonomisches Modell auch alle Kosten und Gewinne umfassen, die in seinem wirtschaftlichen Lebenszyklus entstehen. Dies kann ex-post als ein historischer Bericht geschehen oder ex-ante in Form eines Instruments der Planung und der Entscheidungsfindung zwischen konkurrierenden Alternativen. Als Gebäudeökonomen und nicht als Historiker (oder Buchhalter) sind wir natürlich an dem letzteren Fall interessiert. Dieser Aspekt wurde von Ranko Bon folgendermaßen beschrieben:

Übersicht 2: Input-Output-Profil[1]

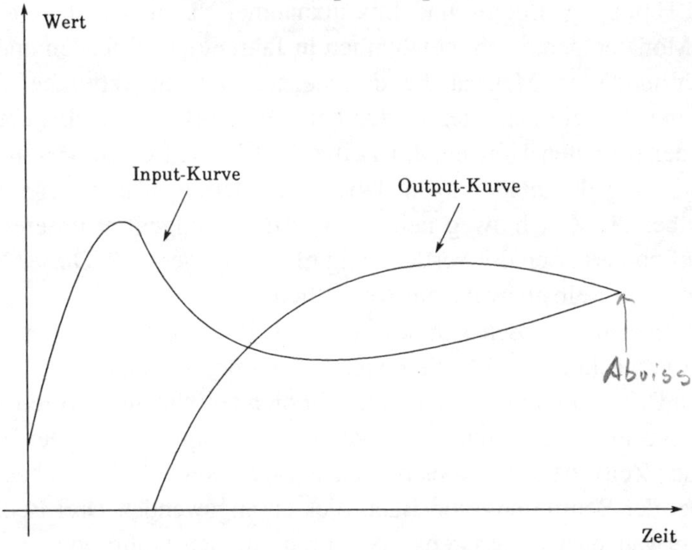

"Stellen Sie sich ein Unternehmen vor, das einen Input-Strom in einen Output-Strom umwandelt. Wir können die angenommene Veränderung dieser Ströme über die Zeit durch ein Input-Output-Profil wie oben darstellen. Der wirtschaftliche Prozeß besteht

1 Entnommen mit Adaptation aus: Ranko Bon, Building as an Economic Process — An Introduction to Building Economics, Englewood Cliffs, NJ: Prentice Hall, 1989, S. 12

aus dem Bau einer Fabrik, ihres Betriebs über eine bestimmte Zeit und ihrer schließlichen Stillegung. Hier bezieht sich 'Fabrik' auf eine Kombination von Kapital, die einem Produktionsplan dient. Dieser Prozeß ist demzufolge endlich — er hat einen Anfang und ein Ende. Die Zeitkurve der Inputs zeigt einen 'Höcker', der mit den Ausgaben in der Bauphase zusammenhängt, während Instandsetzungs- und Ersatzaufwendungen in den darauffolgenden Inputs enthalten sind. Falls eine Rekonstruktion der Fabrik vorgesehen ist, kann sich dies in einem weiteren 'Höcker' zeigen ..."[2]

Die Tatsache, daß es schwierig ist, die Höhe von Kosten und Nutzen einzuschätzen, ist kein ausreichender Grund dafür, sie völlig zu ignorieren oder sich ihnen nur bei Vorliegen perfekter Informationen zuzuwenden oder auf besonderen Druck eines Kunden. Am Endpunkt (auf der rechten Seite) des Diagramms schneiden sich Input- und Output-Kurve. Dieser Punkt markiert das wirtschaftliche Lebensende des Gebäudes. Der Nutzen (die Outputs) aus dem Produktionsprozeß, dessen Teil das Gebäude ist, übersteigt nicht mehr die Kosten (Inputs) dieses Prozesses. Wenn das Gebäude nach diesem Punkt weiter genutzt wird, führt dies zu einem Netto-Verlust für den Besitzer.

Gebäude sind ein langlebiges Vermögen. Die Periode zwischen Entscheidung und Handlung, Beginn und Inbesitznahme, Nutzung und Veralten wird selten in Monaten gemessen, gewöhnlich in Jahren oder Dekaden und manchmal in Jahrhunderten. Mehr als bei den meisten anderen Aktivitäten der Menschen ist die Zeit ein zentraler Faktor beim Entwurf, bei der Errichtung und Nutzung der bebauten Umwelt. Im Zeitverlauf kommt es zu personellen, sozialen und Umweltveränderungen. Über Veränderungen in unserer bebauten Umwelt über die Zeit hinweg nehmen wir Beziehungen zu unserer Vergangenheit auf und erfassen die Verflechtung mit der Gegenwart. Dieses Verständnis ist für unser Selbstbewußtsein wesentlich.

Die Dimension der Zeit wurde traditionell in der Literatur über Gebäudeökonomie vernachlässigt. Wo sie behandelt wurde, geschah es gewöhnlich in dem engen Rahmen von vergleichenden Studien zu 'Nutzungskosten' und 'Lebenszykluskosten'. Verfahren zur Schätzung der Kapitalkosten bei Investitionen, die den Zeitwert des Geldes berücksichtigen, sind allgemein bekannt und werden bei der Beurteilung von Bauprojekten angewendet. Drei Beobachtungen sind erwähnenswert: Erstens, Verfahren zur Schätzung von Investitionskosten, die die Dimension der Zeit berücksichtigen, wurden angenommen und durch Bauexperten ad hoc angewendet. Zweitens, die Verfahren selbst sind Gegenstand der Kritik, insbesondere wegen ihrer psychologischen Annahmen. Drittens, die Anerkennung der zentralen Stellung und alles durchdringenden

2 Bon, a. a. O., S. 12

Natur der zeitlichen Dimension führt folgerichtig zu einem völlig anderen Herangehen an den Gegenstand der Gebäudeökonomie. Insbesondere werden wir gezwungen, einzusehen, daß es wenig Grund gibt für starre Pläne und Vorhersagen bei einem Unterfangen, das innerhalb eines langen Zeitraumes und in einem veränderlichen wirtschaftlichen Umfeld stattfindet.

5. Veralten

Veralten ist nicht dasselbe wie Altern. Ebenso wie es möglich ist, daß ein altes Gebäude brauchbar ist, ist es auch möglich, daß ein neues oder kürzlich erbautes Gebäude unbrauchbar wird. Veralten in der bebauten Umwelt ist untrennbar verbunden mit Veränderung und ist gewöhnlich ein Symptom für andere soziale, technische und wirtschaftliche Veränderungen. Die Lebensgeschichte von Gebäuden ist mannigfaltig. Zwischen den beiden kritischen Punkten der Erbauung und des Abrisses liegen verschiedene Formen der Existenz, in denen Bauwerke Perioden der Nutzung, des Leerstandes, der Instandsetzung, des Um- und Ausbaus erleben bis zu ihrer eventuellen Beseitigung durch Abriß. Der Abriß ist ein klar sichtbares Stadium im Gegensatz zum Veralten, das komplexer und schwer zu definieren ist.

Es gibt zwei Faktoren, deren Kombination es schwierig macht, das Veralten von Bauwerken zu studieren. Erstens, Gebäude haben ein relativ langes physisches Leben; es gibt viel Zeit für äußere Bedingungen und unsere eigenen Anforderungen an Gebäude, sich zu verändern (z. B. Weiterentwicklung der Technik). Zweitens sind Gebäude, zusätzlich zu ihrer zeitlichen Gebundenheit an einen Ort gebunden. Sie können nur in Ausnahmefällen ihrer Umwelt angepaßt werden, indem man sie an einen anderen Ort bewegt. Diese Eigenschaften verursachen eine Reihe von singulären Merkmalen des Lebens von Bauwerken.

Nichtnutzung und Antiquiertheit sind Symptome, jedoch nicht Ursachen des Veraltens. Wir können sagen, daß das Veralten ein kontinuierlicher Prozeß ist, der sich in sinkenden Gewinnen aus der Nutzung des Gebäudes darstellt. Veralten ist demnach der Übergang zum Stadium, veraltet zu sein. Wenn die Kosten für die Erreichung des Nutzens oder für die Herstellung der Fähigkeit des Gebäudes, einen Nutzen zu erbringen, höher sind, als der erreichte Nutzen, dann kann das Gebäude als veraltet bezeichnet werden. Es muß jedoch daran erinnert werden, daß es extrem schwierig ist, vernünftige und in sich geschlossene Maßstäbe zu entwickeln; Maßstäbe sind unvermeidlich subjektiv. Das Veralten kann am besten am Sinken des realen oder nominalen Wertes des

Gebäudes gemessen werden. Dies ist allgemein bekannter unter dem (steuerlichen) Begriff der Abschreibung.

Das Schlüsselproblem ist die Entwicklung, mit der das Bauwerk nicht Schritt halten kann. Viele Gebäude veralten, nur weil es andere neuere Gebäude gibt, die den gleichen Zweck besser bei gleichen oder geringeren Kosten erfüllen. Gebäude können eine relativ lange Zeit des Veraltens überleben, bevor sie veraltet sind, aufgrund der Tatsache, daß sie periodisch renoviert, umgebaut und erweitert werden. (Man sagt, daß das Veralten die Krankheit ist, für die die Sanierung die Behandlung ist.) Deshalb ist es sehr schwierig, das tatsächliche Alter eines Gebäudes festzustellen, da es bis zur Unkenntlichkeit verändert sein kann. Veralten, Verfall und Erneuerung sind drei Punkte in einem kontinuierlichen Zyklus, der das Gebäude durchdringt.

Es gibt von verschiedenen Verfassern weitere präzise Definitionen des Veraltens. Zum Beispiel haben Kirwan und Martin[3] das Problem in ein 'physisches' und 'ökonomisches' Veralten aufgeteilt. Sie definieren das erstere als den einfachen Verfall der physischen Struktur des Bauwerkes, wobei sie behaupten, daß dies nicht einfach abhängt vom Alter des Gebäudes, sondern vom Zusammenwirken des Alters und der Nutzung des Gebäudes sowie von Art und Umfang der ausgeführten Instandhaltungsarbeiten. Ökonomisches Veralten liegt vor,

> "wenn der Nutzen geringer ist als die Kosten für die Fortsetzung der Nutzung des Gebäudes in seinem gegenwärtigen Zustand oder geringer als die Kosten einschließlich Renovierung bei Nutzung des Bauwerkes für einen anderen Zweck".

Es gibt keinen notwendigen Zusammenhang zwischen diesen beiden Seiten. Physisches Veralten kann Ursache oder Folge des wirtschaftlichen Veraltens sein. Der Vorteil des Begriffes des ökonomischen Veraltens liegt darin, daß wir es beziffern und damit nutzbar für die Bewertung von Projekten machen können. Mit dem wachsenden Umfang von Arbeiten auf diesem Gebiet hat die Feststellung von Faktoren, die das Veralten bewirken, zu einer verwirrenden Anzahl von Kategorien geführt. Zum Beispiel das funktionale und örtliche Veralten, das Grundstücksveralten, das Umweltveralten, das Stilveralten usw. Dieses Spektrum von Ideen ist das Resultat der Einzelarbeit von Forschern in vielen Ländern und bedarf offensichtlich weiterer Klärung.

Es wurde festgestellt, daß das Leben eines Bauwerkes durch Instandhaltung und Ersatz von Teilen unbegrenzt verlängert werden kann, was jedoch

---

3 R. Kirwan, D. B. Martin; The Economics of Urban Residential Renewal and Improvement, Working Paper, Nr. 77, London: Centre for Environmental Studies, 1972

wenig Einfluß auf das aktuelle Alter hat (abgesehen von nicht-produktiven Facilities, z. B. Wohnhäusern), das die wirtschaftliche Ertragsfähigkeit einschließt. Raftery[4] stellt diese Ansicht jedoch in Frage. Er vertritt die Auffassung, daß das Leben eines Gebäudes sicherlich durch den Standard der Instandhaltung beeinflußt wird, aber nur das physische Leben kann unbegrenzt verlängert werden durch den Ersatz von Teilen oder untergeordneten Systemen. Das physische Leben hat jedoch so wenig Einfluß auf das tatsächliche Leben, daß in den meisten Fällen (eine große Ausnahme stellen Wohnhäuser dar) der Effekt der Instandhaltung unwichtig ist.

Wenn wir die verschiedenen Richtungen der Theorie rational zu erklären suchen, können wir drei Herangehensweisen feststellen. Erstens, Gebäudeverfall, funktionales Veralten und Umweltverfall sind eng miteinander verbunden. Veralten ist eine Funktion menschlicher Vorstellungs- und Urteilskraft. Daher ist es möglich, Typen des Veraltens aufgrund der Identität der Person, die die Bewertung vornimmt, zu kategorisieren[5]. Zweitens, es ist möglich, Veralten vom Standpunkt der Schnittstelle zwischen dem Gebäude und den menschlichen Organisationen, die es aufnimmt, zu betrachten. Schließlich ist die Auffassung möglich, daß ein Gebäude einem potentiellen oder tatsächlichen Nutzer die Reihe von Ressourcen bietet. Diese Ressourcen unterscheiden sich nach zwei Typen: Ressourcen, die im Gebäude enthalten sind, und Ressourcen, die am Ort potentiell vorhanden sind. Jeder Ressourcentyp weist für ein bestimmtes Gebäude qualitative und quantitative Züge auf. Für ein Gebäude können die Auswirkungen eines Ressourcen-Ungleichgewichts allein durch Anpassungsfähigkeit gemindert werden.

6. Anpassungsfähigkeit von Gebäuden

Anpassungsfähigkeit ist die Möglichkeit, auf Veränderungen prompt reagieren zu können, um neuen Zielsetzungen genügen zu können. Anpassungsfähigkeit erfordert ständige Aufmerksamkeit seitens des Gebäude-Managements. Daher sollte die Flexibilität des Gebäudes für den Gebäudeeigentümer ein wesentliches Gestaltungskriterium sein. In den meisten Fällen, in denen das physische Leben länger als das funktionale Leben andauert, ist das Ausmaß der Anpas-

4 John Raftery, Principles of Building Economics, BSP Professional, 1991

5 J. P. Lewis, Urban Land Economics — A Set Approach, London: Edward Arnold, 1979

sung, die ökonomisch in einem Gebäude realisiert werden kann, ein bedeutender Faktor der tatsächlichen Lebensdauer des Gebäudes. Zum Beispiel, wenn auf Grund sich verändernder Erfordernisse ein Nutzer eine neue äußere Form und/oder innere Gestaltung für das existierende Gebäude benötigt, gibt es zwei Handlungsabläufe:

— Er kann das existierende Gebäude verkaufen oder abreißen und auf dem existierenden oder auf einem anderen Bauplatz neu bauen.
— Durch glückliche Umstände oder Voraussicht in der Gestaltung mag das Gebäude derart sein, daß es an die neuen Erfordernisse mit ökonomisch vertretbarem Aufwand angepaßt werden kann.

Anpassungsfähigkeit ist erforderlich zu Beginn des funktionalen Veraltens. Kurzfristig kann funktionales Veralten abgewendet werden durch Flexibilität der Inneneinrichtung; Möbel, Ausstattung und Maschinen können umgestaltet werden, um kleinen Veränderungen in den Bedürfnissen zu entsprechen. Will man dasselbe Resultat langfristig erreichen, so sind größere Veränderungen und Modifizierungen der existierenden Struktur, Dienstleistungen und Inneneinrichtung erforderlich.

Die allgemeinen Prinzipien der Anpassungsfähigkeit und der Gründe für diesbezügliche Vorkehrungen sind in der Konzeption der 'long life, loose fit, and little energy'[6] enthalten. Die physischen Voraussetzungen für die Anpassungsfähigkeit von Gebäuden können unter drei Aspekten betrachtet werden: Tragwerk, Gebäudetechnik und Innenausbau.

Vom Tragwerk ist vor allem zu fordern, daß es einen möglichst weiten Rahmen zur Verfügung stellt, innerhalb dessen bauliche Veränderungen möglich sind.

Die Gebäudetechnik kann meist als untergeordnetes System innerhalb des Gesamtsystems des Gebäudes betrachtet werden. Dieses System hat gewöhnlich eine kürzere Lebensdauer als die Gebäude, die es bedient, auf Grund ihrer physischen Eigenart und der Tatsache, daß sie besonders anfällig sind für technologisches Veralten infolge des rapiden Fortschritts in Wissenschaft und Technik. Dies ist so häufig der Fall, daß in naher Zukunft das Veralten der Gebäudetechnik der wichtigste Faktor der Nutzdauer von Gebäuden werden kann.

Eine hohe Anpassungsfähigkeit des Innenausbaus ist sowohl kurzfristig als auch langfristig wünschenswert. Ermöglicht wird diese Anpassungsfähigkeit

---

6 Vgl. A. Gordon, The Economics of the 3L's Concept, Research and Development Paper, Nr. 8, London: Royal Institution of Chartered Surveyors, 1974

durch die Verwendung von montierbaren Zwischenwänden, offener Planung etc. Voraussetzung dafür ist allerdings ein entsprechendes Tragwerk.

Vorkehrungen für die Anpassungsfähigkeit in der Gestaltung und die Bewertung des Grades der Anpassungsfähigkeit existierender Gebäude zwecks Schätzung ihrer Nutzungsdauer erfordern ein bestimmtes Maß an Gewißheit in bezug auf künftige Entwicklungen.

So, wie Gebäude einer ständigen Veränderung unterzogen werden, um sie den Bedürfnissen ihrer Eigentümer anzupassen, führen diese Bedürfnisse zu einer ständigen Veränderung der wirtschaftlichen Bedingungen. Da man diese Veränderungen nicht völlig vorhersehen kann, müssen Gebäude so entworfen und konstruiert sein, daß sie an ein breites Spektrum von Bedingungen angepaßt werden können, die in dem zugrundeliegenden ökonomischen Prozeß auftreten könnten.

Die Gebäudeökonomie muß sich den wahrscheinlichen ökonomischen, sozialen und technischen Veränderungen zuwenden, um ihren Nutzen zu beweisen. Dabei ist die Zeit das Schlüsselelement. Das bedeutet, daß Facilities unter dem Gesichtspunkt der Flexibilität entworfen oder erneuert werden müssen.

Ein ökonomisches Verständnis der Aktivitäten eines Gebäudes als ganzes ist eine Voraussetzung für weitere Fortschritte in der effizienteren Nutzung der Gebäuderessourcen. Es ist eine Hauptaufgabe der Gebäudeökonomie, die wirtschaftlichen Ursachen und Folgen der menschlichen Aktivitäten, die sich auf die bebaute Umwelt auswirken, zu erklären. Die Gebäudeökonomie bietet einen einheitlichen Rahmen für die Untersuchung des Bauens als sinnvoller und zweckgerichteter menschlicher Aktivität.

Der Beitrag der Ökonomen zu den Problemen des Bauens war bislang gering und bezog sich hauptsächlich auf das Gebiet der Makroökonomie der Bauindustrie, ihren Platz in der Volkswirtschaft und auf die Betriebswirtschaft. Andere Gebiete von Interesse sind Planung, Entwurf, Bauplatz und Instandsetzungswirtschaft. Die Ökonomen haben den Bereich Gebäudeökonomie bislang nur wenig bearbeitet, obwohl es ein Gebiet ist, in dem sie nützlich sein könnten, denn es umfaßt alle Fragen begrenzter Ressourcen, alternativer Nutzungen und die damit verbundenen Unterstützungen zur Entscheidungsfindung.

Literatur

Bon, Ranko; Building as an Economic Process — An Introduction to Building Economics; Englewood Cliffs, NJ: Prentice Hall, 1989

Gordon, A.; The Economics of the 3L's Concept; Research and Development Paper, Nr. 8; London: Royal Institution of Chartered Surveyors, 1974

Kirwan, R.; D. B. Martin; The Economics of Urban Residential Renewal and Improvement; Working Paper, Nr. 77; London: Centre of Environmental Studies, 1972

Lewis, J. P.; Urban Land Economics — A Set Approach, London: Edward Arnold, 1979

Raftery, John; Principles of Building Economics, BSP Professional, 1991

Integratives Baumanagement

von
Werner Schwarz

1. Einführung

Das Bauen stellt heute gegenüber der bisherigen Betrachtungsweise wesentlich höhere Anforderungen. Es ist als unternehmerische Leistung anzusehen, die hohes Engagement und professionelle Führung erfordert.

Dennoch werden bei der Planung und Ausführung bislang nur sehr verhalten moderne Managementmethoden angewendet. Lange Bauzeiten und hohe Kostenüberschreitungen sind besonders bei großen und komplizierten Projekten, also bei volkswirtschaftlich bedeutsamen Großbauten mit sehr hohen Errichtungskosten an der Tagesordnung.[1]

Als wesentliche Ursachen für diese Erscheinungen sind zu nennen:

— mangelhafte Zielbildung aufgrund ungenügender Festlegung der Anforderungen und/oder unzureichende Bedarfserhebung;
— Nachgiebigkeit hinsichtlich der Kosten- und Terminziele;
— falsche Planansätze und -methoden;
— mangelhafte Qualifikation der Beteiligten und unzweckmäßige organisatorische Strukturierung;
— Fehlen eines adäquaten Kontrollsystems;
— unterlassene Optimierung über die geplante Lebensdauer des Projekts.

An sich besteht kein Mangel an zeitgemäßen, kosteneffektiven Managementsystemen. Sie werden offensichtlich vor allem deshalb nicht angewendet, weil viele Bauherren sich der wirtschaftlichen Vorteile nicht bewußt sind und die

1 Vgl. z. B. Gerhard Palisek, Consulting Perspektiven: Das Leistungsfeld 'Facility Management' als Grundlage eines 'Objektmanagements', Wien: Wirtschaftsuniversität, 1988, S. 47

zusätzlichen Kosten für den Einsatz dieser Systeme nicht übernehmen wollen. Sie begreifen anscheinend nicht, daß sie von kürzeren Bauzeiten, langfristig niedrigeren Kosten und besserer Qualität nur profitieren können.

Eine bedeutende Situationsverbesserung ist durch die Übernahme des Facility Management-Ansatzes im Sinne eines integrierten Baumanagement zu erreichen, indem das Bau-Projektmanagement in den phasenübergreifenden Ansatz eines durchgängigen Facility Management im Lebenszyklus von Bauten eingeordnet wird.

Durch die Vervollkommnung des Bau-Projektmanagements, d. h. der zeitlichen und ressourcenmäßigen Abstimmung während der und zwischen den Phasen des Objekts, ist eine Verbesserung der heutigen Situation zu erreichen.

Diese Aufgabenstellung stimmt mit dem Trend überein, daß das volkswirtschaftliche Wachstum sich zunehmend über projekthafte Investitionsmaßnahmen vollzieht. Das heißt, der zukünftige Strukturwandel wird vorrangig in Projektform durchgesetzt.

2. Die Bedeutung des Lebenszyklus-Konzeptes

Bei der theoretischen Analyse und Wertung des Facility Management in den USA, Kanada und in den deutschsprachigen Ländern ist festzustellen, daß es sich im wesentlichen der Nutzungsphase im Lebenszyklus eines Bauwerkes zuwendet. Die Suche und Realisierung strategischer Erfolgspotentiale zwingt Unternehmen und Organisationen zur Investition in die Humanressourcen und die Sachkapitalbestände sowie bei einer schrittweisen Reduzierung der Potentiale in der unmittelbaren Produktion bei gleichzeitigem Umbau der Betriebsmittel und Objekte zu flexiblen dynamischen Betriebsstätten.

Facility Management, in dem vom Verfasser intendierten umfassenden Sinn eines 'gesamthaften Baumanagements', hat sich dagegen auf den gesamten Lebenszyklus eines Bauwerkes zu beziehen.

Es ist deshalb notwendig, ein Bauwerk oder eine bauliche Anlage als 'technisches System' zu verstehen. Die Funktionalität des Bauwerkes wird erst in der Einheit der Elemente Grundstück, Bauwerk und Ausrüstung erreicht. Die daran beteiligte Vielzahl von Partnern, die das Grundstück vermitteln und bewerten, das Bauwerk gestaltend entwerfen und planen, die Standsicherheit berechnen, die haustechnischen Ausrüstungen planen, die Innenausstattung auswählen sowie die Realisierung und Nutzung des Objektes steuern, sind durch eine gut funktionierende Instanz zu koordinieren, die eine durchgängige Bauverantwortung wahrnimmt.

Übersicht 1: Phasen des Lebenszyklus eines technischen Systems[2]

Phase	Inhalt	Ergebnis/Bemerkungen
1. Idee, Definition	Zielgebiete (Trends, Szenarien), zeitliche Entwicklung der Ziele	Grobmodell des Gesamtsystems; genaue Kenntnis des System- und Umweltmodells ist anzustreben.
2. Entwurf technisches System	gesellschaftliche, ökonomische, technologische Zielbestimmung	Bei komplexen technischen Systemen ist Zielkomposition erforderlich.
3. Projektierung	Unterlagen für Herstellung und Betrieb des Systems (in Spezifikationen, Zeichnungen etc.)	Gegebene Elemente (Geräte, Funktionseinheiten) werden miteinander verknüpft.
4. Realisierung	Realisierung des technischen Systems (Herstellungs-, Fertigungs-, Bauprozeß u. a.)	
5. Projektkontrolle	Abnahme durch Auftraggeber	Funktionsproben
6. Probebetrieb	Inbetriebnahme der Teilsysteme und des Gesamtsystems	Testzwecke
7. Betreiben	Erhaltung, Wiederherstellung, Leistungs- und/oder Funktionsverbesserung eines möglichen effektiven Gesamtverhaltens	Effektives Verhalten des Systems
8. Abbau bzw. Beseitigung	Außerdienststellung	Materialverwendung, Nutzung bestimmter Betriebsmittel, Altlastensanierung

2 Siehe Werner Schwarz, Stand und Entwicklung der Anwendung ausgewählter Schlüsseltechnologien, insbesondere Informatik/Automatisierung im Bauwesen und sich daraus ergebende Konsequenzen für Lehre und Forschung im Bauingenieurwesen, Studie, Leipzig: Technische Hochschule, Sektion Technologie der Bauproduktion, 4/1987

3. Bauten als komplexe technische Systeme

In Gebäuden werden je nach Verwendungszweck unterschiedliche technische Ausrüstungen integriert (Haustechnik, spezifische produktionstechnische Anlagen und Ausrüstungen), die gemeinsam eine zweckorientierte technische Einheit (technisches System) bilden. Der Anteil dieser Ausrüstungen an den Gesamtkosten von Bauwerken wird sich in der Zukunft durch die Entwicklung der Informations- und Energietechnik beträchtlich erhöhen.

Die sich entwickelnde Informationsgesellschaft forciert den Übergang vom 'gewöhnlichen Bauwerk' zum 'intelligenten Bauwerk', welches hochautomatisiert, extrem flexibel, individuell aus programmierbaren Bausteinen gestaltbar ist und durch kalkulierten Einsatz der Gebäudedienste ein optimales Verhältnis von Kosten und Nutzen erreicht.

Der Begriff des 'intelligenten Bauwerks' geht von dem Gedanken aus, Gebäude zu bauen, "die sich bei minimalem Organisationsaufwand und Bauproblemen veränderten Nutzungen anpassen können."[3]

Bauten entwickeln sich also zu komplexen technischen Systemen, die aus

— Grundstücken mit Infrastruktur, u. a. Netzen für Telekommunikation, Energietransport, Ver- und Entsorgungsleitungen für Wasser, Abwasser, Wärme sowie unterirdischen Bauwerksteilen bestehen,
— Bauten (Gebäude und bauliche Anlagen) mit flexibler, anpassungsfähiger Gebäudestruktur sowie
— technischen Ausrüstungen für Gebäudedienste und/oder produktionstechnischen Anlagen und Ausrüstungen bestehen.

Sie entsprechen als Einheit einem gewünschten Zweck und können aufgrund ihrer Flexibilität künftigen Nutzungen und Nutzungsbedingungen angepaßt werden.

Bauten als komplexe technische Systeme und die Phasen ihres Lebenszyklus, besonders die Vorbereitungs- und Durchführungsphase, unterscheiden sich jedoch von anderen technischen Systemen auf Grund der Besonderheiten der Bauwirtschaft.

Spezifische Merkmale der Produkte, der Produktion und der Wertbildung in der Bauwirtschaft sind:

---

3 Jupp Gauchel, "Intelligent Building — Annäherung an einen aktuellen Begriff", Vortrag zum Symposium 'Intelligent Building' an der Fakultät für Architektur, Karlsruhe: Universität, 12./13. Oktober 1989

- Merkmale des Erzeugnisses (Bauwerk):
  - ortsgebundene Errichtung und Nutzung (Grundstück erforderlich);
  - geophysikalische Einflüsse durch den Standort;
  - individuelle Bauwerke (Unikate);
  - lange Nutzungsdauer;
  - Vielfalt der Funktionen;
  - Uneinheitlichkeit des Bauaufwands;
  - begrenzte Normierbarkeit des Aufwandes;
  - Notwendigkeit mehrfacher Modernisierung.
- Spezifika des Produktionsprozesses:
  - Dominanz der Auftragsproduktion;
  - laufender Wechsel der oft provisorischen Produktionsstätten;
  - Vorherrschen stoffverformender, technologisch komplizierter Hand- und Maschinenprozesse, die diskontinuierlich ablaufen;
  - hohe Daten- und Informationsfülle;
  - lange Bauzeiten;
  - Abhängigkeit von klimatischen Einflüsse;
  - Überwiegen der Einzelfertigung;
  - in der Regel lange und komplizierte Produktionsvorbereitung;
  - komplexe Organisations- und Kommunikationsprobleme zwischen den Partnern.
- Merkmale der Wertbildung:
  - langer Wertbildungsprozeß;
  - unperiodischer Gewinnrealisierungsprozeß beim Bauunternehmen;
  - hohe unvollendete Produktion des Bauunternehmens.

Die Bauten (Finalerzeugnisse), Gebäude und bauliche Anlagen werden an dem Ort errichtet, der zugleich Ort der Nutzung ihrer Gebrauchseigenschaften ist. Es bedarf zu ihrer Nutzung nicht des Transports vom Ort der Produktion zum Ort der Nutzung.

Die Standortgebundenheit der Bauwerke und die Festlegung des Standorts nach den Belangen und Gesichtspunkten des Bauherrn/Nutzers führen zu unterschiedlichen geophysikalischen Einflüssen auf die Standfestigkeit, Wasserdichtigkeit, Wärmedämmung u. a. Faktoren. Dadurch entstehen für ein Bauwerk gleichen Nutzungszwecks an unterschiedlichen Standorten unterschiedlicher Aufwand, differierende Bau- und Nutzungszeiten. Die Erzeugnisse der Bauwirtschaft haben gegenüber Erzeugnissen anderer Industrien eine erheblich längere Nutzungsdauer. Dadurch steigt der Aufwand an Werterhaltungsmaßnahmen durch Baureparaturen und Baurekonstruktion.

Bauwerke haben verschiedenartige Funktionen zu erfüllen. Fast alle Gebäude verwirklichen in der Regel mindestens zwei Funktionen, eine Produktions- und Schutzfunktion, oder aber eine Schutz-, Kultur- und Sozialfunktion. Oftmals werden gleichartige Bauwerke mit unterschiedlichem Ausstattungsgrad für verschiedene Funktionen vorgesehen. Diese Funktionen bedingen unterschiedlichen Bauaufwand und resultieren in verschiedenem Verschleißverhalten.

Infolge der Errichtung der Bauwerke am Ort ihrer zukünftigen Nutzung müssen an diesem Standort auch zeitweilige Produktionsstätten als Baustelleneinrichtung geschaffen werden. Im Zusammenhang mit der Erhöhung des Vorfertigungsgrades werden in gewissem Maße Baustellenprozesse in stationäre Betriebe verlagert.

4. Ablaufstrategien in der Bauwirtschaft

Das Phasenkonzept trägt in der Bauwirtschaft Routinecharakter, da in den hier unterscheidbaren Stufen

— Konzeption (konzeptionelle Grundlegung),
— Konstruktion (detaillierte Gestaltung),
— Vorbereitung (Realisierung 1. Phase),
— Ausführung (Realisierung 2. Phase)

in der Regel viele technologische Parameter bekannt sind und der Ablauf somit hochgradig determiniert ist.

In Übersicht 2 ist ein phasenbezogener Bauprozeßablauf dargestellt.

In der Bauwirtschaft ist die Phasengestaltung bei der Projektgliederung gesetzlich durch die Leistungsphasen in der Honorarordnung für Architekten und Ingenieure (HOAI)[4] geregelt.

Die dort aufgeführten neun spezifischen Leistungsphasen erstrecken sich über die gesamte Projektdauer, ohne allerdings im Sinne einer ganzheitlichen Objektbetrachtung die Phasen der Nutzung und Außerdienststellung schon heute zu berücksichtigen.

---

4 Honorarordnung für Architekten und Ingenieure (HOAI)

Übersicht 2: Bauprozeßablauf und baubeteiligte Partner[5]

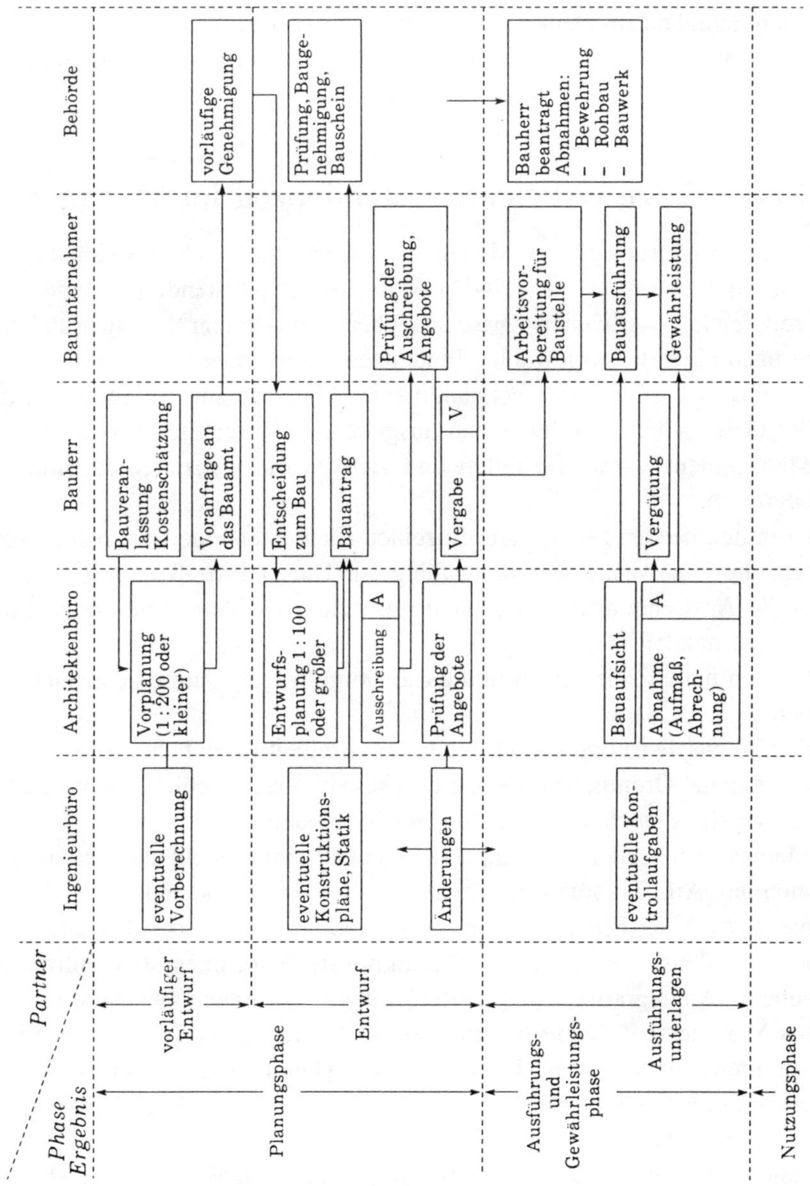

5 Entnommen aus: Werner Schwarz, "Computerintegriertes Bauen", in: Hans Kahlen (Hrsg.), Bauen in den neuen Bundesländern, Reihe Facility Management, Bd. 4, Stuttgart, Berlin, Köln: Kohlhammer, 1991, S. 131

Eine effektive, ablaufstrategische Phasengestaltung und -organisation ist gewissenhaft und rechtzeitig zu planen und zu realisieren. Ganzheitlichkeit und Planmäßigkeit im Denken sowie ein umfassendes Know-how im Technik- wie im Managementbereich sind dazu ebenso erforderlich wie kommunikative Fähigkeiten.

5. Erkennbare Entwicklungstendenzen im Management

Eine Neuorientierung in der Managementtheorie geschieht im Kontext eines sich durch Integration wandelnden Wissenschaftsverständnisses und einem fast zeitgleichen weltweiten wirtschaftlichen und sozialen Strukturwandel. Sie ist an nachfolgende ausgewählte Tendenzen zu erkennen:

— Es muß sich ein tieferes Verständnis des Managements, seiner Funktion in der Gesellschaft und der davon ausgehenden Wirkungen entwickeln. Das Management ist als Gestalten und Lenken einer sozialen Institution zu begreifen.
  Gestalten bedeutet dabei, aus einzelnen Elementen eine Ganzheit zu schaffen, die lebens- und handlungsfähig ist. Dieser Prozeß fordert Kraft und große Anstrengungen, ob es sich nun um ein Unternehmen oder um ein Projekt handelt.
  Lenken heißt Ziele setzen und dafür Sorge tragen, damit sie erreicht werden.

— Die Wechselwirkung von Ordnung und Freiheit ist zu beherrschen. Es sind zeitgemäße Ordnungsmuster zu entwickeln. Das geschieht nicht durch die Entwicklung noch so ausgeklügelter Methoden.

— Management bedeutet Komplexitätsbewältigung. Nicht die Lenkung von internen Arbeitsvorgängen spielt eine dominierende Rolle, sondern die Meisterung der Einflüsse einer sich ständig verändernden Umwelt.

Neue Techniken, wie integrative Produktionstechnik, integrative Bürotechnik und ebenfalls integrative Computertechnologie, verlangen zwingend ein angepaßtes Management. Diese integrativen Techniken haben besonderen Einfluß auf die menschliche Arbeit. Dadurch ist ein Handlungsbedarf entstanden, der durch traditionelle Organisations- und Leitungsmethoden nicht mehr abgedeckt werden kann.

Eine Veränderung ist vor allem durch 'neues Denken' zu erreichen, das die bisherige Managementpraxis in Frage stellt. Die neue Managementtheorie erscheint vor allem durch ihren ganzheitlichen Ansatz, in dem sich humanistische Aspekte mit wirtschaftlichem Handeln verbinden, bemerkenswert. In diesem Zusammenhang tritt auch ein neues Managerprofil in Erscheinung, das intuitive Fähigkeiten stärker akzentuiert als die bisherigen rationalen Führungsmethoden.

Der bereits erkennbare Wandel im Management wird auch das Facility Management berühren und dabei neue Denk-und Organisationsprinzipien entstehen lassen. Unternehmen werden Abläufe verstärkt in Projektform organisieren, d. h. starre Ablaufmodelle durch elastische Prozeßkonzepte abgelöst werden.

Innerhalb dieser Entwicklung werden nicht so sehr neue Instrumente und Techniken gefordert, als vielmehr gewandelte Werte und Handlungsweisen. Deterministische Festlegungen, Regelungen und Vorgaben treten zurück. In den Vordergrund treten die nichtdeterministischen Bereiche, die Offenheit von Suchprozessen, das Experimentieren mit Noch-nicht-zu-Ende-Gedachtem.

Facility Management wird sich also zu einem Ablauf herausbilden, der dem Reifezustand des ganzheitlichen Verständnisses des Lebenszyklus von Gebäuden anzupassen ist. Bezogen auf Bauprojekte bedeutet dies, daß sie zum wesentlichen Bestandteil eines so verstandenen Facility Management werden: dem einer gesamthaften Bauverantwortung, von der Planung, der Ausführung, über die Nutzung bis hin zur Instandhaltung sowie zur Veränderung oder den Abbruch von Gebäuden und baulichen Anlagen.

Während des Bauprozesses werden von der Formulierung der baustrategischen Ziele bis hin zur Leitung und Überwachung der Bauausführung, aber auch eingeschlossen die daran anschließende wirtschaftliche Nutzung und Unterhaltung von Gebäuden und baulichen Anlagen erhebliche konzeptionelle und koordinierende Leistungen erforderlich. Das theoretische Konzept des Lebenszyklus eines Bauwerkes erhält mit dieser Entwicklung praktische Relevanz.

Literatur

Gauchel, Jupp; "Intelligent Building — Annäherung an einen aktuellen Begriff"; Vortrag zum Symposium 'Intelligent Building' an der Fakultät für Architektur; Karlsruhe: Universität, 12./13. Oktober 1989

HOAI Honorarordnung für Architekten und Ingenieure; BGBl. I, 1976, idgF

Palisek, Gerhard; Consulting Perspektiven: Das Leistungsfeld 'Facility Management' als Grundlage eines 'Objektmanagements'; Wien: Wirtschaftsuniversität, 1988

Schwarz, Werner; "Computerintegriertes Bauen", in: Hans Kahlen (Hrsg.); Bauen in den neuen Bundesländern; Reihe Facility Management, Bd. 4; Stuttgart, Berlin, Köln: Kohlhammer, 1991

-----; Stand und Entwicklung der Anwendung ausgewählter Schlüsseltechnologien, insbesondere Informatik/Automatisierung im Bauwesen und sich daraus ergebende Konsequenzen für Lehre und Forschung im Bauingenieurwesen, Studie; Leipzig: Technische Hochschule, Sektion Technologie der Bauproduktion, 4/1987

Bauprozeß der Zukunft

von
Henning Balck

1. Gebäude im Wandel — Gebäude für den Wandel

Mit Gebäuden verbindet man im Alltagsdenken etwas Statisches. In ähnlicher Weise ist häufig die Rede von 'Architektur' als einer stabilen und langlebigen Grundordnung. Ein solches Verständnis hat ihre Wurzeln in einer jahrtausendealten Bautradition. Und fraglos ist für viele Menschen auch heute noch das eigene Haus ein Ort der persönlichen Identität und ein ruhender Fluchtpunkt in unruhiger Zeit. Auch im Gebäude der Zukunft werden solche statischen Funktionen eine Rolle spielen. Aber der Schwerpunkt wird sich erheblich verlagern. Das Gebäude der Zukunft wird ein lebendes System sein. Ständiger Wandel in den Nutzungen zieht den ständigen Wandel in Ausrüstungen, Anlagen und Baustrukturen nach sich. Räumlich fixierte Ordnungen gelten nur für vergleichsweise kurze Zeiträume: Produkte und Anlagen werden in immer kürzeren Zyklen erneuert. Anlagen verändern sich in einer Art 'evolutionären Drift'. Instandsetzungen und Umbauten werden zum Taktgeber der Gebäudeevolution.

1.1 Immobile und mobile Strukturen

Seit den Anfängen unserer Kultur stehen Haus und Gerät in einem technikgeschichtlichen Spannungsverhältnis. Mit dem Eintritt in das Zeitalter der Informationsgesellschaft hat sich nun das seit langem eingespielte Verhältnis von Haus und Gerät in dramatischen Sprüngen verändert, z. B. in Büros, Labors und Krankenhäusern: Die Geräte — das sind die mobilen Ausrüstungen — werden immer vielfältiger und immer mehr abhängig von Versorgungs- und Kommunikationsnetzen. Geräte werden immer häufiger erweitert, nachgerüstet, umgebaut. Die Mikrostandorte der Geräte gelten nur für kurze Zeitintervalle. Sie werden mobil, konkret: sie werden häufig 'umgezogen'. Die 'Einrichtung' eines Raumes wird somit zu einer flüchtigen Erscheinung. Auf eine Formel gebracht: Der Trend zu Mobilität und Wandel erfaßt gleichzeitig die Welt der Mobilien und Immobilien. Anschauliche Indikatoren für diesen 'Megatrend' sind architektonische Mißverständnisse: eingebaute Radios in Hotelbetten (die nach kurzer Zeit veraltet sind) oder eingebaute Lautsprecheranlagen und Projektionsleinwände in 'Vorführräumen' der 50er und 60er Jahre. Was ist hier falsch gemacht worden? — Es ist nicht bedacht worden, daß Geräte, die einem schnellen technologischen Wandel unterworfen sind, nicht statisch fixiert werden dürfen!

1.2 Harte und weiche Strukturen

Ein technikgeschichtlicher Rückblick macht deutlich, daß die sehr heterogene Technik, aus der moderne Gebäude zusammengesetzt sind, nur im Sinne eines Schichtenbaus verständlich ist. Seit der industriellen Revolution haben aufeinanderfolgende Technisierungsschübe die Strukturen der Bauwerke verändert. Das jeweilige Ergebnis eines solchen, oft viele Jahrzehnte dauernden Schubes ist eine Überlagerung und Durchdringung der technischen Gewerke:

— Bau und Raum
  Bau und Raum, das ist die älteste Schicht. Das Grundprinzip ist die Hülle bzw. der Behälter. Hier finden wir den Grundgehalt dessen, was Architekten unter 'Architektur' verstehen. In der längsten Zeit der Menschheitsgeschichte war sie die höchst entwickelte Technik.

— Sanitär-, Heizungs-, Lüftungs-, Elektrotechnik
  Typisch für diese Technik sind Nicht-Bau-Gewerke wie Installationsnetze — mit zwei wesentlichen Merkmalen: Sie haben Zentralen und sind an der Gebäudegeometrie orientiert (Raumverbrauch und Raumkoordination in Schächten, Trassen u. dgl.).
  Die Elektrotechnik fällt aus diesem Muster teilweise heraus und hat Gemeinsamkeiten mit der nächsten Schicht.

— Kommunikations-, Meß-, Steuer-, Regel-Technik, Gebäudeleittechnik
  Diese Technikschicht ist noch sehr jung und derzeit dabei, die räumlich gebaute Lebenswelt zu durchformen und zu revolutionieren. Sie hat mit der Gebäudetechnik den Netzcharakter gemeinsam. Sie ist überwiegend dezentral organisiert (obgleich zusätzliche Zentralen, z. B. Leitwarten, möglich sind) und nicht an die bautechnischen Geometrien gebunden. Leitungen haben einen oft extrem geringen Querschnitt und können sich praktisch jeder Raum- und Körperform anpassen.

Der Einzug gebäudetechnischer Anlagen in die Gebäudewelt begann etwa Mitte des 19. Jahrhunderts mit der Sanitär- und Heizungstechnik und erreichte mit der Elektrifizierungswelle ab 1900 ein hohes Gebrauchsniveau. Zugleich revolutionierte von nun an die Elektrotechnik die Gebäudetechnik als Ganzes (z. B. Elektromotoren in Ventilatoren und Pumpen) und ermöglichte neue Bauformen durch elektrisch betriebene Aufzüge und fördertechnische Anlagen (z. B. Hochhäuser, Fabrikbau).

Typisch für diesen Entwicklungsstand, der bis heute in unserer Bauwelt bei weitem vorherrschend ist, ist die strikte Orientierung der Gebäudetechnik an den bautechnisch geprägten Bau- und Raumformen. Dieser Sachverhalt spiegelt sich auch in der ungebrochen wirksamen Leitrolle von Architekten, Bauingenieuren und Bauunternehmen wider. Kurz: Die harten Strukturen sind 'maßgebend'.

Mit dem Aufkommen dezentraler Informationstechnik (PCs, Workstations u. a.) und deren Einbindung in dezentrale Kommunikationstechnik (LANs, WANs, Telefonnetze) wird die Dominanz der harten Strukturen erschüttert: Die weichen Strukturen rütteln an der betonierten Starrheit. Dies läßt sich einmal in negativer und einmal in positiver Hinsicht verdeutlichen.

Gebaute Festigkeit in Form von unflexiblen Wänden, Decken, Böden und die darin entsprechend unflexibel eingebettete starre Infrastruktur wird immer mehr zum Hindernis bei Umrüstungen und räumlichen Nutzungsänderungen. Permanentes Umbauen ist für die Nutzer störend, unterbricht deren Arbeitsfluß und erhöht die Gemeinkosten von Unternehmen.

Positiv zeigt sich, daß sich die E-Gewerke (Elektrotechnik, Elektronik und EDV) emanzipieren. Sie lösen sich aus der Starrheit der traditionellen bautechnisch vorgegebenen Ordnungen. Dieser Ablöse- und Herauslöseprozeß geschieht auf sehr unterschiedliche Weise innerhalb von sehr verschiedenen Technologien — aber mit einem gemeinsamen Fluchtpunkt: Die Flexibilisierung und Dynamisierung der E-Welt gruppiert sich rund um den Arbeitsplatz.

— In Doppelböden, Boden- oder Wandkanälen werden Kabel beweglich und leicht veränderbar verlegt.
— Geräte werden durch kabellose Infrarot-Verbindungen gekoppelt.
— Funknetze reduzieren den Kabelaufwand auf ein Minimum und erhöhen die Mobilität.

Diese flexible und mobile E-Welt ist arbeitsplatzzentriert und nimmt zunehmend den Charakter von Arbeitsplatzausrüstungen an. Netze werden zu aktiven Arbeitsinstrumenten und verlieren immer mehr den Charakter einer 'konditionierenden', im Hintergrund wirksamen Infrastruktur.

Damit entspricht die entstehende neue Polarität von harten und weichen Strukturen der zuvor beschriebenen Grundspannung von Immobilien und Mobilien. Mit der neuen Polarität ergeben sich folgenreiche Akzentverschiebungen:

Der bis heute weitgehend ungebrochene Fokus für das Planungs- und Baugeschehen ist die harte Struktur. In der Regel etablieren sich die weichen Strukturen erst im Anschluß an die Inbetriebnahme. Sie werden, wenn überhaupt, in der Planung nur geringfügig berücksichtigt.

Mit dem 'Einziehen' in ein Gebäude und dem Prozeß des 'Einrichtens' entstehen die weichen und flüchtigen Strukturen. Vernetzte Bürotechnik wird in einer flexiblen Möbelumgebung gleichsam eingelagert (derzeit erleben wir eine Revolution in der Möbelindustrie), umgeben von einem Kranz flexibler Systeme der Versorgungs- und Kommunikationstechnik innerhalb der E-Welt. Hier befinden wir uns im Zentrum dessen, was dem Nutzer 'gehört' (seine 'Utensilien') und den Nutzungsprozeß bestimmt.

Für die Zukunft zeichnen sich für dieses Verhältnis von Nutzerwelt und Gebäudewelt interessante Tendenzen ab:

Die von jeher auf Immobilität ausgerichtete Gebäudewelt tendiert zu passiver Flexibilität. Raumzuschnitte und raumbildende Bauteile und die darin eingebetteten örtlich fixierten Elemente der technischen Infrastruktur (Grundinstallationen u. ä.) werden so angelegt, daß sie möglichst wenig geändert werden müssen.

Die arbeitsplatzzentrierte E-Welt ist charakterisierbar durch aktive Flexibilität. Hier ist das Umrüsten, Erweitern, Ergänzen, Umbauen an der Tagesordnung — und durch Modularität und elektronische Gelenkigkeit relativ leicht und störungsarm durchführbar.

Die 'elektronische Gelenkigkeit' ermöglicht z. B. mittels der Gebäudeleittechnik ein Anpassen von Leistungsparametern bei der Klimatechnik an veränderte Nutzungsanforderungen oder die Veränderung von Schaltungen bei Beleuchtungen und sicherheitstechnischen Anlagen aufgrund veränderter Raumteilungen oder Raumzuordnungen.

Im Ganzen entsteht eine neue Kombination von relativ langlebigen Knotenpunkten der Grundinstallation (Teil der harten Struktur) und flexibel schaltbaren bzw. anschließbaren Geräten und Anlagen der Arbeitsplatzsphäre (Teil der weichen Struktur).

1.3 Wirtschaftlichkeit im Wandel — Denken in Lebenszyklen

Aus der neuen Symbiose von Mobilien und E-Welt resultiert ein grundlegender Wandel des Betreibens: Das Betreiben verliert seinen statischen Charakter. Das ehemals statische 'Bedienen' wird im Sinne der elektronischen Gelenkigkeit angereichert durch ständiges Verändern und Erneuern.

Im Hinblick auf Kostenstrukturen verlagert sich damit der Schwerpunkt von der Anfangsinvestition auf den gesamten Lebenszyklusbereich. Die im heutigen Baugeschehen noch vorherrschende Fixierung auf die anfänglichen Investitionskosten ist veraltet! Im Hinblick auf die folgenden Ausführungen sei dies durch vier Thesen verdeutlicht:

These 1: In den Lebenszykluskosten eines Gebäudes steigt der Anteil der Kosten des 'Betreibens'. Das Betreiben wird zu einem immer anspruchsvolleren Service von immer komplexeren und zugleich kurzlebigeren Anlagen bzw. Konfigurationszuständen dieser Anlagen.

These 2: Das Investieren wird zu einem fließenden Prozeß. In der gesamten Lebensdauer werden zahlreiche kleine, mittlere und größere Folgeinvestitionen das ursprüngliche Volumen der Anfangsinvestition bei weitem übersteigen. Dieser Investitionsprozeß ist eingeflochten in die zuvor genannte neue Qualität des Betreibens.

These 3: Aus beiden Prozessen resultiert eine neue Dreiecksbeziehung. Nahtlos an die Anfangsinvestition schließt ein anspruchsvoller Service mit ständigen Veränderungen und Erneuerungen an. Bereits mit der Inbetriebnahme beginnt eine Kette nicht abreißender Änderungen und Umrüstungen. Insgesamt verschmilzt das Investieren und Betreiben zu einer größeren Einheit. In diesem dynamischen Gesamtsystem bildet die E-Welt das eigentliche Integrations-Medium. Die Gewerke der E-Welt integrieren mobile und immobile Komponenten zu einem höheren System.

These 4: Die E-Gewerke werden zu Leitgewerken. In der E-Welt erwächst eine neue 'Systemführerschaft', die die althergebrachte Integrationsmacht der Baugewerke ablöst.

1.4 Die Polarisierung der Gebäudetechnik

Die klassische Gebäudetechnik (Heizung, Sanitär, Lüftung, Kältetechnik) verharrt als eigenständiger Bereich gegenüber den sich neu herausbildenden weichen E-Gewerken (Meß-, Steuer- und Regeltechnik (MSR), Gebäudeleittechnik, Elektroinstallationen, Kommunikationstechnik). Es entsteht eine Polarisierung. In dem Maße, wie sich nun die 'E-Welt' in einem geradezu dramatischen Aufbruch verändert, geraten die älteren maschinentechnischen Gewerke in den Sog dieser Entwicklung. Damit verändern sich sowohl die gebäudetechnischen Anlagen, wie auch die zugehörigen Berufsbilder beim Entwickeln, Erstellen und Betreiben. Dies hat zur Folge, daß durch die zunehmenden MSR-Anteile innerhalb der Heizungs-, Sanitär- und Klimaanlagen und einen zeitgleichen Fortschritt der Gebäudeleittechnik diese verschiedenen Anlagenbereiche und Anlagenkomponenten in einem gebäudeinternen oder gar gebäudeübergreifenden Netzwerk zusammenwachsen.

Der Trend zu einer Eigenständigkeit der E-Welt induziert also einen komplementären Trend zur Eigenständigkeit der klassischen Gebäudetechnik: Elektronisierung und DV-Durchdringung verbinden die maschinentechnischen Gewerke zu einem komplexen Subsystem. In diesem Prozeß verwischen sich zugleich die traditionellen Abgrenzungen zwischen den Techniken und es entstehen neue Berufsbilder mit entsprechend gleitenden Übergängen. Innerhalb der Serviceorganisation bedeutet dies: Vernetzung von Fachkompetenzen in technikübergreifenden Teams! Diese neue Vernetzung zeigt sich z. B. sehr deutlich bei der Störungsbehebung:

— Wenn Störungen in einem Computernetzwerk gemeldet werden, ist nicht sofort klar, ob sie in einem DV-Gerät oder innerhalb des Netzes zu suchen sind. Bei der Störungsidentifikation und -beseitigung ist folglich eine übergreifende Kompetenz gefragt.
— Bei einer Störung in einer durch GLT-Systeme (GLT = Gebäude-Leit-Technik) vernetzten Gebäudetechnik ist eine Störmeldung nicht direkt als anlagebezogene oder GLT-bezogene klassifizierbar. Folglich müssen die M-Fachleute und die E-Fachleute eng miteinander kommunizieren.

Probleme: Der Integrationsprozeß innerhalb der E-Welt und der dadurch angestoßene, parallellaufende Integrationsprozeß innerhalb der M-Welt wird derzeit durch mehrere Hürden und Hindernisse erschwert bzw. verstellt: Die Eigendynamik innerhalb der einzelnen E-Gewerke führt zu großen Schwierigkeiten, wenn es darum geht, 'offene Systeme' zu realisieren. Hier existieren generell die gleichen aktuellen Probleme, die innerhalb der Informationstechnik und zugehörigen Kommunikationstechnik vorhanden sind. Fehlende Standards, divergierende Standards, unzureichende Kompatibilität innerhalb eines etablierten Standards (weil jeder Hersteller in möglichen Freiräumen eigene Festlegungen treffen kann, so daß trotz Standard dennoch keine Interoperabilität gegeben ist).

Die E-Welt ist also in sich sehr gespalten und teilweise integrationsfeindlich. Dies hat nicht nur bei heterogenen Ausrüstungen verschiedener Hersteller an einem Arbeitsplatz, sondern mehr noch bei übergreifender Heterogenität der Technik in einem Gebäude gravierende Auswirkungen. Der von vielen Seiten eher beschworene Integrationsprozeß ist zweifellos auf dem Vormarsch, aber er steht auch vor sehr ernst zu nehmenden und vielleicht nur langfristig überwindbaren Strukturmängeln.

Lösungsstrategien innerhalb der Technisierung von Gebäuden lassen sich nur dann finden, wenn der traditionsreiche Konflikt zwischen Maschinenbauern und Elektrotechnikern sowohl im Planungsprozeß von Neubauten als auch im Zuge des Betreibens und Umbauens durch interfachliche Teams zum Thema gemacht wird.

Wichtig: In dieser zwischenmenschlichen Begegnung liegt die eigentliche Chance für die Lösung schwieriger Strukturprobleme. Dort, wo Kommunikation und Vernetzung zwischen den menschlichen Partnern stattfindet, lösen sich auch die technischen Gegensätze und Widernisse.

1.5 Intelligente Gebäude — Areale Vernetzung

Die Rede von den 'Intelligenten Gebäuden' besitzt in mehrfacher Hinsicht einen unzureichenden Fokus. Wie oben dargelegt wurde, ist es ein wesentliches Prinzip für die Gebäude der Zukunft, daß in ihnen Vernetzungen durch die E-Welt das traditionelle räumliche Integrationsprinzip (durch 'Hüllen') ablösen. Die Vernetzung der Arbeitsplätze und die Vernetzung der Gebäudetechnik sind tatsächlich Prozesse, die über das einzelne Gebäude hinausweisen. Netze durchstoßen und überwinden Raumgrenzen. Dieser Vorteil gilt aber nicht nur innerhalb eines Gebäudes, sondern genauso — oder mehr noch — zwischen Gebäuden. Dabei ist nicht einmal für die räumliche Ausdehnung irgendeine Grenze zu sehen. So ist die kommunikative Vernetzung mit Hilfe von Satellitentechnik oder weitreichender Verkabelung und mit 'Teleport-Gebäuden' als Knotenpunkten sehr aktuell. Netze unter der Erde, Netze über der Erde oder gar im Weltraum sind längst keine Utopie mehr. Während Gebäude durch räumliche Grenzen definiert sind und von dorther ihre Orts-Funktionen entfalten, sind die räumlichen Grenzen und Anschlußmöglichkeiten in einem arealen Netz ganz und gar anders geartet: Hier zählt nur die Nähe zu anschlußfähigen Knoten bzw. Netzteilen.

Auch die Idee von den 'Computer Integrated Buildings' (CIB) ist vor diesem Hintergrund zu eng gefaßt. Erstens handelt es sich nicht nur um die Integrationskraft der Computertechnik. Wie wir gesehen haben, gehört hierzu das ganze Spektrum der E-Gewerke. Zweitens ist das Gebäude, als ein durch Hüllen definiertes räumliches Gebilde, nur ein Teilsegment der hier bis zu globalen Ausmaßen reichenden Integration. In diesem größeren Zusammenhang ist von Bedeutung, was mit 'intelligent' in der Bezeichnung 'Intelligent Buildings' gemeint ist. Zur Zeit gibt es zu dieser Frage wenig Klarheit und eher verwirrende Antworten oder gar Ratlosigkeit. So protestieren beispielsweise Architekten, indem sie sagen: "Es gibt keine intelligenten Gebäude, es gibt nur intelligent geplante Gebäude". Diese Antwort spiegelt das tradierte Rollenverständnis des Architektenberufes. Der Architekt ist bis heute der Chef-Integrator beim Entwerfen langfristig lebensfähiger Strukturen (und die waren bislang starr und unflexibel) und hat von der neuen, am Betriebsprozeß orientierten Integrationsaufgabe kaum eine Vorstellung. Der Begriff der intelligenten Gebäude kommt aus den Bereichen Gebäudetechnik und Kommunikationstechnik und wurde ursprünglich von Herstellern geprägt. Vor dem Hintergrund der oben getroffenen Aussagen sei hier noch einmal das Charakteristikum für das Neue an diesem Begriffsinhalt dargestellt:

— 'Intelligenz' in einer gebäudetechnischen Anlage bezieht sich auf deren Reaktionspotential. Dort, wo veränderte Anforderungen durch veränderte Nutzungen gefragt sind, kann eine intelligente Anlage 'reagieren', entweder automatisch oder mit etwas Nachhilfe durch Bedienfunktionen. In diesem Sinne zielt Intelligenz auf Flexibilität und darüber hinausgreifend auf Wandlungsfähigkeit ('elektronische Gelenkigkeit').
— Ein ganz anderer Gesichtspunkt von Anlagen-Intelligenz ist ihre Vernetzung mit anderen Anlagen bzw. mit Menschen. Wenn Technik kommunikationsfähig wird, also aus technokratischer Spezialistenfunktion und anderen Formen des Isoliertseins heraustritt, dann wird Technik menschlicher, weil sie ein Medium menschlicher Begegnungen wird.

Zusammengefaßt ist also der Sinn von intelligenten Gebäuden ein doppelter: Anlagen und Ausrüstungen werden intelligenter, weil sie Vernetzungsprozesse ermöglichen und unterstützen und weil sie Veränderungs- und Wandlungsprozesse begünstigen.

2. Neue Perspektiven für den Bauprozeß

2.1 Ein Branchenmuster wird problematisch

Gebäude, ihre Einrichtungen und Ausrüstungen kann man nicht kaufen wie z. B. eine Stereoanlage oder einen Computer — obgleich auch dies heute keine leichte Sache ist. Sorgfältige Marktvergleiche und eine genaue Analyse des eigenen Bedarfs sind hier erforderlich. Der Kauf eines Gebäudes ist wesentlich schwieriger. Im Gegensatz zu fast allen Industrieprodukten sind Gebäude komplexe Kaufobjekte, die eine große Zahl selbständiger Einkaufsakte bedingen. Dabei ist die gesamte Skala der technologischen Stufen beteiligt: Rohstoffe, Halbfabrikate, Zwischenprodukte, Endprodukte. Auf der Ebene der Endprodukte kommt eine weitere Erschwernis hinzu. Sie müssen für spezielle Anwendungsbedingungen konfiguriert werden. Erst dadurch entstehen komplexe Arbeitsplatzausrüstungen und Ausstattungen (Mobilien). Die aus verschiedenartigsten gebäudetechnischen Anlagen, räumlichen Ausbauelementen und Tragwerksteilen zusammengesetzte Arbeitsplatzumwelt ist das zugehörige immobile Pendant.

Die Gestaltung derartiger Gebilde ist bis heute die Domäne von Architektur- und Ingenieurbüros. Dort erfolgt in einem umfangreichen, komplexen Planungs- und Einkaufsprozeß die Festlegung der Systemeigenschaften des gesamten Konglomerats, genannt 'Gebäude'. In kaufmännischer und rechtlicher Hinsicht ist dieser Prozeß mit der 'Abnahme' abgeschlossen. Dazwischen liegt der Ausführungsprozeß, in dem ausführende Firmen und Lieferanten in der Regel nur ein passives und an der Festlegung der Sache selten beteiligtes Zwischenglied sind. In dem Maße, wie sich nun Gebäude und ihr Innenleben zunehmend aus High-Tech-Produkten zusammensetzen, wird aber das traditionelle Branchenmuster problematisch.

— Architekten beanspruchen Gestaltungsautonomie — ihrer Meinung nach zu Recht. Sie sind aber kaum darauf vorbereitet, auch als Berater auf die vielschichtigen Belange des Nutzens und Betreibens, Veränderns und Modernisierens einzugehen.
— Beratende Ingenieure folgen in der Regel weitgehend den Vorgaben von Architekten und schöpfen ihr zugleich kreatives und rationales Potential viel zu wenig aus. Obgleich in den technischen Disziplinen das Kostendenken sehr viel ausgeprägter ist, bleiben z. B. planerische Berücksichtigungen von Betriebskosten Ausnahmefälle.

Besonders fatale Folgen hat die bruchlose Übertragung des bauorientierten Ausschreibungs- und Vergabeverfahrens auf High-Tech-Anlagen. Dadurch wird der Wettbewerb auf empfindliche Weise verkürzt, weil dann z. B. entscheidende Vorteile von GLT-Produkten und -Systemen in Ausschreibungspositionen keinen Niederschlag finden: Anpassungsflexibilität an sich verändernde Nutzungsanforderungen, Vorteile der Betriebsführung, Energiemanagement und technisches Controlling. Umgekehrt führt der gegenüber weniger automatisierten Produkten höhere Preis dazu, daß sich die höherwertige Technik nicht durchsetzen kann — obgleich sie über den gesamten Lebenszyklus gesehen kostengünstiger wäre! Gefragt sind also neue Einkaufs- und Verkaufsbeziehungen im Dreiecksverhältnis von Planern, Bauherren und Unternehmen. Das bedarf aber einer grundlegenden Neuorientierung:

— Architekten und Ingenieure müßten die in der Objektwelt voranschreitende Vernetzung und wechselseitige Durchdringung der Gewerke in Form von Systemwissen und systemischer Kooperation zum Inhalt ihrer Fachkompetenz machen. Dies geschieht heute aber erst in Ansätzen viel zu inkonsequent und viel zu langsam, verschuldet durch die Beharrungsmacht des alten Branchenmusters.

— Unternehmen im Baugeschäft agieren noch viel zu sehr als traditionelle Spezialisten. Das Neue der heraufkommenden Infrastrukturtechnik — der Integrations-, Vernetzungs- und Wandlungsaspekt — wird durch die vorherrschenden disziplinären Abgrenzungen und Abschottungen kaum wahrgenommen.

2.2 Strategisches Projektmanagement — in der Produktentwicklung und im Bauprojekt

Solange Architekten und Ingenieure nicht den gesamten Lebenszyklus von Anlagen und Gebäuden zum Gegenstand ihrer Planung und Beratung machen, laufen die Anstrengungen von Produktentwicklungen am wahren Bedarf des Marktes vorbei. Aber dieser Bedarf ist auch für Nutzer und Betreiber nicht transparent. Hier liegt eine weitere Schwachstelle im Branchenmuster 'rund um den Bau':

— Der 'Nutzer' erlebt das Funktionieren von Gebäuden und der darin eingebauten Anlagen mit der gleichen Selbstverständlichkeit wie das Wetter. Er muß nichts dafür tun. Im Störungsfall sind andere kompetent.

— Die ganze Last des Funktionierens liegt beim Betreiber-Personal. Ihnen obliegt die Bedienung und Instandhaltung zwischen Inbetriebnahme und Ausmusterung.

Diese rigide Auftrennung ist ungewöhnlich, wenn man andere Bereiche der Technik betrachtet: In Fabriken 'bedienen' die Nutzer ihre Maschinen selbst. Auch technisch unbegabte Autofahrer müssen Wartungs- und Pflegeregeln beherrschen und für den Bedienungsprozeß sogar einen Führerschein erwerben.

Mit zunehmender Gebäudeautomation wird zudem das Bedienen gebäudetechnischer Anlagen automatisiert und aus der 'Bedienoberfläche' der Nutzer immer mehr herausgelöst. Der daran geknüpfte Betriebsführungsprozeß wird aber nicht nur qualitativ reichhaltiger, sondern auch aufwendiger und anspruchsvoller im Hinblick auf erforderliche Qualifikationen der Servicefachleute.

An dieser Stelle liegt derzeit ein branchenweit feststellbares, sehr folgenreiches Defizit. Dabei geht es keineswegs nur um Schulungsprobleme. Es geht um wesentlich mehr. Der Kompetenzbruch zwischen den Anwendern (in erster Linie den Betreibern, in zweiter Linie den Nutzern) und den Produktentwicklern bzw. Anlageerrichtern muß überwunden werden. Das kann aber nur gelingen, wenn die seit langem voneinander isolierten und getrennten Branchenpartner in einen lebendigen, dauerhaften Dialog treten. Um darüber eine konkrete Vorstellung zu gewinnen, sei noch einmal kurz die Problematik umrissen:

Gebäude werden geplant, ohne daß die Entwicklungskompetenz der Produktanbieter und Anlagenhersteller durchgängig zur Kenntnis genommen wird. Ein gutes Gebäude ist ein Glücksfall: immer dann, wenn Architekten und Ingenieure sehr gründlich die Möglichkeiten von Produktanbietern und die Gegebenheiten von Nutzern erforscht haben. Selbstverständlich ist das keine Grundlage für eine komplexer werdende und immer vernetzter in Aktion tretende Industrie. Gefragt sind Standards, die innerhalb eines Branchenmusters verbindlich sind.

Wie aber ist eine Lösung denkbar? Sie erscheint auf zwei miteinander korrespondierenden Ebenen möglich: Auf der Ebene der Produktentwicklung und innerhalb eines Bauprojektes. Als erstes eine kurze Gedankenskizze für ein Konzept der Systemführerschaft beim Entwickeln von Produkten.

Die maschinentechnisch orientierte Gebäudetechnik (M-Welt) wächst zusammen. Sie bekommt branchenbezogen immer mehr Schnittstellen auf der MSR-Seite (Meß-, Steuer-, Regeltechnik) und muß jeweils im einzelnen Bauprojekt zu einem funktionsfähigen Gesamtsystem integriert werden. Folglich müssen Produktentwickler in der Heizungsbranche und im Bereich von lüftungs- und klimatechnischen Anlagen miteinander kommunizieren. Ein Ziel solcher Kommunikation ist aber nicht nur die vielzitierte datentechnische Interoperabilität der Anlagen. Integration heißt immer auch höherwertiger Kundennutzen, der sich nur auf der obersten Integrationsebene der im Gebäude verknüpften Facilities einstellt. In integrationsfähigen und damit auch ganzheitsfähigen Produkten ist sozusagen die Kombinierbarkeit zu individuellen Anlagen (in individuellen Gebäuden) angelegt und vorstrukturiert.

Die Aufgabe eines Beratenden Ingenieurs geht folglich immer mehr dahin, dieses Potential für Konfigurationen und Verknüpfungen zu erkennen und projektbezogen zu aktivieren. Aber heute gibt es weder ein entwickeltes Netzwerk von Produktentwicklern innerhalb der Gebäudetechnik noch ein entsprechendes Bewußtsein bei den technischen Consultants. Für die Zukunft ist ein solcher Zustand zu erwarten. Die Industrie wird einen qualitativen Sprung machen. Die Architekten und Ingenieure werden dies ihrerseits tun — und damit einen Bewußtseinswandel vollziehen!

Aus der neueren Systemtheorie wissen wir, daß der Sprung zu einer höheren Ganzheitsstufe durch einen 'Ordner' geschieht (Nach der Lehre Hermann Hakens finden Systemsprünge in Synergieprozessen statt[1].). Auch in der heutigen Baupraxis entsteht kein Bauwerk ohne einen solchen synergetischen Ordner: den auf räumliche Ganzheit abzielenden Entwurf. So gesehen ist die räumlich-physische Integration die berufliche Kernaufgabe der Architekten und freiberuflichen Ingenieure.

Diese klassische Art und Weise der Produkt- und Anlagenintegration wird aber zunehmend überlagert durch eine zweite Integrationsform: durch die Vernetzung von Anlagen und Arbeitsplatzausrüstungen mit Hilfe von Netz-Technologien der E-Welt (Elektrotechnik, Elektronik, EDV). Da nun diese Integrationsform nicht zu trennen ist von der Dynamik des Nutzens und Betreibens und eigentlich erst nach der Inbetriebnahme wirklich stattfindet bzw. zur Entfaltung kommt, greift die Kompetenz heutiger, isoliert arbeitender Planungsbüros zu kurz.

Solange andererseits Hersteller lediglich als 'ausführende Firmen' in Erscheinung treten, werden sie ein Opfer des planungslastigen Branchenmusters. Die praktizierte Gestaltungsautonomie der Architekten und die Herstellerneutralität bei den Consultants wird zur Falle und verhindert die Herbeiführung wirklichen Kundennutzens. Obgleich die Vertreter der freien Planungsberufe gerade den Kundenvorteil durch ihre Unabhängigkeit sicherstellen wollen, verfehlen sie ihn immer mehr.

2.3 Vernetzung der Märkte — Systemintegration in neuer Sicht

Die verschiedenen Branchen der Gebäudetechnik und des immer mehr zusammenwachsenden raumbildenden Ausbaus (abgehängte Decken, Doppelböden u. a.) müssen aus ihrer Branchenisolation heraustreten und in einem übergreifenden Firmennetzwerk Produkte und Systemlösungen entwickeln und vermarkten.

Ein solcher Prozeß kann aber nur in Gang kommen, wenn sich die für die neuen Integrationsprozesse zuständigen Leitgewerke ihrer Rolle bewußt werden. Ein solches Leitgewerk ist die Gebäudeleittechnik. Ein anderes Leitge-

1 Vgl. Hermann Haken, "Synergetik im Management", in: Henning Balck, Rolf Kreibich, (Hrsg.), Evolutionäre Wege in die Zukunft, Weinheim, Basel: VCH, 1991

werk wäre im Bereich der beschriebenen 'E-Welt' die Kommunikationstechnik. Auch eine Kombination dieser Leitgewerke ist denkbar: Gebäudeleittechnik und Kommunikationstechnik treten in einen Entwicklungsdialog und Vermarktungsdialog.

Die zukunftsweisende Bedeutung von vernetzter und integrierter Produktentwicklung hat eine Parallele im Bauprozeß, das Gegenstück zum Produktmanager auf der Ebene der Produktentwicklung innerhalb des Baugeschehens bzw. Anlagengeschäfts. In dem Maße, wie dieses Geschäft zum Systemgeschäft wird, wird der Projektmanager zum Systemintegrator. Die Systemintegration im Bauprojekt der Zukunft wird zwei Integrationsebenen haben:

— Klassische räumlich-physische Integration. Hier geht es vor allem um Gestaltungsqualität, um Maßkoordination, um Ortsfestigkeit (Lastzustände und Tragwerksverhalten), um bauphysikalische Verträglichkeit der zusammengebauten Komponenten und um die Vollständigkeit raumbezogener Erstkonfigurationen (wie z. B. in einem Raumbuch festgelegt). Integrationsaufgaben dieser Art sind der gegenwärtige Standard.
— In Zukunft wird eine zweite Integrationsart mindestens gleichberechtigt hinzukommen: Integration von Arbeitsplatzausrüstungen und gebäudetechnischer Ausrüstung durch kommunikationstechnische und gebäudeleittechnische Netze bzw. durch damit verwandte Systeme (z. B. Insta-Bus).

Die Systemintegration ist eine Kernaufgabe für das Projektmanagement der Zukunft. Damit geht diese Aufgabe wesentlich über das heutige Tätigkeitsfeld hinaus, das fast ausschließlich Terminkoordination, Kostensteuerung und Vertragsmanagement umfaßt. Diese eher formalen Aufgaben werden zunehmend zu Begleitmomenten von nach vorne drängenden inhaltlichen Aufgaben. Hauptziel des Projektmanagements der Zukunft wird die Systemgestaltung und die systemtechnische Federführung. Systemintegration ist aber keineswegs eine reine Managementangelegenheit. Projektmanagement kann lediglich einen Planungs- und Bauprozeß moderieren. Die eigentliche Integrationsleistung muß in interdisziplinären Teams erfolgen. Derzeit arbeiten Experten und Fachleute noch überwiegend im Raster des Spezialistentums. Im projektbezogenen Zusammenspiel dieser Fachleute wird nur insoweit 'über den Tellerrand geschaut', wie räumliche oder physische Abstimmungsbelange auftreten. Die funktionale Integration, also das technische Zusammenwirken verschiedenartiger Anlagen und Komponenten, erfolgt entweder in den Grenzen einzelner Hersteller oder verbleibt im Rahmen branchenmäßig eingespielter Durchschnittslösungen (z. B. durch Normen oder Richtlinien geregelt). Integration im gegenwärtigen Baugeschehen verbleibt also weitgehend auf der strukturellen Ebene. Integrierte Betriebs- und Leistungsprozesse, die das gesamte Facility-System durchziehen, geraten nicht in den Blick. In Zukunft werden gerade die betrieblichen Leistungsprozesse zum Hauptfokus für die Systemintegration. Gebäudeleittechnik und Kommunikationstechnik haben dabei eine Schrittmacherfunktion.

Allerdings kann dies im alten Denkmuster mißverstanden werden. Die prinzipielle Offenheit komplexer dynamischer Systeme bedeutet, daß ihr Verhalten weder durchgängig vorhersehbar noch planbar ist. Das traditionell deterministische Herangehen an Planungsaufgaben im Baugeschehen kann in Zukunft nicht mehr greifen. Das Gestaltungsziel innerhalb eines Neubauprojektes ist vielmehr die Potentialität, die durch offene und flexible Systeme bestimmt wird. Das Ziel des Bauens ist künftig nicht mehr die perfekte, auf eindeutige Zwecke orientierte Maschine, sondern das offene und wandlungsfähige System[2].

Im Hinblick auf den Planungs- und Gestaltungsprozeß wird dies auch eine Art Emanzipation der technischen Disziplinen des Bauens mit sich bringen. Ein neuer Typ von Systemingenieuren wird den Architekten gegenübertreten und Gleichberechtigung verlangen. Damit spaltet sich die bisherige Integrationsaufgabe, wie sie in der HOAI festgeschrieben und in der Praxis heute noch weitgehend vorherrschend ist:

— Integration durch raumorganisatorische und auf das Baugefüge ausgerichtete Kompetenz. Diese Aufgabe wird aber in Zukunft mehr erfordern als ein bloß auf das Erscheinungsbild abzielendes Designvermögen. Sie wird aber unverändert den Kern des Architektenberufs ausmachen.
— Integration vielfältiger Technik — rund um den Arbeitsplatz und quer durch alle Bautechnik. Diese Aufgabe ist neu. In dem Maße, wie sie als gelebtes Können von Querschnittsfachleuten — den Systemingenieuren — in Erscheinung tritt, wird sie den Wandel der Architektenrolle beschleunigen.

Diese Erneuerung der Berufsbilder ist ein wechselseitiger, mit Sicherheit konfliktreicher Prozeß. Der Blick auf die neue Systemtheorie kann aber diesen komplizierten historischen Gang verständlich und zum Gegenstand strategischer Arbeit machen. Den Firmen aus der E-Welt kommt hierbei eine treibende Funktion zu — allerdings nicht im Sinne einer neuen Vorherrschaft, mit neuen Abhängigkeiten. Vielmehr steht zu erwarten, daß die Vision einer ver-

2 Vgl. Fritz Haller, "Beitrag für die Notwendigkeit wandelbarer Gebäude", in: Symposiumsdokumentation "Intelligent Building", Karlsruhe: Fakultät Architektur der Universität, 1989

netzten, auf echten Partnerschaftsbeziehungen basierenden Marktordnung auch für die 'Bauwelt' in nicht ferner Zukunft Wirklichkeit sein wird. Das erscheint jedenfalls als positiver Kern unserer weltweiten Strukturkrise und als klare Botschaft führender Managementtheorien.

Wege in die Zukunft sind evolutionär und chaotisch.[3] Der Preis für die notwendige 'schöpferische Zerstörung' wird aber umso geringer ausfallen, desto mehr wir abgrenzendes und auf Isolation hinauslaufendes Spezialistentum zurücknehmen und im Gegenzug Vernetzungsarbeit in den Vordergrund stellen. Solche Neuorientierung vollzieht sich heute weltweit und in allen Branchen. Leisten wir dazu unseren Beitrag 'rund um den Bau'.

Literatur

Haller, Fritz; "Beitrag für die Notwendigkeit wandelbarer Gebäude"; in: Symposiumsdokumentation "Intelligent Building"; Karlsruhe: Fakultät Architektur der Universität, 1989

Haken, Hermann; "Synergetik im Management"; in: Henning Balck/Rolf Kreibich (Hrsg.); Evolutionäre Wege in die Zukunft; Weinheim, Basel: VCH, 1991

Rechenberg, Ingo; "Evolutionsstrategie — Orientierung nach Prinzipien der biologischen Evolution"; in: Henning Balck/Rolf Kreibich (Hrsg.); Evolutionäre Wege in die Zukunft; Weinheim, Basel: VCH, 1991

3 Siehe hierzu Ingo Rechenberg, "Evolutionsstrategie — Orientierung nach Prinzipien der biologischen Evolution", in: Henning Balck/Rolf Kreibich (Hrsg.), Evolutionäre Wege in die Zukunft, Weinheim, Basel: VCH, 1991

Forderungen an Industriebauten

von
Degenhard Sommer und Lutz Weisser

1. Einführung

Der Turmbau zu Babel läßt Parallelen zum Industriebau von heute deutlich werden. Abgesehen davon, daß die erstrebenswerte Einheit von Funktion, Konstruktion und Form schon damals auf der Strecke blieb, führte der Anspruch, Babel in den Himmel wachsen zu lassen, zu einer Herausforderung, an deren Ausmaß die Beteiligten scheitern mußten. Und zwar weniger am Mangel fachlicher Qualifikation einzelner, sondern vielmehr an Verständigungsschwierigkeiten untereinander und an der Unfähigkeit der Verantwortlichen, alle ineinandergreifenden vielfältigen Einflüsse bereits während der Planung in einem einzigen Zusammenhang zu betrachten. Babel als Selbstzweck ohne jede Funktion kommt im Industriebau kaum noch vor. Dafür sind die anderen Hindernisse von ehedem so schwer wie damals zu überwinden.

Obwohl der Industriebau zum Aussehen der heutigen Stadt entscheidend beigetragen hat, stieß er in der Vergangenheit im Gegensatz zum Wohnungs-, Sakral- und Theaterbau allgemein nur auf ein geringes Interesse. Dabei ist der Industriebau eine Disziplin, deren Aufgabe darin zu sehen ist, eine Umgebung für die harmonische Entwicklung des materiellen und kulturellen Lebens zu gestalten. Sie steht — im Unterschied zu anderen Disziplinen — im Schnittpunkt verschiedener Wirkungsbereiche und muß demnach verschiedenen Erfordernissen genügen.

2. Die Forderungen an Industriebauten

Es ist die Industrie, der wir unseren Wohlstand verdanken, da sie in nicht unerheblichem Maße dessen materielle Grundlage bildet, mit der wir aber auch zusammenleben müssen. Nicht nur die Industrie hat einen Anspruch auf moderne Bauten, in denen eine effektive Produktion stattfinden kann. Auch die dort Beschäftigten wollen ihre Belange beim Bau neuer Arbeitsstätten berücksichtigt finden. Und nicht zuletzt hat die Gesellschaft, in der wir leben, einen Anspruch auf Industriebauten und -anlagen, die den Erfordernissen einer freiheitlichen, demokratischen und kulturbewußten Gesellschaftsordnung entsprechen.

Die Forderungen der Industrie

Neue Technologien führen in immer kürzeren Abständen zu einschneidenden Veränderungen im Bereich der Betriebsmittel, Gebäude und Menschen. Es ergeben sich neue Probleme und Fragen, für die es noch keine befriedigenden Antworten gibt. Es wird schwieriger, Zielvorstellungen zu realisieren, wenn unklar ist, wie künftige technologische, ökonomische und politische Entwicklungen aussehen könnten. Die Entscheidung, welche Investitionen vorrangig durchzuführen sind, ist mit vielfältigen Risiken verbunden. Auch bei der täglichen Planungsarbeit bleibt eine Reihe von Problemen ungelöst und führt meist erst später zu erheblichen Schäden. Spracharmut, Art und Weise der Darstellung, mangelnde Planungsmethodik und Terminnöte verhindern nicht selten die Auseinandersetzung in der gebotenen Intensität und Weitsicht.

Es wundert daher nicht, daß sich auch industrielle Auftraggeber kritisch mit der Arbeit der Planer auseinandersetzen. Sie verweisen dabei auf Mängel in der fachlichen Qualifikation, auf fehlende Weitsicht für zukunftsorientierte Planungsaufgaben, auf erhebliche Lücken in der Bereitschaft zur Identifikation mit den Nutzerinteressen und damit auf die mangelnde Motivation für die Bauaufgaben der Industrie.

Die Forderungen der Betroffenen

So vordergründig die Angst um den Arbeitsplatz im Einzelfall auch sein mag, so fundamental ist der Wunsch nach Arbeit, das Recht auf Arbeit: die Möglichkeit beim Schaffen für die Gesellschaft mitzuwirken. Dennoch muß das Bemühen um die Sicherung der Arbeitsplätze die zunehmende Bedeutung von Arbeitsqualität und Arbeitsumwelt berücksichtigen.

Es gibt Augenblicke, in denen uns das Ergebnis der geleisteten Arbeit, das gemeinsam Produzierte, ausreichend für jene mühevollen Stunden entschädigt, in denen die Arbeit als Bürde empfunden wurde. Es gibt aber auch die andere

Situation, in der man sich unentwegt durch die eigene Tätigkeit beeinträchtigt, behindert und geschädigt fühlt, in der das Ziel lediglich der Feierabend ist bzw. der Lohn, der das eigentliche Leben erst ermöglichen soll.

Wenn sich Arbeit so unterschiedlich darstellt, müssen Industrieplaner und Architekten einiges falsch gemacht haben. Muß nicht der Produktionsprozeß wieder zu mehr Handlungsfreiheit für den einzelnen führen, seine Fähigkeiten fördern, zur Kreativität anregen und die Identifikation mit dem Produkt und der Arbeitsumwelt fördern? Müssen wir nicht damit rechnen, daß besser ausgebildete Mitarbeiter höhere Ansprüche an die Lebensqualität und damit auch an die Arbeitswelt stellen, daß sie am Planungsprozeß beteiligt sein wollen, weil sie den sogenannten Experten nicht mehr trauen? Wie reagieren wir auf solche Wünsche?

Die Forderungen der Gesellschaft

Wie sieht die Gesellschaft, der Konsument, der Nachbar, der Beteiligte die Industrie und ihr Erscheinungsbild?

Der Konsument ist nur zu begierig, die Produkte der Industriekultur in vollem Ausmaß zu konsumieren. Wenigen ist bewußt, welche gewaltigen industriellen Anstrengungen notwendig sind, um ihnen diese selbstverständlichen Annehmlichkeiten zu bescheren. Es kümmert den Verbraucher kaum, unter welchen Bedingungen für Mensch und Umwelt die Produkte erzeugt werden, zu deren Kauf er sich entschließt.

Da ist der unmittelbare Nachbar eines Industriebetriebes schon kritischer. Er schätzt es nicht, wenn er mit Schadstoffen kontaminiert oder durch Lärm und Verkehr in seiner Nacht- oder Sonntagsruhe gestört wird. Je weiter entfernt der Betrieb von seinem Lebensbereich liegt, desto besser.

Jemand, dessen finanzielles Engagement im Bereich der Industrie liegt, wird dagegen eher geneigt sein, ein oder beide Augen zuzudrücken. Er bringt auch für Sparmaßnahmen, die sich auf die Gestaltung von Industriebauten beziehen, Verständnis auf. Eine Halle von der Stange tut's dann auch. Um das Wohl der Beschäftigten sorgt sich ein betrieblicher Sport- und Freizeitclub. Die Kasse stimmt, die Räder laufen, was sollte sich da ändern? Auch politisch Verantwortliche sind zuerst am wirtschaftlichen Erfolg der Unternehmen in ihren Wahlkreisen interessiert.

Und der scheinbar unbeteiligte Wähler gibt jenen seine Stimme, die unter Ankündigung neuer Gesetze und Normen das Paradies versprechen, sich aber über die möglichen Zusammenhänge und Kosten ausschweigen.

Die Forderungen der Gesellschaft an den Industriebau sind demnach genau so divergent wie die Gesellschaft selbst.

3. Tendenzen in Wirtschaft und Technik

Es findet gegenwärtig ein Umbruch statt von der Industriegesellschaft zur Dienstleistungsgesellschaft, in der jene Dienstleistungstätigkeiten dominieren, die im Zusammenhang mit der Erzeugung, Verarbeitung und Verteilung von Informationen stehen, d. h., es handelt sich um einen Übergang zur Informationsgesellschaft. Doch bedeutet der Übergang von der Industrie- zur Informationsgesellschaft nicht, daß keine materiellen Güter mehr nachgefragt werden; vielmehr ist das Gegenteil der Fall.

Wirtschaftliche Trends

Im wirtschaftlichen Bereich wird es zu einer Globalisierung der Märkte, der Produktion und der Produkte, zu neuen Formen des weltweiten Wettbewerbs kommen. Die hohen Investitionen, ohne die heute keine innovativen Produkte zustande kommen, werden nur auf dem Weltmarkt verdient werden können. So kostet z. B. die Entwicklung eines digitalen öffentlichen Telefonsystems rund 1 Mrd. Dollar und dessen Betrieb und Wartung rund noch einmal soviel.

In dem Buch von Kenichi Ohmae "Macht der Triade" wird der Trend deutlich. Es entsteht ein neuer Typ von Unternehmen, der in den USA, in Europa und Japan gleichermaßen zu Hause ist. Durch eine starke Präsenz in allen drei Regionen, entweder in eigener Regie oder in Kooperation mit lokalen potenten Partnern, wird das Unternehmen in der Lage sein, schlagartig alle wichtigen Märkte zu besetzen und damit nationalen wie internationalen Konkurrenten zuvorzukommen.

Ein Markt mit 600 Mio. Verbrauchern, deren Bedürfnisse zunehmend homogener werden, wie ihn die Triade USA-Japan-Europa darstellt, bietet ungeahnte Möglichkeiten für die Ausnutzung der Vorteile der "Economy of Scale" in der Fertigung, im Vertrieb usw. Dieser Vorteil wird bei Einsatz moderner Technologien, wie z. B. Fertigungsautomation, wesentliche Kostenreduzierung bringen. Mit den neuen Technologien steht dem Unternehmen ein großes Anwendungspotential für Fertigungsautomation zur Verfügung, das von CAD über die Fertigungssteuerung bis hin zum Roboter reicht (CIM).

Ein eindrucksvolles Beispiel für die großen wirtschaftlichen Möglichkeiten der computerintegrierten Fertigung lieferte die japanische Firma Toshiba bereits 1980 in ihrer Fabrik für Schneidegeräte in Kawasaki. Sie führte ein computergesteuertes Fertigungssystem ein, wobei ein Teil des Maschinensystems ohne menschliche Bedienung die ganze Nacht hindurch in Betrieb ist. Sie konnte damit in den ersten eineinhalb Jahren unter anderem die Zahl der benötigten Werkzeuge um 80%, das Personal um 77%, den Raumbedarf um 76% und die Durchlaufzeit vom Rohmaterial bis zum Fertigungsprodukt um 77% reduzieren. Der Maschinenausnutzungsgrad konnte dabei von 20 auf 73% erhöht werden.

Technische Trends

Die Fabrik von morgen wird daher eher einem Laboratorium gleichen, in dem durch Forschung und Testproduktionen die Voraussetzungen für die Produktionsphase der automatisierten Fertigung geschaffen werden.

Andererseits wird die Automatisierung und Roboterisierung im Produktions- und Dienstleistungsbereich die menschliche Arbeit im traditionellen Sinne des Wortes zunehmend ersetzen. So ist es etwa die Losung japanischer Unternehmer, bis zum Ende unseres Jahrhunderts die körperliche Arbeit in der japanischen Industrie zu nahezu 100% abzuschaffen.

Totale Unabhängigkeit der Standorte von Arbeitskräftereservoiren wird aber ebensowenig eintreten wie die Unabhängigkeit von menschlichen Arbeitsbedingungen. Vor allem Betriebe mit einem großen Forschungsanteil werden auf die Nähe zu den städtischen Zentren nicht verzichten. Industrien werden sich dort ansiedeln, wo die kulturellen, sozialen und klimatischen Bedingungen am besten sind.

Andererseits verlangt der Absatzmarkt in immer kürzeren Zeitabständen eine größer werdende Vielfalt von Typen und Varianten. Um derartigen Anforderungen gerecht zu werden, bedarf es der Installation hochflexibler Produktionssysteme und Anlagen. Das führt dazu, daß Unternehmen versuchen, die Teilsysteme Entwicklung, Konstruktion, Teilefertigung, Transport, Montage, Fertigungsplanung, Fertigungssteuerung und Qualitätssicherung durch Automatisierungskonzepte zu verbessern und zu integrieren. Dabei steht hohe Automatisierung nicht mehr in Konflikt mit hoher Flexibilität.

Das bedingt auch neue Zielsetzungen im Bereich der innerbetrieblichen Logistik:

— Verringerung des Flächenanteils im Lagerbereich durch neue Lagerkonzeptionen (Kleinlager mit vollautomatisierten Arbeitsabläufen usw.);

— drastische Reduzierung des Personalbedarfs im Lager durch die weitgehende Automatisierung der Ein- und Auslieferungsvorgänge;
— Humanisierung und Rationalisierung des innerbetrieblichen Transports durch neue Transportsysteme (flexible Transportsysteme, Elektrohängebahnen usw.); Einführung neuer Steuerungstechniken für die Verteilung des Materials im Produktionsbetrieb;
— weitgehende Automatisierung der Informationsverarbeitung im Zusammenhang des Materialflusses (Lesestation, Wägesysteme usw.).

Die beschriebene hohe Automatisierung wird sich weder in allen Betrieben, noch in allen Branchen in naher Zukunft realisieren lassen. Dennoch wird jeder neu zu errichtende Industriebetrieb einige der vorher beschriebenen hochautomatisierten Komponenten enthalten. Für Gebäude und Menschen sind dies wesentliche Parameter, die auch neue Chancen bergen.

Die Arbeitsbedingungen für den tätigen Menschen verbessern sich, traditionelle hierarchische Strukturen werden mit Hilfe der Informationstechnologie durch vernetzte, dezentrale Einzelsysteme abgelöst. Betriebe der Zukunft werden aus einer Reihe von Einheiten bestehen, die sich durch Informations- und Planungssysteme synchronisieren. Diese Einheiten werden weitgehend selbstverantwortlich arbeiten und durch Rahmenregelungen anstatt durch detaillierte Vorschriften auf das gemeinsame Ziel hin ausgerichtet. Dies ermöglicht den Menschen eine höheres Maß an Selbstverwirklichung.

Sozio-kulturelle Trends

Industriegebäude müssen sich langfristig an sich wandelnde Einstellungen anpassen. In diesen äußern sich Tendenzen wie die folgenden:
— Der Bildungsgrad der Bevölkerung — man spricht bereits häufig von einem Volk der Maturanten — steigt immer mehr an, sicher auch bedingt durch den Bedarf an gut und vor allem breit gebildeten und ausgebildeten Kräften;
— damit verbunden ist ein Anwachsen des Anspruches an das, was man mit dem Begriff 'Lebensqualität' umschreibt. Immer mehr Menschen werden sich der Bedingungen und Folgen ihrer Arbeit und ihres Arbeitsmilieus bewußt;
— Umwelt- und Ökologiebewußtsein generell werden die Bedürfnisse von immer mehr Menschen maßgeblich bestimmen.

Man erkennt immer mehr den Wert der zwischenmenschlichen Beziehungen; zu lange haben Arbeitswissenschafter und Architekten mit Fleiß und Eifer an der Separierung der Menschen voneinander gearbeitet. Ein wesentlicher Teil der Arbeitsleistung wird in der Kommunikation mit anderen Menschen bestehen.

Deshalb kommt es darauf an, daß die Arbeit selbst, ihre Organisation sowie auch das Arbeitsmilieu dazu beitragen, nicht nur immer kostengünstiger Güter zu produzieren, sondern auch die kognitive, soziale und emotionale Kompetenz der Beschäftigten im Zuge des Arbeitsprozesses zu entwickeln.

4. Auswirkungen auf zukünftige Industriebauten

Betrachtet man die heutige Industriearchitektur im Überblick, so findet man von der fast menschenleeren, vollautomatisierten Fabrik der Firma Fugitsu Fanuc in Japan über die Inmos-Halbleiterfabrik in Großbritannien bis zu Rischart's Backhaus in München die unterschiedlichsten Ausprägungen. Es ergibt sich die Frage, wie solche unterschiedlichen Formen entstehen können und ob es trotz allem eine gemeinsame Grundlage gibt.

Industrieanlagen werden durch zwei wesentliche Bereiche gekennzeichnet, die durch Planung bewußt gestaltet werden können: den Bereich Betrieb und den Bereich Bau.

Da sich beide Bereiche wechselseitig beeinflussen, ist es notwendig, daß Planer die Gestaltungsbereiche von Betrieb und Bau kennen und durch frühen interdisziplinären Kontakt auch mitgestalten können.

Gestaltungsbereiche des Betriebes sind z. B.:

— Produktionsprogramm;
— Produktionstechnologie;
— Fertigungsart, Fertigungsform, Fertigungsstruktur;
— Fertigungsablauf, Fertigungssteuerung;
— Mechanisierungsgrad, Automatisierungsgrad;
— Personalstruktur, Qualifikationen, Arbeitsaufgabe, Arbeitsbedingung;
— Führungsstil, Kompetenzen.

Das Produkt (durch Größe, Material) oder die Produktionstechnologie (z. B. flexible Automatisierung) oder die Arbeitsorganisation (Fließband- oder Gruppenarbeit) nehmen Einfluß auf die Planung bzw. Gestalt der Gebäude, aber umgekehrt kann das Gebäude auch Einfluß auf den Arbeitsablauf nehmen.

Gestaltungsbereiche des Baues sind z. B.:

— die räumlich-strukturellen Bereiche, wie
  — Bebauung (Anordnung der Bauwerke und Anlagen auf dem Grundstück, Anschlüsse und Erschließung);

  - — Bauwerk (Bauwerkstyp und -struktur, Anordnung der Räume, innere Erschließung);
  - — Raum/Bereich (Raumtyp, Anordnung der Arbeitsplätze und Betriebsmittel, innere Erschließung);
- — die baulich-materiellen Bereiche, wie
  - — Bauwerke und haustechnische Systeme;
  - — Bauteile, Elemente;
- — Baudetails.

Die Ausprägung der Gestaltungsbereiche hängt von den Präferenzen der Entscheidungsträger ab, also davon, z. B. welche Rangordnung den Zielen, wie z. B. Funktionalität, Gestalt, Ökonomie, eingeräumt wird.

Erfüllung betrieblicher Anforderungen

Industriebauten sind Gehäuse für den industriellen Produktionsprozeß. Als solche haben sie zu gewährleisten:
- — optimale Produktionsbedingungen bzw. einen optimalen Produktionsablauf;
- — problemlose Umstellung des Produktionsablaufes und der Technologien durch innere Flexibilität und Erweiterbarkeit;
- — Wirtschaftlichkeit bezüglich der Bauinvestitionen, Bauzeit, Betriebs- und Unterhaltskosten (Wirtschaftlichkeit im Sinn einer optimalen Relation zwischen Kosten und Leistung bzw. Nutzen).

Erfüllung humaner Anforderungen

Industriebauten sind auch Orte des sozialen Geschehens und bilden dann für viele Menschen zu bestimmten Tageszeiten die räumliche Umwelt; sie sind somit erlebte Räume für die dort Tätigen.

Als solche haben sie der Primärstellung des Menschen durch eine humane Arbeitsplatz-, Arbeitsumgebungs- und Arbeitsraumgestaltung zu entsprechen.

Dabei muß den Zielen
- — Schädigungsfreiheit (Vermeidung von gesundheitlichen Schäden),
- — Beeinträchtigungslosigkeit (Gewährleistung eines Höchstmaßes an Wohlbefinden) und
- — Persönlichkeitsförderlichkeit (Weiterentwicklung der Persönlichkeit der Mitarbeiter durch mehr Handlungsspielraum)

Rechnung getragen werden.

Humanität schließt aber auch ein, daß Industriebauten Rücksicht nehmen auf die Natur und Kultur außerhalb der Unternehmensgrenzen, d. h. auf die materiellen, vitalen und geistigen Bedingungen des menschlichen Lebens.

Erfüllung architektonischer Anforderungen

Industriebauten sind bauliche Bestandteile von Stadt und Landschaft. Als solche sollen sie ansprechend gestaltet und auch positiver Werbeträger des Betriebes sein, sich in die Umgebung (Städte, Landschaften) einfügen und somit zu einem akzeptablen Bestandteil der landschaftlichen oder städtischen Umgebung werden. Die Lösung dieser Aufgabe stellt bei Industriebauten wegen ihrer oft riesigen Dimensionen und speziellen Formen eine besondere Schwierigkeit dar.

Wenn wir uns die Frage nach der zukünftigen Entwicklung des Industriebaues stellen, hört es sich zunächst so an, als sei eine Prognose darüber zu stellen, wie Industriebauten in Zukunft aussehen werden oder aussehen könnten.

Welche Einflußfaktoren des Industriebaues sind in einem derart raschen Wandel begriffen, der die Vorhersage ermöglicht, daß die bisherigen Lösungen in Zukunft nicht mehr adäquat sein werden?

Man kann diese Einflußfaktoren zu zwei wesentlichen Gruppen zusammenfassen:
— Anforderungen durch die sozio-kulturelle Situation;
— neue Produktionstechnologien und Arbeitsorganisationsformen.

Folgerungen für den Planungsprozeß von Industriebauten

Den angesprochenen, zu einem raschen Umbruch der Rahmenbedingungen für den Fabrikbau führenden Einflüssen, kann die Planung in folgender Weise entsprechen:
— Der Planungsprozeß ist zu öffnen und auf objektive Grundlagen zu stellen.
— Die funktionelle Planung ist durch eine konditionelle Planung zu ergänzen.
Die bisherige funktionelle Planungsmethode geht davon aus, daß eine definierte Menge von Funktionen die Lösung einer definierten Menge von Problemen ist.

Wechsel und Anwachsen der beschriebenen Einflüsse auf den Industriebau zwingen zum Bereitstellen eines Operationsfeldes mit möglichst wenig Beschränkungen, d. h. an Stelle der Optimierung von Einzelfunktionen tritt die permanente Konditionierung des gesamten Gebäudes bzw. Raumes.

Das Ziel einer konditionellen Planung ist daher die Erkundung und Aufbereitung eines breiten Operationsfeldes für den Nutzer. Es gilt, herauszufinden, welche Konditionen dieser räumlichen Umwelt permanent und allgemein und welche temporär und spezifisch sind.

Dabei ist wichtig, zwischen den gegebenen Ist-Konditionen und den angestrebten Muß-, Soll- und Kann-Konditionen zu unterscheiden. Folgende Maßnahmen eignen sich dafür:

— Ausbildung differenzierter Raumstrukturen;
— Schaffung differenzierter Klimabereiche;
— differenzielle Konstanthaltung von Systemen;
— Einhaltung überschaubarer Dimensionen;
— Gestaltung von 'Wohnlichkeit' in Material- und Farbgebung, Dimensionierung usw.;
— Anpassung der formalen Konzeption an den 'Geist des Ortes' (der Industriebau soll seine eigene Formensprache entwickeln);
— Situierung neuer Fabriken auch in zentralen städtischen Gebieten.

Dies ist eine kulturelle Chance, die vom Architekten, vom Ingenieur und vom Investor gemeinsam zu nutzen wäre, aber die Einsicht zur Voraussetzung hat, daß Qualität neben Quantität, emotionaler und geistiger Nutzen neben materiellem Nutzen und die Entwicklung der Person neben der Steigerung und Rationalisierung der Produktion zumindest als gleichrangige Werte zu betrachten sind.

Die Bewältigung einer solchen Herausforderung kann nur über die permanente Bereitschaft, Konflikte auszutragen und nach neuen Lösungsmöglichkeiten zu suchen, erreicht werden.

5. Versuch einer Neubewertung des Facility Management

In der gegenwärtigen Situation sich grundlegend wandelnder wirtschaftlicher und technischer Trends mit ihren Auswirkungen auf den Industriebau sind notwendigerweise auch neuartige Herangehensweisen und Methoden gefragt, um die damit verbundenen Probleme in der Planung lösen zu können.

Der Industriebau bewegt sich im Spannungsbereich von Aufgaben, die in herkömmlicher Denkweise Gegensätze bilden. Gefragt ist

— die Erfüllung betrieblicher Anforderungen,

— die Erfüllung humaner Anforderungen,
— die Erfüllung gestalterischer bzw. architektonischer Anforderungen.

Es ist erkennbar, daß die Verknüpfung dieser Aufgaben nur durch einen neuen Ansatz beim Planungsprozeß geleistet werden kann: den Systemansatz.

Eine Produktionsstätte ist heute kein Sammelsurium getrennter Einzelbereiche, sondern ein vernetztes System, in dem es nicht nur auf die Einzelbereiche selbst, sondern auf die Beziehungen zwischen diesen ankommt. Da in einem komplexen System, wie es die Fabrik darstellt, die Wechselwirkungen ein weitverzweigtes Netz bilden, wird es erforderlich, eine Vielzahl von Spezialisten zu koordinieren. Es bedarf aber auch der Fachleute, die über die Wechselwirkungen zwischen den Elementen des Systems Bescheid wissen. Es ist heute notwendig, von der Betonung formaler Disziplin zu einem aufgabenorientierten Ansatz überzugehen und Vorgehensweisen zu benutzen, die dem zerstückelnden Vorgehen traditioneller Art entgegengesetzt sind.

Es geht also um einen ganzheitlichen strategischen Rahmen, der es in der Planung ermöglicht, alle Phasen von der Idee bis zur Ausführung und Nutzung im Zusammenhang zu sehen. Dieser ganzheitliche strategische Rahmen ist mit einem Verständnis von Facility Management, das nicht von der isolierten Nutzungsphase ausgeht, wie dies die aus der Praxis entstandenen amerikanischen Ansätze tun, gegeben. Dazu gehört auch die Verknüpfung technischer, ökonomischer und soziologischer Aspekte. Im Facility Management kommt der Planung die Rolle der integrativen Steuerung aller Phasen des Industrieprojektes zu, d. h., nach gemeinsamen Grundprinzipien auf einer einheitlichen Informationsbasis werden die unterschiedlichsten Spezialaufgaben durchgängig gesteuert. Dabei erlangt die Nutzung der modernsten Computertechnik zunehmend Bedeutung.

Andererseits wird es mit der Anwendung der CAD-Technik überhaupt erst möglich, den Planungsprozeß zu öffnen und zu objektivieren, damit das notwendige Spezialwissen verständlich und für die Beteiligten zugänglich wird und sie ihre Kompetenz, ihre Bedürfnisse und Forderungen einbringen können.

Planung muß in diesem Zusammenhang mehr werden, als nur die Umsetzung eines vorgegebenen Programms in einen Entwurf und schließlich in eine Konstruktion: Letzterem muß vielmehr die Hinterfragung des Programms selbst vorausgehen, die Überprüfung der Konsequenzen seiner Realisierung auch an humanen Maßstäben. Erst dann, wenn diese Leistungsphase in Ergänzung der Phasen 1—9 der HOAI zu einem Routinebestandteil der Planung geworden ist, wird davon die Rede sein können, daß der Gedanke eines strategischen, umfassenden Facility Management, das sich nicht damit begnügt, vorhandene Räumlichkeiten zu verwalten, Wirklichkeit geworden ist.

Facility Management in der Praxis

'Intelligente' Gebäude

von
Gernot Feldhusen

1. Einführung

Mit der zunehmenden Leistungsfähigkeit der Informations- und Kommunikationstechniken und der Breite ihres Einsatzspektrums fand der Begriff der 'Intelligenz' Eingang in die Charakteristika, die technische Systeme beschreiben. Gleichzeitig entwickelte sich auch das klassische Gebäude als 'Hülle' menschlicher produktiver Tätigkeit mit zunehmender Integration neuer innovativer Technologien zu einer neuen Qualität, die sich inzwischen als technisches System beschreiben läßt. Durch die Büro-Automation, den Einzug modernster Kommunikationstechniken und den Einsatz spezieller Computersysteme für das Gebäude-Management wurde für solche hochmodern technisch ausgerüsteten Gebäude der Begriff des 'intelligenten' Gebäudes etabliert. Das wirft natürlich die Frage nach dem Grad der 'selbständigen Handlungsweise' eines High-Tech-Gebäudes auf, der erforderlich ist, damit es auch als 'intelligent' bezeichnet werden kann.

Noch sind wir am Anfang dieser Entwicklung, doch eines Tages könnte vielleicht ein gebäudeintegrierter Zentralcomputer die Rolle des Facility Managers übernehmen und selbständig alle nötigen Aktivitäten übernehmen.

2. Intelligenz und intelligente Gebäude

Das Prädikat 'intelligent' gilt im allgemeinen als ein Kennzeichen höher entwickelter Lebewesen. Nun wird es immer häufiger im Zusammenhang mit Architektur gebraucht. Was ist denn eigentlich Intelligenz und läßt sich deren Definition im Rahmen von Architektur überhaupt gebrauchen?

Eine allgemeine psychologische Definition von Intelligenz lautet: Allgemeine Bezeichnung für die Leistungsmöglichkeit von Lebewesen bestimmter Art in bezug auf den Umfang des Lernens durch Erfahrung und die dadurch möglichen Anpassungsreaktionen in neuen Situationen.

Die Definition von Intelligenz im Wörterbuch der Kybernetik[1] lautet: Fähigkeit des Menschen mit folgenden Komponenten: erstens Konstruktion eines Abbilds der Außenwelt, das durch Lernen ständig verbessert wird, zweitens Fähigkeit der zweckmäßigen Auswahl und Verknüpfung von Informationen, drittens Konstruktion von Verhaltensabläufen und Prüfung ihrer praktischen Anwendung am internen Modell, viertens Bewertung von zweckmäßigen und nicht-zweckmäßigen Verhaltensweisen, fünftens Simulation im internen Modell. Entscheidende Merkmale von Intelligenz sind also Wahrnehmung, Lernen und das planvolle Handeln.

Eine häufig zu findende Definition besagt nun, daß ein Gebäude, in dem die Informations- und Kommunikationstechnik integrierender Bestandteil der Gebäudestruktur ist, als 'intelligent' zu bezeichnen ist.

Die Notwendigkeit von Informations- und Kommunikationstechniken in einem Gebäude ergibt sich wiederum aus der Funktion, die ein Gebäude hat. Da geht es um die Verknüpfung von Arbeitsplatzrechnern mit externen und internen Kommunikationssystemen und dies nicht nur im Bereich administrativer Dienstleistungen, sondern auch industrieller Fertigungen.

Der Büroarbeit steht eine zweite technische Revolution 'ins Haus'. Nach der EDV kommt nun die Telekommunikation, bei der Kommunikationstechnik und Informationstechnik zu sogenannten integrierten Bürosystemen verbunden werden. Die Verknüpfung von Sprache, Daten, Texten und Bildern, ihre Vermittlung an beliebig viele Arbeitsplätze an verschiedenste Orte innerhalb eines Gebäudes oder auf der ganzen Welt wird durch verschiedenste Systeme möglich.

Man kann nun zwar sagen, daß zu der klassischen Haustechnik die Energieversorgung, Wasserver- und -entsorgung, Beleuchtung, Heizung, Klima etc. eine weitere Technik hinzugekommen ist, die sich vor allem auf die Steuerung von Arbeitsabläufen innerhalb des Gebäudes bezieht, aber eben nicht auf die Gebäudefunktionen selbst. Damit ist aber noch nicht die oben genannte Definition von Intelligenz erfüllt.

Wenn man diese Definition vom lebendigen Menschen auf die 'tote Materie' eines Gebäudes übertragen will, muß man das Gebäude ebenso wie den

---

1 Georg Klaus, (Hrsg.), Wörterbuch der Kybernetik, Berlin (Ost): Dietz, 1967, S. 282

Menschen als ein System ansehen. Die immanenten Funktionen des Systems Gebäude gehören zu der 'klassischen' Haustechnik. Ein Gebäude ist aber nur dann als intelligent zu bezeichnen, wenn es Informationen über diese Funktionen aufnehmen und verknüpfen kann, daraus ein bestimmtes Verhalten oder eine bestimmte Reaktion ableitet, dann entsprechend seine Funktionen steuert und bei gehobener Intelligenz nicht nur einen schlichten Regelkreis aus Wahrnehmung und Reaktion aufzeigt, sondern sogar bestimmte Verhaltensweisen im Rahmen eines Expertensystems nach ihrer Zweckmäßigkeit bewertet. Also nur ein auf die Eigenfunktion bezogenes, selbst kontrolliertes und eigengesteuertes Gebäude kann nach der psychologischen und kybernetischen Definition als intelligent bezeichnet werden. Die Installation des 'zentralen Nervensystems' allein, welches sowohl für interne als auch eben für externe Funktionen gebraucht werden kann, reicht nicht aus. Hinzu kommen muß ein 'Gehirn' in Form eines gebäudeeigenen Zentralrechners, welcher die Selbstkontrolle und Eigensteuerung übernehmen kann.

3. Intelligenz und Haustechnik

Die Betrachtung eines Gebäudes als System ist sicherlich angebracht, wenn man bedenkt, daß nach Angabe von Experten in einem Verwaltungsgebäude von ca. 38.000 m^2 rund 20.000 Aggregate eingebaut sind, die allein für das klimatische Wohlbefinden der Mitarbeiter sorgen: Kessel, Kältemaschinen, Ventilatoren, Luftbefeuchter, Ventile, Regler, Wasseraufbereiter, Pumpen, Motoren usw. usw.. Für andere Gebäudefunktionen kommen weitere Aggregate hinzu. Diese komplizierte Technik ist zu steuern, zu überwachen und zu warten. Den 'Intelligenzgrad' oder 'Intelligenzquotienten' eines Gebäudes könnte man daran messen, wie die Funktionsüberwachung und die Funktionssteuerung organisiert ist, ob und inwieweit bei der Aufzeichnung entsprechender Funktionsdaten eine Eigensteuerung erfolgt, ob es z. B. eine automatische Lichtausschaltungsanlage gibt, die nach US-Erfahrungen den Energieverbrauch um 70% reduzieren kann.

Die Entwicklung der haustechnischen Eigensteuerung befindet sich offenbar noch am Anfang, zumindest in Europa. Eine Recherche beim IRB, Stuttgart, ergab einen offensichtlichen Forschungsschwerpunkt in Österreich und der Schweiz, wo Mikro-Computer entwickelt werden, die die Heizung und Beleuchtung eines jeden einzelnen Raumes einer Wohnung steuern sollen. Zusätzlich könnte der Computer zur Sicherung der Wohnung mittels Rauchgasmelder, Glasbruchsensoren und Türtastaturen herangezogen werden. Hierbei handelt es sich jedoch um 'Kleinleitsysteme', deren 'Schlichtheit' mit der Komplexität von Verwaltungsgebäuden nicht vergleichbar ist. In den USA scheint der IQ der Gebäude, zumindest der hochentwickelten Bürogebäude, schon wesentlich höher zu liegen. Da gibt es z. B. ein 38-stöckiges Gebäude in Hartford, dessen 'Zentralnervensystem' die wesentlichen haustechnischen Systeme kontrolliert und steuert. Sobald ein Arbeitender einen Raum betritt oder verläßt, wird das Licht ein- oder ausgeschaltet. Im Brandfall sendet der Computer die Fahrstühle zu den entsprechenden Etagen und erhöht den Luftdruck in den Fluren über und unterhalb des Brandherdes, um die Ausbreitung des Rauches zu verhindern.

Um die Vermietung entsprechender Bürohäuser gewährleisten zu können, wird inzwischen in den USA die Verknüpfung von Telefon und Datentransport für genauso erforderlich gehalten wie vor 30 Jahren die Klimaanlage. Aber auch die große Flexibilität der Raumaufteilung ist notwendig. 'Intelligente' Gebäude benötigen für ihr 'Zentralnervensystem' unzählige Kabel. Die Planung der Unterbringung dieser Kabel ist eine wichtige Aufgabe, die frühzeitig in die Gesamtplanung integriert werden muß. Bei bestehenden Gebäuden wird die Kabelplanung sogar zur dominanten Fachplanung. Denn nun muß geklärt werden, ob die Unterbringung im konstruktiven System oder im Doppelboden erfolgen kann. Um aus 'dummen' Gebäuden 'intelligente' Gebäude zu machen, muß sehr viel planerische Intelligenz aufgewendet werden.

4. Intelligente Gebäudewartung und -erhaltung

Mittlerweile gibt es in vielen, auch in mittleren Industriebetrieben spezielle Instandhaltungsabteilungen, welche nicht nur die Gebäude reinigen, sondern auch systematisch warten. Die Durchführung der Wartung erfordert unterschiedliche Arbeiten, wie Reinigen, Schmieren, Ergänzen von Hilfsstoffen, Auswechseln von Kleinteilen, Nachjustieren u. v. a. m. Zur Planung der Wartung müssen ebenfalls spezielle EDV-Programme eingesetzt werden, bei denen die Bedienungsanleitungen und Wartungsvorschriften der Vielzahl der Aggregate mit den entsprechenden Intervallen der jeweiligen Arbeiten und dem notwendigen Zeitaufwand verknüpft werden. Dieses Paket bildet dann die Grundlage für eine exakte Kapazitäts- und Kostenplanung und damit die Basis für den optimalen Einsatz eines jeden Mitarbeiters im Bereich der 'intelligenten' Wartung. Der Mitarbeiter erhält jede Woche genau fixierte Aufträge und wartet nicht mehr auf den nächsten Störfall. Über Arbeitskarten, auf denen die Erledigung eines Auftrages bestätigt wird, wird nicht nur kontrolliert, sondern es werden auch Schwachstellen oder Wartungsüberkapazitäten innerhalb des technischen Systems aufgedeckt. Wartungsplanung senkt also auf lange Sicht die Kosten. Zwar steigen mit Beginn der Organisationsplanung die Instandsetzungskosten geringfügig an, weil die Flut der 'Feuerwehr-Einsätze' erst allmählich abnimmt und plötzlich viele unbekannte Schäden entdeckt werden. Aber die Kostenquote senkt sich sehr schnell und führt zu einer Ersparnis, die in günstigen Fällen bis zu 50 % betragen kann. Aber noch etwas ist wichtig: Nicht nur der Einsatz der Mitarbeiter, auch der unumgängliche Instandhaltungsstillstand von Maschinen hängt nicht mehr vom Zufall ab, sondern kann geplant werden.

Zu einer 'intelligenten' Haustechnik sollte also auch eine computergesteuerte, 'intelligente' Wartung gehören, die das Prinzip der 'Feuerwehrmethode' (schnelle Reparatur bei Soll-Ist-Differenz) überwindet. Es gibt bereits solche Systeme der 'intelligenten' Wartung, die einwandfrei funktionieren und zahlreiche Ingenieur-Gesellschaften bieten diese Dienstleistungen bereits an.

Die 'intelligente' Wartungsplanung bleibt aber nicht bei der Haustechnik stehen, sondern erstreckt sich auf die Bautechnik insgesamt und damit auf alle Bauteile, denn wartungsfreie Bauteile gibt es nicht. Jedes Bauteil bedarf der Pflege, wenn auch in unterschiedlichem Maße. Im Rahmen von umfassenden Überlegungen zu einer methodisch-systematischen und kontinuierlichen Instandhaltung werden zur Zeit Verfahren entwickelt und in Computer-Programme umgesetzt. Vorausschauendes Handeln ist ein wesentliches Kennzeichen von Intelligenz. Doch offenbar ist die 'Intelligenz' der kontinuierlichen Instandhaltung noch nicht sonderlich entwickelt. Bis jedoch ein Gebäude so 'intelligent' ist, daß es auf individuelle Gestaltungsanforderungen reagieren kann, ist sicher noch sehr viel menschliche Intelligenz gefordert.

Literatur

Klaus, Georg; (Hrsg.); Wörterbuch der Kybernetik; Berlin (Ost): Dietz, 1967

Computerintegration

von
Uwe Heidbreder

1. Einführung

In den Planungsabteilungen vieler Industrieunternehmen findet man heute CAD-Systeme im Einsatz. Großunternehmen haben zum Teil schon vor zehn bis fünfzehn Jahren, einige innovative mittelständische Unternehmen vor wenigen Jahren begonnen, die ersten EDV-Anlagen in diesem Bereich einzuführen. Insgesamt sind es noch wenige Unternehmen, die sich dieses hervorragende Instrument zunutze machen, aber sehr viele Firmen tragen sich mit dem Gedanken der Nutzung. Der Zeitpunkt ist also gut, um sich die Einsatzmöglichkeiten dieses Instruments vor Augen zu führen und auch aus den Erfahrungen anderer zu lernen.

In einigen Fällen wurde mit großem Enthusiasmus einzelner an die Einführung von CAD-Systemen für den Sachanlagenbereich der Unternehmen herangegangen. Trotzdem ist häufig zu beobachten, daß die Systeme sehr lange Zeit — teilweise Jahre — nur sehr unzulänglich genutzt wurden und daß bei den ursprünglichen Enthusiasten sich große Frustrationen aufgebaut haben. Selbst da, wo die Systeme genutzt werden, ist festzustellen, daß sie noch weit unter Wert eingesetzt werden. Woran liegt das?

— Die modernen datenbankintegrierten CAD-Systeme sind weit mehr als 'elektronische Zeichenbretter' und bieten über die Herstellung von Zeichnungen hinaus völlig neue Dimensionen der Anwendung. Es ist deshalb völlig unzulänglich, einen auch noch so guten, CAD-erfahrenen Zeichner mit der Einführung solcher Systeme zu beauftragen. Unzulänglich ist es auch, wenn dem Mitarbeiter, dem die Einführung übertragen wird, nur wenig Zeit und Kapazität zur Verfügung gestellt wird.

— Die Einführung solcher komplexen und breit nutzbarer Systeme im Unternehmen ist ein umfangreiches, oft unterschätztes Vorhaben. Es ist ähnlich umfangreich wie die Einführung neuer Logistiksysteme (verbunden mit neuer Logistikorganisation) oder neuer PPS-Systeme oder die Einführung von CAD-Systemen für die Produktentwicklung (CAE). Bei diesen Einführungen haben viele Unternehmen oft leidvolle Erfahrungen machen müssen (die man möglichst vermeiden sollte). Auch die Einführung der Systeme, von denen hier gesprochen wird, bedarf der sorgfältigen Vorbereitung und Planung und eines entsprechenden Know-how.

— Die einmal in das CAD/Datenbanksystem (CAD/DB-System) eingespeicherten Daten sind weit über die Planung hinaus im Unternehmen zu nutzen (siehe Übersicht 1), und darin liegen ganz wesentliche Synergieeffekte. Um aber die Daten abteilungsübergreifend nutzen zu können, bedarf es im Unternehmen der abteilungsübergreifenden Integration, die ohne Unterstützung 'von oben' nur in den seltensten Fällen realisierbar ist. Die Einführung solcher Systeme ist Chefsache.

Ziel der Einführung von CAD/DB-Systemen im Sachanlagenbereich der Unternehmen muß es sein, sehr früh einen Teilnutzen und langfristig einen möglichst großen Nutzen für das Unternehmen zu erzielen. Wege hierzu werden im folgenden vorgestellt. Da die langfristigen Einsatzmöglichkeiten dieser Systeme eher auf eine Veränderung der Organisation der Anlagenwirtschaft im Unternehmen hinweisen — eine ähnliche Veränderung wie sie im Bereich Materialwirtschaft/Logistik der Unternehmen vor ca. 20 Jahren begonnen wurde, soll erstmals die heutige Situation in der Anlagenwirtschaft skizziert werden, um dann zukünftige Modelle vorzustellen und die ersten Schritte zu konkretisieren.

2. Die heutige Situation in der Anlagenwirtschaft

Augenblicklich ist die Anlagenwirtschaft der Unternehmen durch zersplitterte Zuständigkeiten gekennzeichnet. Diese reichen von Einzelpersonen über Organisationseinheiten bis in die Vorstandsebene hinein: Organisatorisch gibt es keine einheitliche Verantwortung. Dieses widerspricht den Erkenntnissen moderner Organisation, z. B. in der Materialwirtschaft, die vor zwei Jahrzehnten in der gleichen Situation war und heute zum Nutzen des Unternehmens als integrierte Querschnittsfunktion organisiert ist.

Die getrennten Zuständigkeiten führen dazu, daß viele Einzelpersonen und Organisationseinheiten Informationen und Daten über Sachanlagen für ihren spezifischen Bereich sammeln und in unterschiedlichsten Formen horten, in Listen, in Karteikästen, manchmal in EDV-Systemen, auf Zetteln und oft nur

Übersicht 1: Anwendungsgebiete für CAD/Datenbanksysteme (Beispiele)

Gebäude-Pläne

- Anlagen-, Inventar-Verzeichnis
- Ausweis-Verwaltung
- Besucher-Informationssystem
- Eigentums-, Pacht-, Miet-Verzeichnis
- Fluchtwege
- Instandhaltung
- Inventur
- Layout-Planung
- Liegenschaftsverwaltung
- Miet- und Pachtabrechnung
- Organisations-Bereiche
- Personal-Informationssystem
- Raumbuch
- Raum-Informationssystem
- Raumkosten-Zuordnung
- Sicherungsbereiche
- Schlüssel-Verwaltug
- Telefonverzeichnis
- Werbeflächen-Abrechnung
- Zugangsberechtigung

Grundstücks-Pläne

- Emissions-Kataster
- Lärmkataster
- Masterplanung
- Parkplatz-Zuordnung
- Rettungswege
- Sicherheitssysteme
- Standort-Planung
- Umweltkataster
- Verkehrsplanung
- Verkehrsstatistik

Gebäude- u. Grundstücks-Pläne

- Brandschutz-Pläne
- Geräte-Verzeichnisse
- Informationssysteme-Pläne
- Kabel-Management
- Kapazitäts-Verwaltungen
- Ver- und Entsorgungssysteme-Pläne

© agiplan Gruppe

im Kopf. Die einzelnen Datensammlungen sind für andere im Unternehmen in den meisten Fällen schwer oder gar nicht zugänglich. Damit werden sehr viele Daten mehrfach vorgehalten (Redundanz), oft mit unterschiedlichen Aussagen (mangelnde Zuverlässigkeit), und viele Daten fehlen überhaupt. Welcher Unternehmer kann schon mögliche Teilwertabschreibungen bei guter Gewinnsituation gezielt feststellen und nutzen?

Diese Situation führt dazu, daß bei der Durchführung einzelner Aufgaben in der Anlagenwirtschaft — z. B. bei der Planung — viel Zeit mit dem Sammeln von Daten verlorengeht und daß fertige Planungsergebnisse angezweifelt werden können, weil die Datenbasis nicht abgesichert ist. Diese vermeidbaren Vorgänge verschwenden Zeit, die bei immer kürzeren Innovationszyklen immer kostbarer wird, und verschwenden die Kapazität kompetenter Mitarbeiter, die unter besseren Voraussetzungen nutzbringender eingesetzt werden könnte.

Aufgrund der mangelhaften Informationsbasis und der dezentralen Zuständigkeiten für die Sachanlagen im Unternehmen werden manche Aufgaben nur mangelhaft und oft gar nicht erfüllt. Viele dauernd vorkommende kleine Maßnahmen werden ohne Planung ad hoc durchgeführt und bewirken in ihrer Summe eine letztlich unkontrollierte Gesamtentwicklung, die mittel- und langfristig nur negativ verlaufen kann und dann periodisch große und kostspielige Umstrukturierungsmaßnahmen notwendig macht. Ein anderes Beispiel: Welcher Instandhalter ist nicht mit Recht stolz, eine alte Maschine noch voll funktionsfähig zu erhalten, und niemand merkt, daß die Instandhaltung sich gar nicht mehr lohnt? In welchem Unternehmen gibt es ein gezieltes und methodisches Controlling der einzelnen Anlagen und der Anlagen in ihrem Zusammenwirken? Zum Vergleich: In der Finanzwirtschaft ist ein periodisches, methodisches und detailliertes Budgetieren und Controlling seit Jahrzehnten selbstverständlich. Das Geld wird aber auf der Basis der Anlagen verdient!

Ein letzter hier zu nennender Punkt zur Skizzierung der derzeitigen Situation in der Anlagenwirtschaft: Ein Großteil des verfügbaren Wissens über die Anlagen ist nur in den Köpfen von langjährigen Mitarbeitern gespeichert. Dieses Wissen — besonders über die langlebigen baulichen und Installations-Anlagen — geht mit dem Ausscheiden dieser Mitarbeiter, z. B. durch Pensionierung, für das Unternehmen verloren. Wie die Erfahrung lehrt, hat das im Einzelfall zu kostspieligen Pannen oder gar zu Katastrophen geführt.

Die Beschreibung des Ist-Zustandes im Bereich Anlagenwirtschaft ist durch die gegenwärtige Zersplitterung der Tätigkeiten und der Verantwortung gekennzeichnet. Die Vorstellung einer zukünftigen Anlagenwirtschaft unter der Bezeichnung Namen Facility Management resultiert in der integrierten

Organisation aller Einzelfunktionen der Anlagenwirtschaft im Unternehmen, die letztlich mit der technischen und wirtschaftlichen Verantwortlichkeit der Querschnittsfunktion ausgestattet ist. Eine solche Umstellung kann nicht schnell gehen. Sie entspricht aber der Entwicklung in der Materialwirtschaft unter dem seinerzeit neuen Namen 'Logistik'.

Die neue Organisationsform der Anlagenwirtschaft mit den deutlich erhöhten Ansprüchen, die an sie gestellt werden, ist ohne EDV-Unterstützung nicht vorstellbar. So entstand der Begriff CIF — Computer Integrated Facilities Management — für das Modell der integrierten und computergestützten neuen Anlagenwirtschaft. Dieses Modell dient in der Beratungstätigkeit der langfristigen Zielsetzung und der Festlegung der ersten Einsatzgebiete für heute geplante und stattfindende Einführungen von DV-Systemen in Teilbereichen der Anlagenwirtschaft. In diesen Vorhaben muß man selbstverständlich das Ziel des möglichst frühzeitigen Nutzens vor Augen haben und darf andererseits das langfristige Ziel der Entwicklung nicht aus den Augen verlieren. Das CIF-Modell greift weit über die Gegenwart hinaus und soll die langfristige Integration der Funktionen der Anlagenwirtschaft und der erforderlichen Systeme ermöglichen. Ohne ein solches Modell wird unter Umständen durch zu kurzsichtig konzipierte Systeme die zukünftige Entwicklungsmöglichkeit sogar verhindert.

Der Gegenstand der umfassenden Anlagenwirtschaft bzw. der Gegenstand von Facility Management sind alle Sachanlagen im Unternehmen, alle Gegenstände, die buchmäßig abgeschrieben werden: Eine Maschine wie ein Produktionsgebäude, ein Tisch wie ein Bürogebäude, ein Telefongerät wie eine EDV-Anlage, eine Straße wie eine Grünanlage.

Um diese Anlagen anzuschaffen und für die Nutzer vorzuhalten, hat Facility Management vier Hauptfunktionen bzw. vier Funktionsgruppen: Planung, Realisierung, Bewirtschaftung und Controlling der Anlagen. Die ersten drei Funktionsgruppen decken die drei Existenzphasen der Anlagenteile ab (die oft genannte vierte Phase — 'verschrotten' — ist auch zu planen und wird dann realisiert, damit fällt sie tatsächlich unter die erste und zweite der genannten Funktionsgruppen). In der dritten Phase bzw. dritten Funktion 'Anlagenbewirtschaftung' werden die Anlagen bereitgestellt, d. h. dem Nutzer zur Verfügung gestellt.

Die vier Hauptfunktionen bilden untereinander einen Regelkreis von Vorgaben — Verantwortungen, der tatsächlich, bei der heutigen hohen Änderungsrate mit den vielen kleinen Veränderungen, dauernd aktiv ist. Die einzelnen Funktionsträger sind immer von Informationen über die Anlagen — z. B. bei neuen Planungen oder mangelnder Wirtschaftlichkeit — abhängig,

Übersicht 2: Anlagenwirtschaft im System

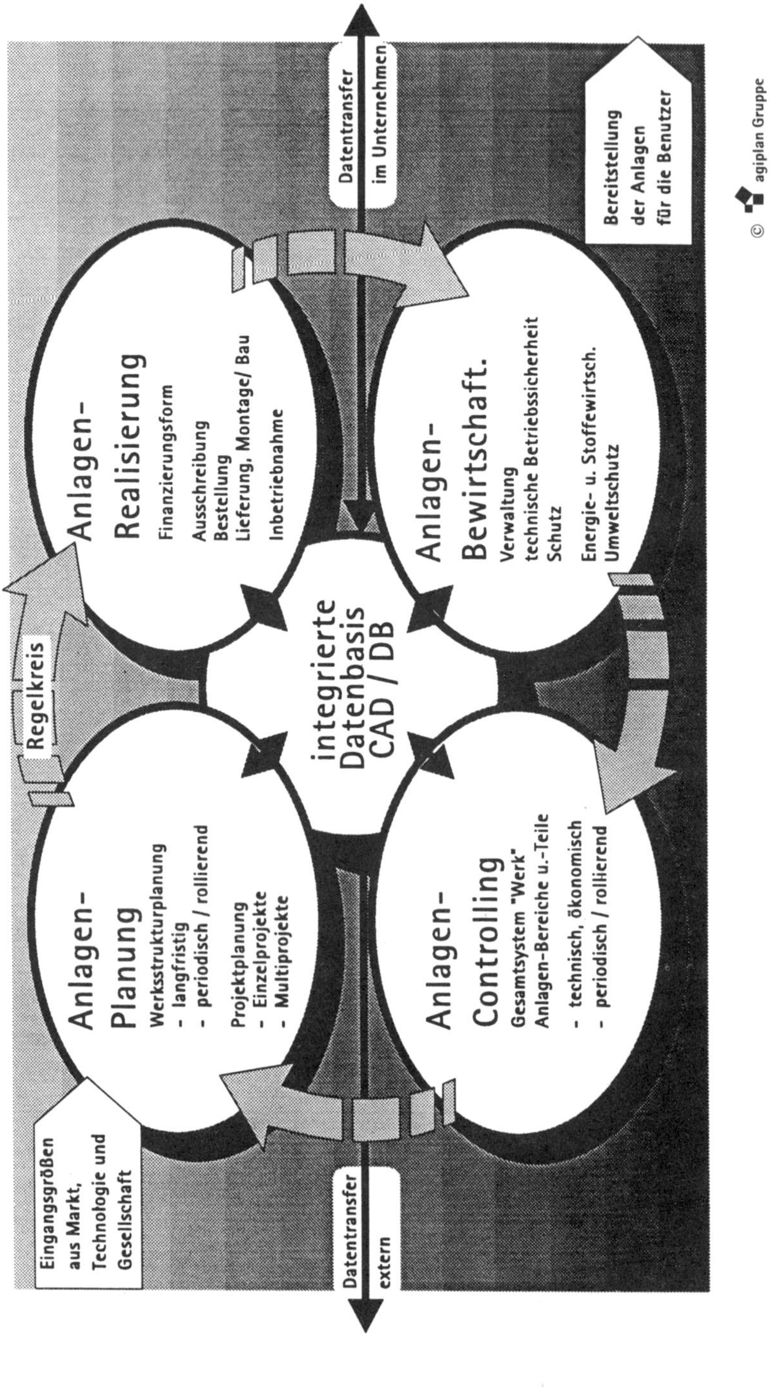

um ihre spezielle Aufgabe richtig erfüllen zu können. Daneben gibt es natürlich eine Unmenge von Informationen, auf die alle Beteiligten in gleicher Weise zurückgreifen können müssen.

Die in Übersicht 2 aufgeführten Unterfunktionen der Anlagenwirtschaft werden selbstverständlich auch heute schon weitgehend erbracht, aber eben isoliert und nicht integriert. Erst aus der funktionellen Integration, die das CIF-Modell vorstellt, ergeben sich die wesentlichen Synergieeffekte. Auch den Regelkreis gibt es heute in Ansätzen schon, er wird aber kaum sichtbar, und die existierenden Mängel werden — wiederum wegen der mangelnden Integration und der fehlenden Systemunterstützung — kaum als solche erkannt, was den tatsächlichen Mangel aber nicht behebt.

Um den Anspruch aufzuzeigen, der an ein qualitativ hochwertiges, effektives Facility Management zu stellen ist, werden einige Schwerpunkte aus den vier Funktionsgruppen kurz dargestellt:

Die genannte Hauptfunktion 'Anlagen-Planung' beinhaltet unter anderem die strategische Werksstruktur bzw. Werksentwicklungsplanung. Diese Planung, die alle Funktionen des Werkes mit der gesamten Organisation und mit allen Anlagen umfassen muß, kann nur auf einer sehr breiten und zuverlässigen Datenbasis und mit entsprechendem breiten Know-how durchgeführt werden. Diese breite Datenbasis steht heute in fast keinem Unternehmen — trotz oft gegenteiliger Versicherungen — zur Verfügung. Tatsächlich werden bei der seltenen Durchführung solcher Planungen oft mehr als 50% des Aufwandes durch die Beschaffung und den Abgleich der Planungsdaten verschwendet. Die Ergebnisse einer solchen Planung werden dann oft wieder in Frage gestellt, weil die Datenbasis immer noch angezweifelt werden kann. Wegen des heute noch so großen Aufwandes werden strategische Werksstrukturplanungen nur selten durchgeführt. Die Ergebnisse überaltern und werden nicht beachtet. Dabei soll gerade die strategische Werksstrukturplanung das Anlagenchaos verhindern, das durch die dauernd und in großer Zahl notwendigen Einzelmaßnahmen in den Werken zwangsläufig entsteht, wenn diese nicht einer Gesamtvorstellung von der langfristigen Entwicklung des Werkes folgen. Eine periodische und rollierende Werkstrukturplanung sollte dagegen so selbstverständlich sein wie die periodische und rollierende Finanzplanung und -verfolgung im Unternehmen: Das Geld wird auf Basis der Anlagen verdient — die Sachanlagen sind die physische Basis allen betrieblichen Geschehens.

In der Hauptfunktion 'Anlagen-Realisierung' kann es nicht nur darauf ankommen, die billigsten Anbieter auszusuchen und die kürzesten Realisierungszeiten zu fordern, sondern das technisch-wirtschaftlich beste Angebot in enger Zusammenarbeit mit den Planern und den Betreibern der Anlagen zu ermitteln, die richtige Finanzierungsform mit der Geschäftsführung abzustimmen, die Inbetriebnahme der Anlagen rechtzeitig vorzubereiten und die hohe Motivation der zukünftigen Betreiber der neuen Anlagen herbeizuführen und diese entsprechend zu schulen.

In der 'Anlagen-Bewirtschaftung' ist u. a. die technische Betriebssicherung der Anlagen (Instandhaltung) so zu planen und — teils vorbeugend, teils reagierend — herzustellen, daß die notwendige Betriebssicherheit einschließlich eines kalkulierten Risikos zu möglichst geringen Kosten gewährleistet ist. Der Schutz der Anlagen, der darin gelagerten Güter und des greifbaren Know-how ist immer bewußter durchzuführen.

Ein richtiges 'Anlagen-Controlling' hat eine technische und eine wirtschaftliche Komponente, die zu integrieren sind. Bei der permanenten Veränderung der Anlagen, der Art und des Maßes der Nutzung und der technologischen und gesellschaftlichen Entwicklung des Umfeldes hat das Anlagencontrolling die Aufgabe, entstehende Schwachstellen gezielt und möglichst frühzeitig festzustellen und Vorgaben für Verbesserungen zu machen.

Eine so verstandene und funktionierende integrierte Anlagenwirtschaft auf hohem Niveau ist, konsequent weitergedacht, ein weiteres, heute noch fehlendes Glied im CIM-Konzept (Computer Integrated Manufacturing — siehe Übersicht 3). Facility Management ergänzt die heute schon weitgehend auf hohem Niveau praktizierten CIM-Elemente CAD (Produktion), PPS (Produktionssteuerung), als Teil der Logistik (integrierte Materialwirtschaft).

Der Begriff 'CIM' mag zur Zeit abgenutzt klingen oder gar abschreckend wirken. Darin drückt sich aber mehr die Enttäuschung über mangelnde Erfolge aus, als daß das Ziel der integrierten Informationssysteme für die Produktion aufzugeben wäre.

Man sollte also mehr nach den Ursachen der Enttäuschung suchen und nicht das Ziel aufgeben, denn der Nutzen, wenn nicht die Notwendigkeit von CIM ist, besonders im internationalen Vergleich gesehen, unverändert. Auch im Facility Management als der integrierten Anlagenwirtschaft geht es wie bei den anderen CIM-Elementen nicht ohne eine effiziente EDV-Unterstützung.

3. Datenhandling im Facility Management

Ohne DV-Unterstützung ist Facility Management nicht verwirklichen. Das liegt einerseits an den höheren Ansprüchen an die zur Verfügung zu stellenden Daten bezüglich Detaillierungsgrad und Zuverlässigkeit, andererseits an dem immer größeren und schnelleren Veränderungsbedarf, auch im Sachanlagen-

Übersicht 3: Einordnung von CIF —
die funktionalen Regelkreise zur Steuerung der Produktion

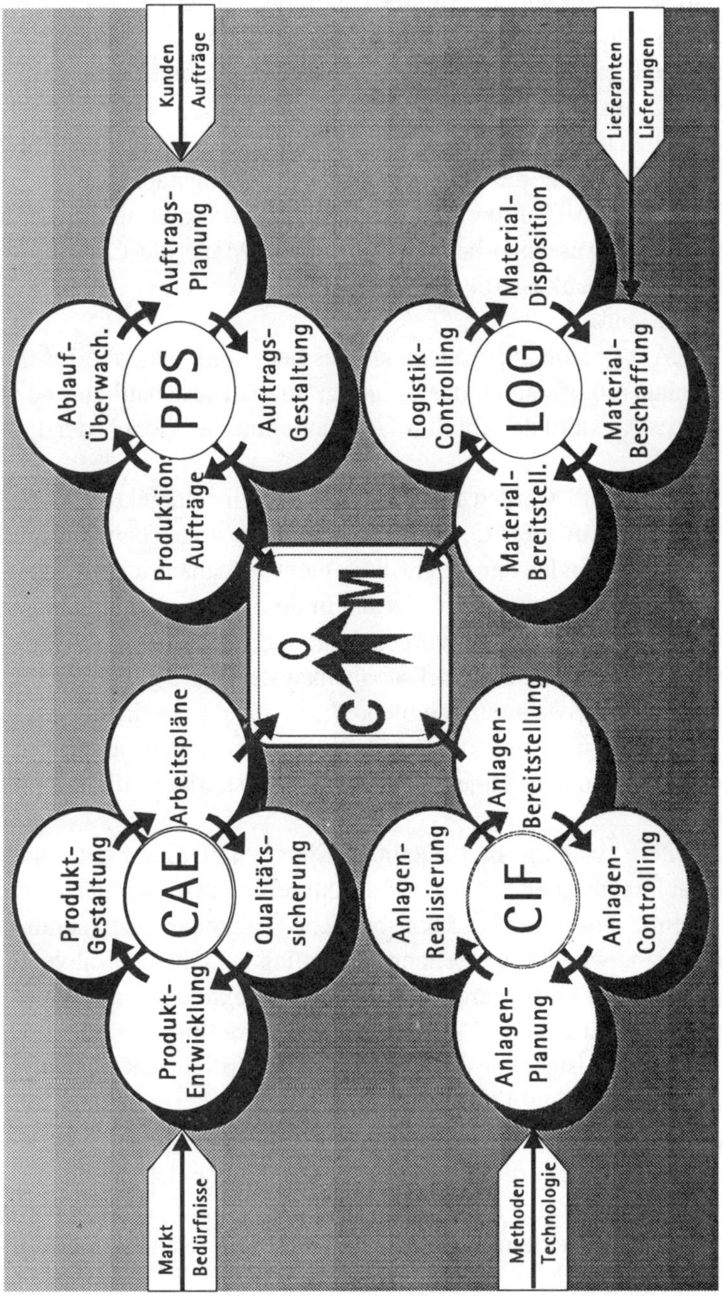

bereich. Die 'Losgröße 1' ist keine leere Formel, sondern eine aktuelle Anforderung und setzt laufende Änderungen in den Anlagen voraus. Neue Technologien muß jedes zukunftsorientierte Unternehmen immer wieder einführen. Gesellschaftlichen Anforderungen aus erhöhtem Umweltschutzbedarf und immer stärkerer Flexibilisierung der Arbeitszeit kann sich kein Unternehmen entziehen.

Auch die EDV-Systeme haben in letzter Zeit eine große Entwicklung durchgemacht. Sowohl die rein technische Leistungsfähigkeit als auch die praktische Anwendbarkeit und das Kosten-Nutzen-Verhältnis wurden deutlich verbessert. Diese Aussagen betreffen in hohem Maße die CAD-Systeme mit integrierten Datenbanken, die als Basis einer integrierten Anlagenwirtschaft unverzichtbar sind.

In den CAD/Datenbank-Systemen ist es heute möglich, alle Informationen über die Anlagen umfassend, durchgängig, bildhaft-anschaulich und integriert zu speichern: Das digitale Abbild, das rechnerinterne Modell der Fabrikanlagen.

In diesem Modell werden im CAD-Teil die Einzelobjekte als solche definiert, benannt und in ihrer Geometrie und im typologischen Zusammenhang aller Objekte zueinander dargestellt. Die nicht visualisierbaren Eigenschaften (Attribute) der einzelnen Objekte werden in der integrierten alphanumerischen Datenbank abgespeichert und vorgehalten. Der gegenseitige Aufruf ist aus dem CAD-System und aus dem Datenbanksystem heraus bei Facility Management-geeigneten Systemen möglich, d. h., man kann in der Graphik ein Objekt auswählen und sich die Attribute dazu anzeigen lassen oder in der Attributen-Datenbank ein Objekt selektieren und sich dazu die Graphik anzeigen lassen.

Eine weitere wichtige und nützliche Eigenschaft dieser Systeme ist, daß man auf der graphischen Seite auch strukturelle Zusammenhänge, wie z. B. Kostenstellenflächen oder Funktionsbereiche, darstellen und hierzu alphanumerische Daten, wie Kostenstellenbezeichnung und Fläche, alphanumerisch abspeichern kann. Des weiteren können alle Objekte innerhalb eines solchen Strukturbereiches aus dem CAD-System heraus definiert werden. Man kann damit z. B. eine Liste aller Maschinen innerhalb einer Kostenstellenfläche schnell zusammenstellen. Es ist beispielsweise weiterhin möglich, sehr schnell festzustellen, wo Kostenstellenflächen nicht mit funktionalen Bereichen dekkungsgleich sind — ein nicht seltenes Phänomen aus der Praxis.

Alle Regelauswertungen und -darstellungen — und das sind bei methodischem Arbeiten und einem ausgebauten System die weitaus meisten — sind in identisch reproduzierbarer Form festlegbar. Das betrifft sowohl zeichnerische wie auch alphanumerische Auswertungen und Darstellungen.

Neben den festgelegten Darstellungen sind, bei Bedarf und im Einzelfall mit entsprechend mehr Aufwand, freie Kombinationsdarstellungen und -auswertungen möglich. Bei richtiger Organisation ist es heute möglich, Systeme so aufzubauen, daß alle, die an der Anlagenwirtschaft beteiligt sind, mit den für sie notwendigen Informationen aufgabengerecht, kurzfristig und zuverlässig versorgt werden können. Und das sind in der integrierten Anlagenwirtschaft viele Einzelpersonen mit sehr unterschiedlichen Aufgaben. Damit ist ein ganz wesentlicher, vorher aufgezeigter Mißstand — der Mangel und die Unzuverlässigkeit von Informationen über die Anlagen — beseitigt. Die schnelle und richtige Information ermöglicht ein entsprechend schnelles Arbeiten und kurzfristiges Erreichen zuverlässiger und verläßlicher Entscheidungsgrundlagen für das Unternehmensmanagement.

Für spezifische Aufgaben müssen im Einzelfall Daten aus den Datenhaltungssystemen der anderen Wirtschaftsbereiche im Unternehmen in die Anlagen-Datenbank eingespielt und temporär gespeichert werden können, wie in Übersicht 4 am Beispiel der Werksstrukturdatenbank dargestellt.

Das sind insbesondere Daten über die erbrachte Leistung der Anlagen und Kostendaten für das Anlagen-Controlling. Das gilt auch umgekehrt z. B. für die Kapazitätsdaten der Anlagen, die den Nutzern für ihre Dispositionen zur Verfügung gestellt werden. Für die eingespeisten, im Regelfalle konzentrierten Daten werden entsprechende Felder im eigenen System freigehalten. Diese Felder werden periodisch überschrieben. In diesem Ablauf werden die Daten immer primär beim Erzeuger der Daten und Hauptinteressenten dauerhaft gespeichert und vorgehalten. Die Nutzer aus anderen Wirtschaftsbereichen übernehmen die Daten periodisch und speichern sie nur temporär: Dieses Verfahren gilt zwischen allen Wirtschaftsbereichen in Gegenseitigkeit.

Alle Anwendungsprogramme, z. B. ein Programm für die Generierung von Kennzahlen für das Controlling oder ein Layout-Planungsprogramm, müssen immer auf die gemeinsame Datenbank zurückgreifen. Und wenn alle Tätigkeiten auf Basis der zur Verfügung gestellten Datenbanken durchgeführt und die Ergebnisse zurückgespeichert werden, bleibt die Datenbank immer aktuell, weil sich kein Datum ohne eine herbeiführende oder begleitende Tätigkeit von selber ändert. Dies stellt natürlich ein Idealbild dar und ist nur näherungsweise zu erreichen. Durch die breite Nutzung der Daten ist jedoch die Aktualität und Zuverlässigkeit der gespeicherten Daten deutlich höher bzw. der nachträgliche Korrekturaufwand deutlich geringer als bei schmalspurigem Einsatz eines Systems. Gerade der Änderungsaufwand wird heute in vielen Fällen beklagt. Die

Übersicht 4: Werkstrukturdatenbank
(Integrationsinstrument)

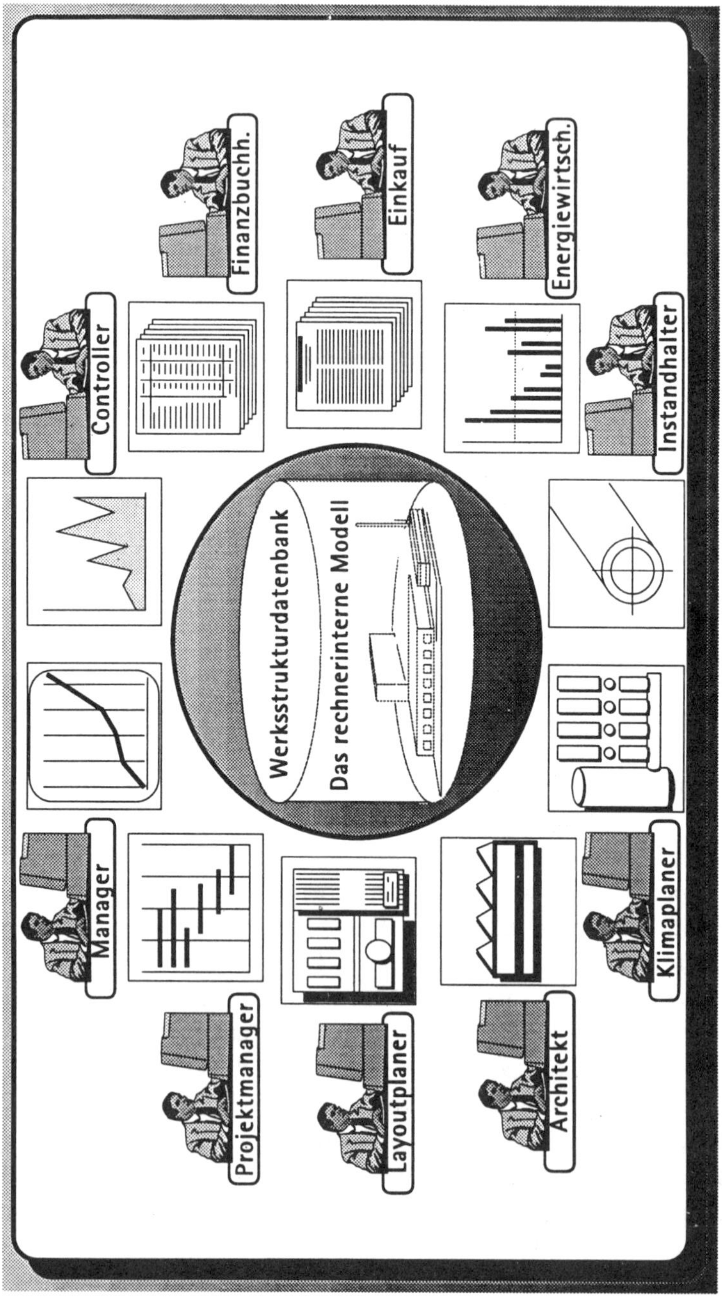

integrierte Speicherung der Daten heißt nicht, daß ein Zentralrechner für alle Funktionen der Anlagenwirtschaft eingesetzt wird. Die Klammer ist die gemeinsame Organisation der Daten, die den allseitigen Zugriff erlaubt. Für die Rechnersysteme mit den Anwendungsprogrammen ist ein modulares System insbesondere deshalb empfehlenswert, weil nur so ein schrittweiser Aufbau des Systems mit den jeweils geeigneten Anwendungsprogrammen und die spätere Veränderung von Teilen des Systems entsprechend den dann besseren Möglichkeiten oder dann höheren Anforderungen realisierbar ist.

In fast jedem Unternehmen sind bei Einführung einer langfristig konzipierten Werksstrukturdatenbank schon einzelne Anwendungsprogramme im Facility Management-Bereich vorhanden, die selbstverständlich nicht immer sofort ersetzt werden können oder sollten. Hier sollte immer sehr spezifisch nach einer vorläufig tragbaren Lösung gesucht werden, ohne das langfristige Ziel der Integration aus den Augen zu verlieren.

Selbstverständlich kann das rechnerinterne Modell der Fabrik im ersten Schritt der Einführung auch auf die reine CAD-Darstellung oder auf eine rein alphanumerische Darstellung beschränkt werden. Das kann im Einzelfall als Zwischenstadium richtig sein. Der Synergieeffekt ist aber nur durch den Einsatz von integrierten CAD/DB-Systemen und breiter Anwendung zu erreichen.

4. Die Datenorganisation für CIF-Systeme

Die Rechnerunterstützung ist für ein leistungsfähiges Facilities Management unerläßlich. Das Herzstück der Rechnerunterstützung ist die Werksstrukturdatenbank und deren kritisches Element, die integrierte Datenorganisation, die das gesamte 'rechnerinterne Modell der Fabrik' enthalten muß. Aus diesem Grunde werden die Grundzüge der Datenorganisation im folgenden kurz skizziert.

Aufgabe und Ziel der gemeinsamen Datenorganisation ist es, den vielen unterschiedlichen Anwendungen zu dienen. Weil die Anwendungen so unterschiedlich sind, kann die Datenorganisation nicht anwendungsspezifisch, sondern muß anwendungsneutral sein. Weiterhin muß der lesende Zugriff auf die gespeicherten Informationen unabhängig von den Anwendungsprogrammen möglich und einfach durchführbar sein. Diese Forderung steht im Gegensatz zur heute weit verbreiteten Praxis der CAD-Systeme: Hier werden die Daten aus dem Anwendungsprogramm heraus direkt abgespeichert, was umgekehrt heißt, daß die graphische Information auch nur über das Anwendungsprogramm aufgerufen werden kann. Wer das Anwendungsprogramm nicht auf seinem Rechner hat, kann die für ihn notwendigen Informationen nicht aufrufen. Praktisch heißt das zum Beispiel, daß ein Layoutplaner den Gebäudegrundriß, der aus einem Architekturprogramm heraus abgespeichert wurde, nicht aufrufen kann, sofern er nicht auch über das Architekturprogramm verfügt und es bedienen kann, gleiches gilt für den Elektroplaner usw.

Das erscheint sinnvoll, wenn das Ziel eine für die möglichst große Zahl verkaufter Anwendungsprogramme ist, nicht jedoch für eine integrierte Anlagenwirtschaft. Im richtig konzipierten System müssen die Anwendungsprogramme über die zentrale Datenorganisation auf die Daten zugreifen. Damit bleiben die Anwendungsprogramme auch in einem sehr breiten Rahmen austauschbar.

Alle Anlagendaten beziehen sich auf Objekte und sind entsprechend objektbezogen zu speichern. Das setzt voraus, daß die Objekte realitätsnah und bedarfsgerecht definiert und die Definition der Objekte nach Objektarten strukturiert wird. Diese Objektstrukturierung ersetzt die in alten Systemen gebräuchliche anwendungsorientierte Strukturierung nach 'Gewerken', ist in Teilbereichen aber natürlich ähnlich.

Die folgende weitere Vertiefung der Darstellung zur Datenorganisation bezieht sich schwerpunktmäßig auf graphische Daten, d. h. auf die sogenannte Zeichnungsorganisation.

Als Zeichnungsorganisation wird hier die rechnerinterne Ablage der graphischen Information verstanden, im Unterschied zu 'Plots', der Ausgabe von Informationen auf Papier. Die letzteren stellen Dokumente dar, wie gedruckte Listen, und unterliegen einer Dokumentenorganisation, die mit der rechnerinternen Abspeicherung der graphischen Daten genauso wenig zu tun hat wie EDV-Listen mit der rechnerinternen Abspeicherung von alphanumerischen Daten. Das ist eine Differenzierung, die in der Organisation vieler CAD-Systeme nicht gemacht wird, mit der Folge, daß diese Systeme weit unter Wert nur als 'elektronisches Zeichenbrett' eingesetzt werden, mit entsprechend geringem Nutzen.

Die Organisation der graphischen Inhalte erfolgt über das Directory 'Zeichnungen' und 'Layers' nach Informationskategorien. Die einzelnen Informationskategorien definieren jede einzelne einen ganz besonderen Informationsaspekt und insgesamt eine ganz bestimmte Information bzw. Informationsgehalt. Damit kann jede Information eindeutig abgespeichert und von jedem wiedergefunden werden.

Beispiel: Eine ganz bestimmte Maschine ist als Einzelobjekt in der Objektuntergruppe 'Montageanlagen', in der Objektgruppe 'Produktionsanlagen', in der Objekthauptgruppe 'Funktionsanlagen' abgelegt. Das Ganze zum Beispiel im 'Darstellungsstatus' Vorentwurf, Projekt aa, in der topologischen Zuordnung Gebäude bb, Geschoß cc in der Projektionsrichtung vertikal (Grundriß), in der Darstellungsart Symbol usw.

Die Zeichnungs-/Layerorganisation muß bis zu unterschiedlichen Detaillierungsgraden der Darstellungen gehen, getrennt für Geometrie, Texte, Bemaßungen und Symbolik, um so jedem Informationsbedarf im Inhalt als auch in der gewünschten Detaillierung gerecht zu werden. Die Anzahl der Differenzierungen pro Einzelkategorie können in etwa miteinander multipliziert werden, dann bekommt man die Größenordnung der Anzahl zu verwaltender Informationen.

Diese Art der Layerverwaltung erfordert selbstverständlich ein Umlernen von den Anwendern. Will man aber die umfangreichen Möglichkeiten der CAD-Systeme im Sinne von CIF richtig nutzen, ist das hier wie in anderen Bereichen erforderlich. Die skizzierte Layerorganisation steht als Beispiel für die einerseits informationsgerechte, andererseits anwenderfreundliche Umsetzung einer bedarfsgerechten und komplexen Datenorganisation in einem System.

Der sorgfältig und langfristig konzipierten Datenorganisation kommt im Facility Management besondere Bedeutung zu, weil die Sachanlagen die weitaus längste Lebensdauer im Betrieb haben. Sie überleben das einzelne Projekt, die Organisation und in der Regel die Menschen. Die Daten zu den Sachanlagen müssen so lange vorgehalten werden, wie diese existieren. Die gespeicherten Daten sind der teuerste und wertvollste Bestandteil eines CIF-Systems.

5. Die Einführung von CIF-Systemen

Die Einführung von CIF erfordert personellen Aufwand und verursacht Kosten. Demgegenüber stehen Einsparungen.

Einsparungen durch den Einsatz eines guten integrierten CAD/DB-Systems sind:

- schnelleres Erstellen von Zeichnungen durch
  - Verwendung von Standards und Symbolen,
  - Übernahme externer Graphikdaten,
  - Mehrfachnutzung von Zeichnungsteilen,
  - umfassende Organisation des Zeichnungswesens,
  - schnelle und zuverlässige Darstellungen des Ist-Zustandes durch im Rechner vorhandene CAD-Zeichnungen,
  - an CAD gekoppelte beschreibende Daten;

— schnelle und bessere Entscheidungsvorbereitungen durch
  — veranschaulichte, umfassende Entscheidungsunterlagen,
  — zuverlässige Grunddaten,
  — einfache Planung von Varianten.

Hinzu kommen Nutzenpotentiale, die sich in flexiblerer Anlagenwirtschaft und in verbesserten Anlagen auswirken:

— zuverlässige, aktuelle Zeichnungen und beschreibende Anlagendaten,
— breitere Nutzerbasis für die vorhandenen Daten,
— schnellere und genauere Reaktion auf Dokumentenanfragen von Lieferanten und Partnern,
— leichtere Integration aller Einzelgewerke und Maßnahmen durch zentrale, integrierte Ablage der Daten,
— personenneutrale, allgemeingültige Planungsinformationen,
— Entlastung der Bearbeiter von reinen Routinearbeiten,
— Erhöhung der Mitarbeiterqualifikation und höhere Attraktivität für gute Mitarbeiter,
— Möglichkeit der periodischen Werksstrukturplanungen.

Das Ziel und die Wirkung der Einführung von integrierten CAD-/DB-Systemen und auf dieser Basis der Einführung von CIF liegen in der Verbesserung der Anlagen und sind daran zu messen. Angenommen, die Anlagenkosten liegen bei dem Dreifachen des Gewinns eines Unternehmens und werden durch eine neue bessere Anlagenwirtschaft nur um 5%—10% reduziert, dann verbessert sich die Umsatzrendite dieses Unternehmens um ca. 15—30%!

Wichtiger noch ist der Zeitfaktor: Heute werden in verstärktem Maße vom Markt und aus der Gesellschaft Forderungen an das Unternehmen herangetragen, die eine schnelle Reaktions- und Handlungsfähigkeit verlangen. Aus diesen Forderungen ergeben sich z. B.

— kürzere Lieferzeiten bei gleichzeitig steigender Produktivität ('Losgröße 1'),
— immer kürzer werdende Produktlebenszyklen,
— Integration des Umweltschutzgedankens in die Produktpolitik.

Neue Erkenntnisse, Vorhaben und Erfordernisse müssen schnell und sicher mit möglichst geringen Kosten in die Realität umgesetzt werden. Ein Unternehmen, das diese Fähigkeiten nicht im ausreichenden Maße entwickelt, wird nicht überleben.

Die Fähigkeit, neue Produkte oder Vorhaben im Anlagenbereich durch eine sichere Entscheidungsbasis früher in die Realität umsetzen zu können, schafft Marktvorteile gegenüber der Konkurrenz. Ein neues Produkt z. B. um 10% seiner Lebensdauer früher auf den Markt zu bringen, heißt erstens, länger am

Markt zu sein und damit potentiell mehr zu verkaufen, heißt zweitens, früher am Markt zu sein und damit potentiell einen höheren Marktanteil zu erschließen, und heißt drittens, am Anfang eines Produktzyklus bessere Preise zu realisieren. Insgesamt ergibt das in einem (fiktiven) Beispiel (siehe Übersicht 5) bei ca. 18% mehr Kapazität und im Laufe des Produktionszyklus fallenden Preisen einen um 85% höheren Gewinn bzw. Deckungsbetrag!

Die Einführung von CIF ist eine Maßnahme, die sich nicht nur auf den Kauf eines mehr oder weniger geeigneten Systems beschränken darf. Die Einführung ist ein Prozeß, der für einen längeren Zeitraum in Phasen und Schritten geplant und organisiert durchgeführt werden muß, um zum erwarteten Erfolg zu kommen. Das Ziel der Einführungsplanung muß das langfristig richtig organisierte System sein, das mit der Einführung in Schritten schon frühzeitig Teilnutzen bringt und von hochmotivierten Mitarbeitern getragen wird.

Der Do-it-Yourself-Weg wird hier immer wieder gerne gewählt, führt aber auch immer wieder zu Rückschlägen, Wiederholarbeiten, Enttäuschungen und vermindertem Nutzen aus der getätigten Investition und den sonstigen Aufwendungen.

Dafür gibt es einen einfachen Grund: Das Know-how über die funktionellen Möglichkeiten neuer Systeme, die Möglichkeiten des Systemeinsatzes und die dafür notwendigen Voraussetzungen insbesondere der Datenorganisation können in einem Unternehmen nicht ohne praktische Erfahrungen vorhanden sein. Die wichtigen Arbeiten und Entscheidungen zur Systemeinführung sind aber am Anfang der Systemeinführung durchzuführen und später nur sehr schwer korrigierbar. Aus Unkenntnis der Problematik werden auch immer wieder Mitarbeiter mit wichtigen Arbeiten der Systemeinführung beauftragt, deren Qualifikation auf anderem Gebiet liegt. Die Arbeiten zur Einführung eines Systems erfordern ganz andere Qualifikationen als die spätere Arbeit mit dem System. Letztere verlangt z. B. die Fähigkeit des Zeichnens, die bei der Einführung unerheblich ist (siehe Übersicht 6). Auch Rat und Hilfe von Mitarbeitern, die in der kommerziellen Datenverarbeitung erfahren sind, sind bei der Einführung von technischen DV-Systemen nur bedingt hilfreich. Tatsächlich sind sich sehr viele Unternehmen bei der Einführung von DV-Systemen der Möglichkeiten, aber auch der Risiken nicht bewußt und trauern dann später, inzwischen klüger geworden, den verpaßten Chancen nach.

Sinnvoll ist es deshalb, sich bei der Einführung des Systems der professionellen Unterstützung durch unabhängige Anwendungsberater mit dem richtigen Know-how zu bedienen.

Das erspart Zeit und Frustrationen, bindet weniger Kapazität im eigenen Unternehmen und führt zu früherem Nutzen. Bewährt hat sich hierbei ein

Übersicht 5: Nutzen durch Zeitgewinn

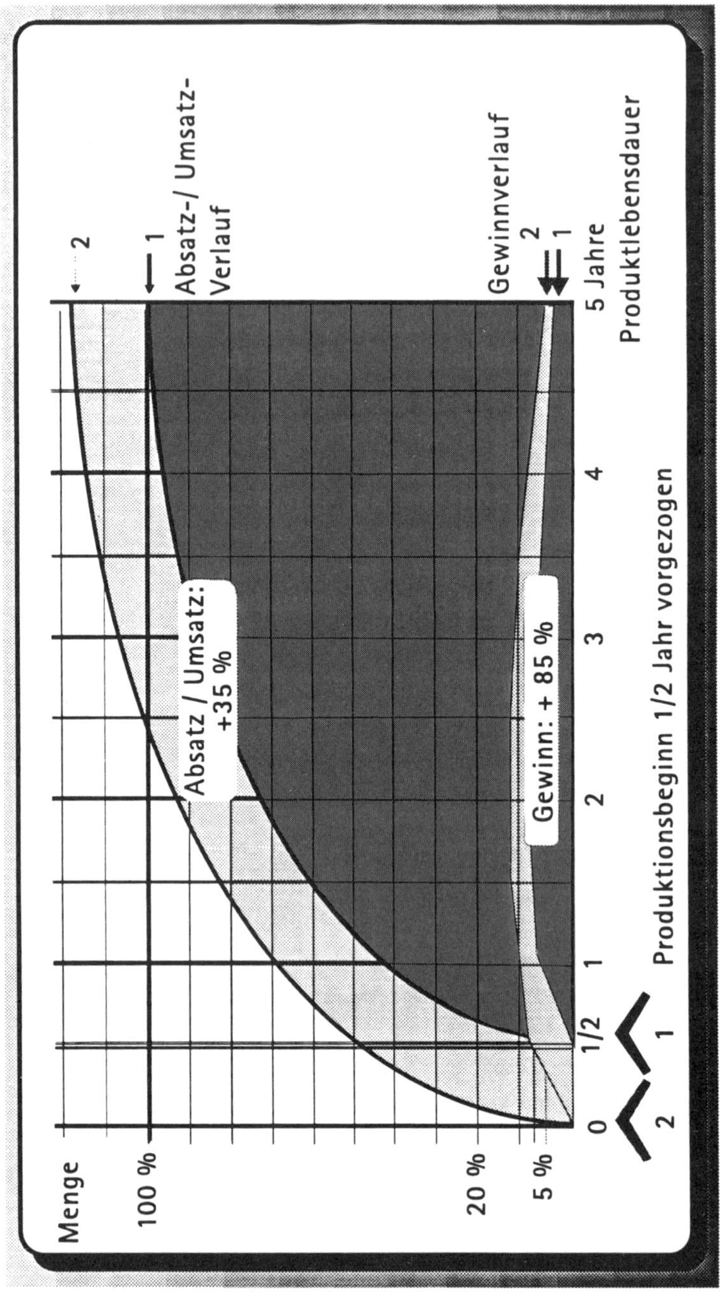

Training on the Job, bei dem die externen Berater anfänglich gemeinsam mit den eigenen Mitarbeitern am System arbeiten, diese parallel schulen und die Systementwicklung betreiben. Die Berater ziehen sich dann langsam zurück und stehen letztlich nur noch für Problemfälle beratend zur Verfügung. Dieser Weg kostet nur scheinbar mehr als der selbständige Weg, bei dem die anstehenden Probleme am Anfang nicht einmal erkannt werden, und schafft auch die notwendige Kapazität, die für die zusätzlichen Arbeiten, die mit der Systemeinführung verbunden sind, dringend erforderlich ist.

Die Einführung eines Basissystems 'Werksstrukturdatenbank' oder 'Anlagendatenbank' wird nachfolgend nur kurz beschrieben. Folgende Teilleistungen sind zu erbringen:

— Festlegung der Ziele für den langfristigen Systemeinsatz und der ersten Einsatzgebiete unter Berücksichtigung der Rahmenbedingungen, vorhandener Instrumente und des Know-how der Mitarbeiter.
— Festlegung der Projektorganisation, des Termin- und Kostenrahmens.
— Systemauswahl unter besonderer Berücksichtigung der Entwicklungspotenz des Systemherstellers.
Bei der Systemauswahl wurde in einigen Fällen der Fehler gemacht, ein bestimmtes System nur deshalb zu wählen, weil es im Unternehmen für den Produktbereich (CAD/CAM) schon erfolgreich eingesetzt wurde. Das hat dann zu Problemen geführt, da die Anforderungen an ein Anlagen-CAD ganz andere sind als die an ein Produkt-CAD. Die Investition war letztlich auch nicht geringer, weil zusätzliche Systemkapazitäten beschafft werden mußten. Bei den Mitarbeitern ergab sich kein Vorteil, weil für den Anlagenbereich andere Mitarbeiter tätig sind als in der Produktentwicklung. Ein teilweiser Vorteil war nur im Systemmanagement zu sehen. Die Entscheidung rückgängig zu machen, ist dann kaum möglich, wenn größere Mengen von Anlagedaten in das System schon eingegeben sind.
— Festlegung und Organisation der Inhalte, Art der Darstellungen sowohl systemintern als auch in den Ausgaben in Form von Zeichnungen und alphanumerischen Daten.
Hier bieten die angebotenen Systeme oft sehr umfangreiche Möglichkeiten. Sie bieten die zahlreichen 'Schubladen'. Was aber in die einzelnen Schubladen hineinkommt, so daß es für alle wiederfindbar wird, muß das Unternehmen nach seinem Bedarf festlegen. Hilfe gibt es nur in Form von Anwendungsprogrammen, die immer nur Teilbereiche abdecken, nicht aber den kompletten Datenbedarf eines langfristig konzipierten CIF-Systems, die den Zugriff auch nur über die Anwendungsprogramme erlauben, die aber nicht jeder einzelne Anwender hat oder bedienen kann.

Übersicht 6: Einführung einer Werksstrukturdatenbank

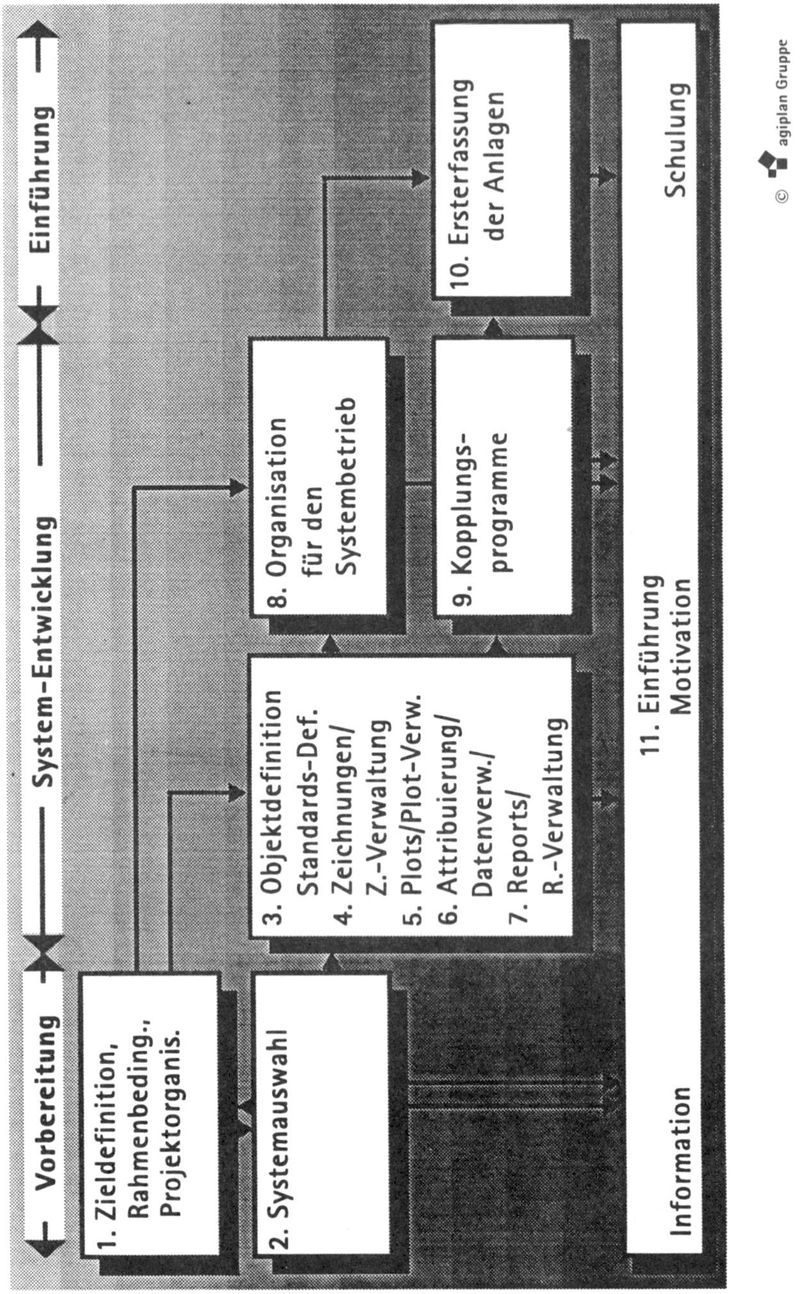

Übersicht 7: CIF-Gesamtmodell

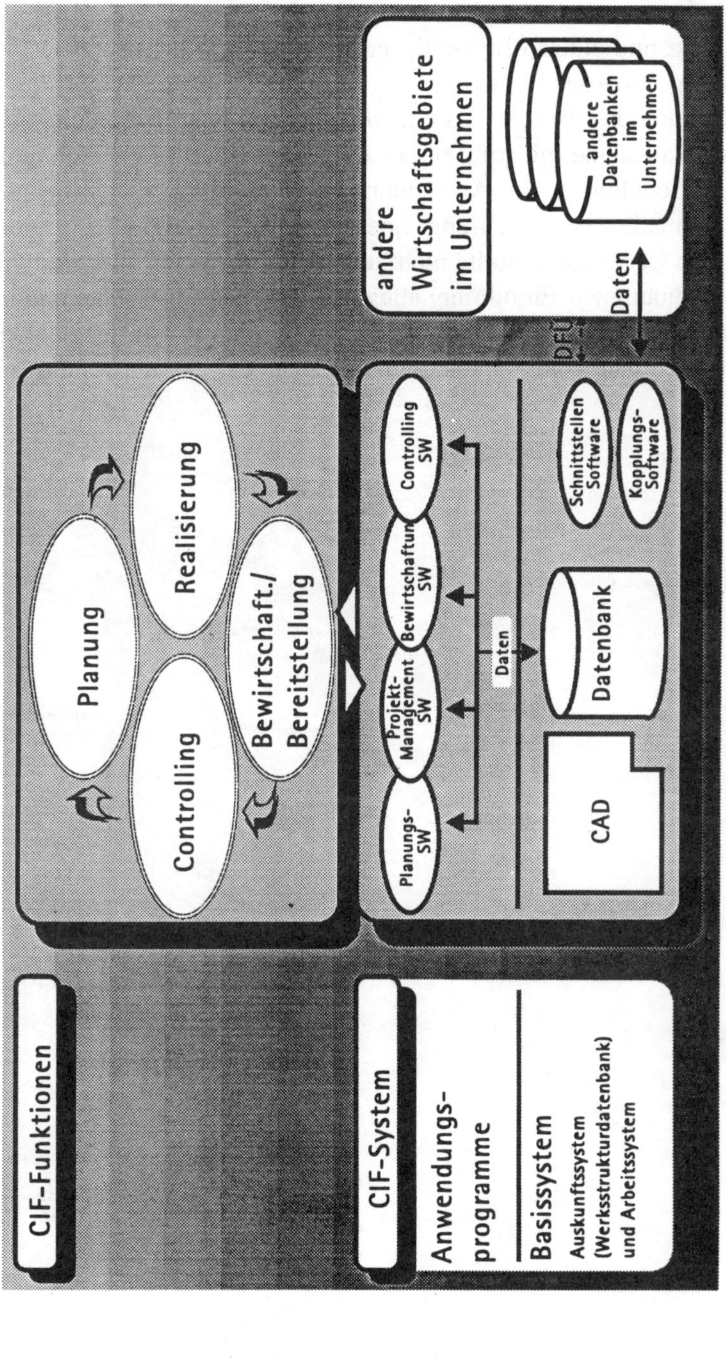

— Organisation für den Systembetrieb mit (Zugriffs-)Rechten und Pflichten.
— Schnittstellensoftware für die Datenübertragung.
— Ersterfassung der Anlagen im System in der Weise, daß der Aufwand gestreckt und Nutzen frühzeitig gegeben ist, also insbesondere unter Vermeidung nutzloser Perfektion.
— Einführung des Systems als eine alle anderen Schritte begleitende permanente Maßnahme mit frühzeitiger Information und Motivation und schrittweiser Schulung in der Anwendung des Systems.

Die Problematik der Einführung eines integrierten CAD/DB-Systems (siehe hierzu auch Übersicht 7) sollte nicht unterschätzt werden, aber auch nicht von der Entscheidung zur Einführung abhalten. Eine neue, effiziente und integrierte Organisation der Anlagenwirtschaft und der Einsatz leistungsfähiger CIF-Systeme wird bald selbstverständlich und dann für alle notwendig sein.

Organisatorische Stellungsfragen

von
Wolf D. Schumacher

1. Einführung

Gemäß der EuroFM-Definition ist Facility Management ein "ganzheitlicher strategischer Rahmen für koordinierte Programme, um Gebäude, ihre Systeme und Inhalte kontinuierlich bereitzustellen, funktionsfähig zu halten und an die organisatorischen Bedürfnisse anzupassen": Dies ergibt ein weites Betätigungsfeld über die Planung und den Bau von gewerblich genutzten Flächen hinaus ab. Alle Sachressourcen, wie Gebäude und Gebäudebestandteile, Netzwerke und Leitungssysteme, Maschinen, maschinelle Anlagen, Betriebs- und Geschäftsausstattungen, Wege und Hinweissysteme, Transportsysteme für Mitarbeiter und Kunden, bis hin zu Telearbeitsplätzen, können Gegenstand eines Facility Management sein.

Während Erfahrungsberichte und Veröffentlichungen zu Aufgabenstellungen im Umgang mit Gebäuden den Aspekten der Planung und Realisierung der Objekte viel Raum widmen, ist die Nutzungsphase häufig ein Stiefkind, obgleich sie in der Gesamtlebensdauer der Facilities den größten zeitlichen Anteil einnimmt.

Ein Grund mag darin liegen, daß die Nutzungsphase mehr von Routine und kleineren Veränderungen gekennzeichnet ist als das Projektvorhaben eines neuen Bauwerkes mit der dazugehörigen Ausstattung und darum weniger problembehaftet erscheint. Jedoch zeigt sich erst in der Nutzungsphase, ob die Planung und Herstellung eines neuen Gebäudes tatsächlich erfolgreich war, d. h., ob die Nutzer zufrieden sind, angestrebte Zwecke erreicht werden und die Betriebskosten im gesteckten Rahmen bleiben.

Traditionell ist die Nutzungsphase der Facilities eines Unternehmens dadurch gekennzeichnet, daß sich die Verantwortung für deren Unterhalt meist in verschiedene Zuständigkeiten aufteilt.

Werksunterhalt, Bauwesen, Instandhaltung, Technik, Allgemeine Dienste, EDV und Organisation sind einige der gängigen Bezeichnungen für Abteilungen, die Facility Management-Verantwortung tragen. Diesen Stellen ist gemeinsam, daß sie keine ganzheitliche Verantwortung für alle Facilities im Unternehmen besitzen. Diese Dezentralisierung der Verantwortung ist in der Regel historisch gewachsen und entspricht dem noch vielerorts anzutreffenden extrem arbeitsteiligen Organisationsprinzip. In den letzten Jahren zeigt sich jedoch zunehmend, daß das Konzept der stark arbeitsteiligen Organisation überholt ist und neuen Formen weichen muß.

2. Organisation der Aufgabengebiete des Facility Management

Im Prinzip gibt es zum jetzigen Zustand nur zwei Alternativen, die Aufgabengebiete des Facility Management in der Nutzungsphase zu organisieren: über die dezentrale Integration der unterschiedlichen Aufgabenstellungen in die nutzenden Abteilungen oder über ihre Zentralisation in einer eigenständigen Abteilung. Während die Dezentralisierung bei übergreifenden Aufgaben die Gefahr der Kompetenzstreitigkeiten in sich birgt, darf die Zentralisation nicht mit zunehmender Verbürokratisierung verbunden sein. Darum soll im folgenden neben den Vor- und Nachteilen der Dezentralisierung der Facility Management-Aufgaben auch ein spezielles Konzept ihrer Zentralisierung diskutiert werden.

Es ist vorstellbar, daß die Aufgaben des Facility Management direkt in die nutzenden Abteilungen integriert werden, d. h. daß die vorhandenen Spezialabteilungen weitgehend aufgelöst und das Personal den nutzenden Abteilungen zugeschlagen wird. Gegebenenfalls können die Mitarbeiter der nutzenden Abteilungen mit Hilfe von geeigneten Schulungsmaßnahmen so qualifiziert werden, daß sie die sie betreffenden Facility Management-Aufgaben erledigen können.

Diese Betrachtungsweise ist ganz im Sinne des Gedankens 'Lean Management', der — ausgehend von der bekannten MIT-Studie zur Organisation von Automobilunternehmen — u. a. die Reduzierung von Stabsfunktionen zugunsten produktiver Funktionen fördert.

Eine praktisch umsetzbare Maßnahme in diesem Sinne ist z. B. die Eingliederung von Aufgaben der Maschineninstandhaltung in Produktionsabteilungen. Eine andere Maßnahme ist die Übertragung der Verantwortung für EDV-Anlagen an die nutzenden Abteilungen. Diese wurde jedoch erst denkbar auf Grund der technischen Fortschritte bei der EDV-Hardware in den letzten Jahren, die eine Dezentralisierung möglich machten. Die Verantwortung für zentrale Großrechnersysteme dagegen kann nicht dezentralisiert werden. In diesem Falle ist nur das 'Outsourcing', d. h. die Übertragung der Verantwortung auf einen externen Dienstleister eine eventuelle Lösung. Ob diese allerdings angesichts der Wichtigkeit von Informationen in jedem Falle eine strategisch richtige Entscheidung für das Unternehmen darstellt, ist mit einem Fragezeichen zu versehen.

Die beschriebene Dezentralisierung von Facility Management-Funktionen ist dann kritisch zu betrachten, wenn es um das ganzheitliche Funktionieren und das ganzheitliche Erscheinungsbild eines Unternehmens in der Nutzungsphase geht. Je stärker die Facility Management-Funktionen im Unternehmen verteilt sind, desto eher besteht die Gefahr, daß das ganzheitliche Erscheinungsbild oder das ganzheitliche Funktionieren nicht gewährleistet ist. Nur mit starker Richtlinienbildung und laufender Abstimmung kann verhindert werden, daß der Erhaltungszustand der Facilities von Abteilung zu Abteilung erheblich differiert und das Gesamterscheinungsbild darunter leidet.

Hierzu ein Beispiel aus dem Bereich der Verkabelung elektronischer Systeme: Ein Unternehmen verfügt über mehrere EDV-Systeme, die unterschiedliche Kabelsysteme und Übertragungsprotokolle verwenden. Wenn nicht bereits in der Planungsphase diese Kabelkonzepte aufeinander abgestimmt werden, dann kommt es unweigerlich zu technischen Schwierigkeiten und nicht abschätzbaren Zusatzkosten beim Ausbau einzelner Systeme und insbesondere bei der unternehmensweiten Integration dieser Systeme.

Diese kritische Beleuchtung der dezentralen Ansiedlung von Facility Management-Aufgaben unmittelbar in den ressourcennutzenden Abteilungen zeigt, daß zumindest die unternehmensübergreifenden Facility Management-Aufgaben so nicht zufriedenstellend gelöst werden können. Es muß daher eine andere Organisationsform gefunden werden, die diesen Anspruch erfüllt.

3. Das Konzept des 'Internen Facility Management Unternehmens'

3.1 Allgemeines

Die Alternative eines internen Facility Management Unternehmens (IFMU) eröffnet dem Facility Management eine eigenständige Organisationsform, die sich natürlich in die Organisationsstruktur des Unternehmens einordnet. Es bietet sich an, daß der Hauptverantwortliche für alle Sachressourcen des Unternehmens direkt der Unternehmensleitung unterstellt ist.

Die Organisationsform des selbständigen Unternehmens im Unternehmen ist nicht neu und wurde bereits von solchen international etablierten Firmen wie Hewlett Packard und Matsushita erfolgreich für die Realisierung spezieller Verantwortungsbereiche genutzt. Das Konzept des Unternehmens im Unternehmen bedeutet, daß sich ein Verantwortungsbereich innerhalb eines Unternehmens wiederum als eigenständiges Unternehmen versteht und sich auch so organisiert. Diese Organisationsform umfaßt Aspekte des Profit- und Costcenter-Gedankens und nutzt die Vorteile der Teamorganisation.

Der Sinn eines internen Facility Management Unternehmens liegt darin, die unternehmerische Initiative innerhalb des Unternehmens zu wecken, zu nutzen und über die Wirkungen einer erfolgreichen Teamarbeit den wirtschaftlichen Erfolg des gesamten Unternehmens zu mehren.

Das Konzept des IFMU beinhaltet, daß sich die Organisationseinheit Facility Management als ein eigenständiges Unternehmen im Unternehmen versteht. Entscheidend ist, daß die Unternehmensleitung diese neuartige Organisationsform fördert und die notwendigen Kompetenzen zur Verfügung stellt, damit die weitreichenden Verantwortlichkeiten tatsächlich wahrgenommen werden können.

Das Konzept der IFMU verlangt nicht, daß für Facilities Management ein rechtlich eigenständiges Unternehmen gegründet wird, stellt jedoch formal und inhaltlich gleiche Anforderungen.

Im folgenden sollen einige Aspekte eines solchen internen Facility Management Unternehmens diskutiert werden.

3.2 Nutzererwartungen

Ein IFMU wird nur dann Erfolg haben, wenn es seine Kunden und deren Erwartungen genau kennt.

Ein IFMU ist kein traditioneller Dienstleistungsbereich, der eine bestimmte festgelegte Leistung erbringen muß, sondern ein Unternehmen, daß die Wünsche der Kunden erfüllt.

Wer sind die Kunden eines IFMU? Es sind alle Nutzer von Sachressourcen des Gesamtunternehmens. Da diese wiederum Kunden haben, sind auch deren Wünsche und Vorstellungen indirekt zu berücksichtigen. Denkt man an ein Bankinstitut, so reicht es nicht aus, nur für die optimale Betriebsbereitschaft von Ressourcen der Bankmitarbeiter zu sorgen, sondern es kommt auch darauf an, den Bankkunden zufriedenzustellen. Dessen Erwartungen (z. B. an die Verfügbarkeit von Bankautomaten) müssen bekannt sein.

Wie läßt sich feststellen, welche Erwartungen die Kunden an ein IFMU haben? Die Antwort auf diese Frage lautet: Man muß sie häufig und gezielt befragen!

Es reicht nicht mehr aus, einen Bereitschaftsdienst zu unterhalten, der auf Störfälle reagiert, sondern erforderlich ist vorausschauendes Handeln zur Erfüllung der Kundenerwartungen.

Einige Fragen, die an alle Kunden gestellt werden könnten:

— Sind Sie mit der technischen Ausstattung Ihres Arbeitsplatzes zufrieden?
— Ist die Lage des Arbeitsplatzes günstig im Hinblick auf die innerbetriebliche Kommunikation?
— Sind zu allen Zeiten genügend Parkplätze für auswärtige Besucher vorhanden?
— Wurden Störungen zu allen Zeiten innerhalb der vereinbarten Reaktionszeiten vollständig erledigt?
— Ist das Servicepersonal stets zuvorkommend und aufmerksam?
— Wieviele Arbeitsplätze wurden im letzten Monat innerhalb Ihres Arbeitsbereichs verlagert? Welche Gründe gibt es für diese Verlagerung?
— Fördern die Ihnen zur Verfügung stehenden Räumlichkeiten die Durchführung von Gruppenprozessen?
— Erlauben ihre Räumlichkeiten und Anlagen eine prozeßorientierte Arbeitsdurchführung? Müssen Sie aufgrund von Raumproblemen im Grunde nicht erforderliche Dispositionsstufen in Ihren Produktstücklisten einführen oder erhalten?
— Gibt es in Ihrem Verantwortungsbereich unproduktive Wege aufgrund von Raummangel?
— Sind Sie der Ansicht, daß Ihr Bereich/Ihr Arbeitsplatz bei der Ausstattung mit Sachressourcen nicht genügend berücksichtigt wird?
— Welche Flächen werden Sie in den nächsten beiden Jahren in welcher Ausstattung benötigen?
— Sind Sie mit den von uns verrechneten Preisen für die Ausstattung der Arbeitsplätze und deren Unterhalt einverstanden?
— Gibt es Dienstleistungen, die wir für Sie erledigen, die Sie mit eigenem Personal oder mit einer Fremdfirma qualitativ und/oder schneller und/oder kostengünstiger erledigen lassen könnten?
— Sind Sie mit unseren Beratungs-Dienstleistungen bei der Einrichtung neuer PC-Arbeitsplätze stets zufrieden?

— Sind Sie mit unserer Datenbank zum Erhaltungszustand Ihrer Sachressourcen zufrieden?
— Sind Ihre Mitarbeiter mit Telearbeitsplätzen mit der Verfügbarkeit der Computer-Ressourcen stets zufrieden?
— Sind Sie mit unserem Produkt- und Leistungsspektrum zufrieden? In welchen Bereichen erwarten Sie von uns zusätzliche Produkte und Dienstleistungen?
— Besitzen Sie bereits unseren aktuellen Dienstleistungskatalog?

Das Verfahren der Befragung von internen Kunden darf sich nicht wesentlich von der Befragung externer Kunden unterscheiden. Das bedeutet, daß auch hier formale Bewertungsrichtlinien verwendet werden müssen. Die sichere Erkenntnis ist, daß zufriedene Mitarbeiter (interne Kunden) eine entscheidende Voraussetzung für zufriedene externe Kunden sind!

3.3 Organisationsstruktur

Ein IFMU verfügt als Unternehmen im Unternehmen über eine eigene Organisationsstruktur. Diese kann funktionsbezogen oder produkt- bzw. dienstleistungsbezogen gestaltet sein. In der Regel sind auch Mischformen sinnvoll einsetzbar.

Eine funktionsbezogene Struktur gliedert das Unternehmen z. B. in Marketing und Service, Logistik und Rechnungswesen. Die Unternehmensleitung liegt bei dem Facility Manager. Diese Funktionen müssen natürlich für die Belange des Facility Manager gestaltet sein: Marketing und Service beschäftigen sich mit den Erwartungen der Kunden und deren Erfüllung, d. h. hier ist auch die Dienstleistungsfunktion angesiedelt, die Logistik ist für die Beschaffung von Ersatzteilen und Sachmitteln, deren Bewirtschaftung und die sachgebundene Entwicklung verantwortlich. In diesem Zusammenhang sind natürlich Fragen der Abstimmung mit unternehmensweiten zentralen Funktionen zu lösen. Dies gilt insbesondere für die Beschaffungsfunktion.

Eine produkt- bzw. dienstleistungsbezogene Struktur würde man z. B. in Informations- und Kommunikationssysteme, Architektur, Außenanlagen etc. gliedern. Denkbar ist auch eine organisatorische Gliederung nach Kundengruppen, z. B. nach Zuständigkeiten für Werksteile.

Im Vordergrund der Überlegungen für die optimale Gestaltung der Organisationsstruktur müssen die Kundenbedürfnisse und deren ganzheitliche Erfüllung stehen. Dem kommen die traditionellen Gliederungen nach Gewerken nicht entgegen.

Ein IFMU sollte eine flache Hierarchie haben; d. h. es sollten maximal die Ebenen Unternehmensleiter, Bereichsleiter, Abteilungsverantwortlicher und ausführende Mitarbeiter existieren. Eine tieferreichende Struktur führt die Organisation zu weit weg von den Bedürfnissen der Kunden.

Die Mitarbeiter eines IFMU sollten eher Generalisten mit fachlichem Gespür als (technische) Spezialisten sein. Sie sollten Probleme umfassend verstehen und — falls erforderlich — Spezialisten hinzuziehen können. Ihre Weiterqualifikation sollte in Richtung Projektleitung erfolgen. Es ist wichtig, daß vor allem Kommunikationsfähigkeit und Verantwortungsbereitschaft gut ausgebaut werden. Die Verfügbarkeit der Mitarbeiter über die Anwesenheitszeiten der Kunden hinaus muß gewährleistet sein.

3.4 Informationssysteme

Die organisatorischen Abläufe eines IFMU sind einfach und überschaubar zu gestalten. Hierzu gehört, daß sie dokumentiert sind und das notwendige Wissen für alle verfügbar ist.

Dazu dienen geeignete Informationssysteme. Deren Kern und wichtigster Bestandteil ist eine Facility Management-Informationsdatenbank. In dieser werden fortlaufend gespeichert: Objektbezogene bzw. kundenbezogene Problemlösungsberichte, die die Mitarbeiter als Referenz für neue Anwendungsfälle heranziehen können, die Systematisierung von Problem und Lösung, Kostenvergleiche zwischen Objekten und Abteilungen, Audit-Berichte und Kennziffern. Diese Informationen sollen jederzeit für jeden Mitarbeiter zugänglich sein.

Weitere Informationssysteme, die zur Verfügung stehen und genutzt werden müssen, sind: Objektentwurfs- und Raumbelegungssystem, Instandhaltungssystem, Projektmanagementsystem, sowie Leitwarten für Gebäude und Prozesse. Der Markt für Informationssysteme entwickelte sich in den letzten Jahren dahingehend, daß geeignete Hardware und Software zunehmend zur Verfügung steht. Der Integration der Anwendungen stellen sich in aller Regel jedoch eine informationstechnische Hürden entgegen.

Objektentwurfs- und Raumbelegungssysteme sind ein Bereich für CAD-Anwendungen. Deren Einsatz ist sinnvoll, da hiermit ein gleichbleibend aktueller Stand des Flächenlayouts und dessen Belegung gewährleistet werden kann. Hinzu kommt, daß damit alle Sachressourcen zusammenhängend abgebildet sind. Das bedeutet, daß eine Flächennutzungsänderung z. B. in bezug auf die Verfügbarkeit von EDV-Netzwerken untersucht werden kann. Dies ist möglich, da informationstechnisch alle Abhängigkeiten zwischen Objekten, Arbeitsgruppen, den Kunden und deren Werkzeugen berücksichtigt sind.

Ein Informationssystem für Aufgaben der Instandhaltung von Sachressourcen ist die Voraussetzung dafür, deren volle Verfügbarkeit sicherzustellen. Die exakte Ersatzteildisposition, die terminlich genaue Störfallbeseitigung, die vorbeugende Wartung und Instandsetzung sind Funktionen, die ein solches System zu unterstützen vermögen.

Leitwarten für die Gebäudeautomatisierung und Prozeßwarten wiederum ermöglichen die Zustandserfassung von Aggregaten innerhalb von Sekunden. Damit lassen sich Bereitschaftsaufwand, Energieaufwand und Risikopotentiale sich anbahnender Havarien wesentlich reduzieren. In Verbindung mit Sicherungssystemen läßt sich mit diesen Leitwarten ein Höchstmaß an sinnvoller Automatisierung erreichen.

3.5 Zielsetzungen

Die Ziele eines IFMU ergeben sich in erster Linie aus den Erwartungen der Kunden. Mögliche Zielsetzungen für ein IFMU sind:
— Werterhalt und Betriebsbereitschaft der Sachressourcen.
— Steigerung der Kundenzufriedenheit durch rasche Reaktion auf Störfallmeldungen.
— Treffen wirtschaftlich sinnvoller Make/Buy-Entscheidungen.
— Effektive und effiziente Raumnutzung.
— Koordinierte Umzüge von Arbeitsplätzen.
— Wirtschaftliche Nutzung von Gebäuden und Anlagen.

Wichtig ist, daß diese oder weitere Ziele operationalisiert werden und den Mitarbeitern bekannt sind. Dazu dienen spezifische Kennziffern, die definiert werden müssen. Auf Grund der fortlaufenden Erhebung können Abweichungen zwischen Soll und Ist festgestellt und schließlich Maßnahmen zur Behebung der Ursachen von negativen Abweichungen abgeleitet werden.

Einige Beispiele für Kennziffern sind:
— Nutzung von Flächen nach Kategorien (z. B. Deckungsbeitrag pro qm),
— Kosten der Instandhaltung pro Objekt,
— Verfügbarkeitsgrad von Anlagen, PCs etc.,
— Kosten der Ausstattung je Arbeitsplatz und im Vergleich,
— Kosten je qm Nutzfläche,
— Altersaufbau Objekte,
— Vergleich Ersatzzeitpunkte,
— Energiekosten,

— Kosten für die Pflege der Außenanlagen pro qm,
— Verhältnis aktivierte Fläche gegenüber Gesamtfläche,
— Restnutzungsdauer von Anlagen und Gebäuden,
— qm pro Mitarbeiter bezogen auf Arbeitsbereiche,
— 'Mean Time between Failure' von Objekten,
— Verhältnis Bildschirme zu Telefonen,
— Reaktionszeit pro Störung,
— durchschnittliche Behebungsdauer pro Störungsart,
— Anzahl der Reklamationen pro Einsatzfall,
— Anzahl Ersatzteile pro Objekt,
— Vergleich Störfälle Bürogeräte,
— Vergleich Störfälle je Lieferant, gewichtet mit der Anzahl der Objekte,
— Verbesserungsvorschläge pro Mitarbeiter zur grundsätzlichen Behebung von Störungsursachen.

In der Praxis ist es sinnvoll, sich auf eine feste Anzahl von Kennziffern festzulegen, diese regelmäßig (z. B. monatlich) zu erfassen und allen Beteiligten zur Kenntnis zu geben. Wichtig ist, daß bei negativen Abweichungen Maßnahmen eingeleitet werden. Diese Maßnahmen wiederum müssen als Projekte verstanden werden, deren Erledigungsfortschritt regelmäßig festgestellt wird. Sämtliche Maßnahmen müssen mit den Kunden abgestimmt werden.

3.6 Controlling

Die Sachressourcen bilden in aller Regel den größten Aktivposten in den Unternehmensbilanzen. Hinzu kommen noch Ressourcen, die geleast wurden. Daher ist das Controlling, d. h. die systematische Erfassung und Verfolgung aller mit den Facility Management-Aktivitäten zusammenhängenden Kosten von großer Bedeutung. Dazu kommt, daß das IFMU gegenüber seinen Kunden stets die eigene Existenzberechtigung nachzuweisen hat. Dies geschieht am einfachsten über die Preise, die direkt (nicht wie traditionell über Umlagen) verrechnet werden. Diese Preise müssen sich den Marktbedingungen stellen.

Die Kunden beurteilen ein IFMU nicht nur an den verrechneten Preisen, sondern vor allem an dem erzielten Nutzen. Hier können erhebliche Kosteneinsparungen bei gleichzeitiger Erhöhung der Verfügbarkeit von Sachressourcen erreicht werden. In der Praxis sind Kostensenkungen von 60 % bei Verfügbarkeiten nahe 100 % erreichbar.

4. Zusammenfassung

Die Anwendung des IFMU-Konzepts birgt viele Vorteile für Unternehmen mit umfangreichen Sachressourcen. Durch die Weckung der unternehmerischen Initiative und dem damit verbundenen Verständnis für Kosten und Erlöse wird ein großer Nachteil traditioneller Organisationsformen vermieden: deren Unwirtschaftlichkeit. Nicht umsonst werden die Facility Management-Aktivitäten bei Kostensenkungsvorhaben in Rezessionszeiten häufig als erste im Unternehmen auf den Prüfstand gestellt. Mit einer schlanken Facility Management-Organisation ist es dagegen möglich, die Wirtschaftlichkeit der Ressourcennutzung sicherzustellen und auch nachzuweisen.

Unternehmen, die das Konzept eines IFMU in mehreren Standorten realisiert haben, gewinnen über das Dargestellte hinaus die Möglichkeit, Kosten und Nutzen miteinander zu vergleichen und daraus für alle Standorte Nutzen zu ziehen. Ein weltweit operierendes Computer-Unternehmen hat auf diese Weise sein Erscheinungsbild über alle Standorte hinweg optimieren und gleichzeitig die Facility Management-Kosten in erheblicher Weise senken können.

Externe Gebäudebewirtschaftung

von
Jürgen Krummacker

1. Einleitung

Ein neues Schlagwort 'geistert' seit ein paar Jahren durch die deutsche Immobilienlandschaft: Facility Management.

Was bedeutet dieser nebulose Begriff, der sich nicht übersetzen läßt? Meint er die Immobilienverwaltung, das Handhaben von Mietnebenkosten? Heißt er das gleiche wie Gebäudemanagement — übrigens auch ein Schlagwort, das (noch) nicht definiert ist. Oder beinhaltet er die Organisation einer Immobilie durch ihren Nutzer?

Obwohl Facility Management Jahren zum immer häufiger gebrauchten Ausdruck wurde, versteht jeder darunter etwas anderes — und demnach kaum einer das Richtige. Das Wort selbst gibt es schon seit Jahrzehnten. Damals bezeichnete es lediglich den — übrigens heute kaum beachteten — Umgang mit Gebäudebeständen. Im Deutschen nennt man das Liegenschaftsverwaltung oder Hausverwaltung.

Warum sollte Facility Management nun gerade für gewerbliche Immobilien eingesetzt werden? Bevor dies erläutert wird, sollte zunächst dieser Begriff selbst definiert werden:

Facility Management ist ein Konzept. Dieses ermöglicht,

— die in einer Immobilien gebündelt vorhandenen Ressourcen sinnvoll miteinander zu verknüpfen,

— diesen Ressourcen einen strategischen Rahmen zu geben.

Facility Management ist auch ein System,

— um die Nutzungsintensität von Immobilien zu erhöhen und

— die Ertragsfähigkeit der Immobilie in verschiedenen Bereichen deutlich zu verbessern.

2. Die kommende Dienstleistungsgesellschaft

Damit sind wir beim Thema. Deutschland ist auf dem Weg zu einer Dienstleistungsgesellschaft. Verglichen mit den USA ist der Dienstleistungsanteil mit ca. 45 Prozent am Bruttosozialprodukt noch niedrig. Die USA sind uns in dieser Beziehung erheblich voraus. Dennoch ist es sehr wahrscheinlich, daß sich schon in den nächsten zehn Jahren der Anteil der Dienstleistungen am Bruttosozialprodukt auch bei uns eher in Richtung 60 Prozent und mehr bewegen wird. Der amerikanische Management-Theoretiker Peter Drucker sieht in der beschleunigten Entwicklung zur Dienstleistungsgesellschaft einen vielversprechenden Weg, den notwendigen Produktivitätszuwachs der deutschen Wirtschaft in den nächsten Jahren sicherzustellen.

Mit Sicherheit kommen in unserer zukünftig noch intensiveren Dienstleistungsgesellschaft Probleme und Schwierigkeiten auf uns zu. Facility Management für Immobilien kann ein Weg sein, in Teilbereichen Schwierigkeiten zu bewältigen und Probleme zu lösen.

Wir wissen alle: Der Produktionsstandort Deutschland ist, verglichen mit dem Weltniveau, zu teuer geworden — und in Zukunft wird er noch teurer werden. Alle produzierenden Unternehmen in Deutschland stöhnen unter der Kostenlast. Sie suchen nach Wegen, dieser zu entgehen.

Auch hier sind uns die USA um einige Jahre voraus. Bei ihren Überlegungen, wie wirtschaftliche Schwierigkeiten am besten zu überstehen seien, haben amerikanische Unternehmen ihre Umsatzstrukturen untersucht. Dabei haben sie festgestellt, daß der bisher kaum beachtete Facility Manager (das ist das amerikanische Gegenstücke zum deutschen Hausverwalter) in normalen Unternehmen immerhin knapp zehn Prozent des Umsatzes zu betreuen hat. Gleichzeitig stellte sich heraus, daß der Nachweis besonderer Wirtschaftlichkeit gerade in diesem Bereich bisher niemals verlangt wurde. Facility Management bzw. die Hausverwaltung war eine Kostenstelle ohne Einkünfte und hatte damit ihren Platz in den Gemeinkosten.

Jetzt jedoch vollzieht sich ein grundsätzliche Wandel: Die Hausverwaltung wird von der Kostenstelle zum Profit-Center gemacht. Genau in diesem Bereich setzt auch der Gedankengang von Drucker an. Er geht davon aus, daß die Umgestaltung von Dienstleistungen, von Verwaltungstätigkeiten, ganz erhebliche Einsparungspotentiale realisieren kann. Die Realisierung dieser Einsparungspotentiale stellt sich volkswirtschaftlich als Produktivitätssteigerung dar.

In der praktischen Umsetzung sieht Drucker jedoch Schwierigkeiten auf die Deutschen zukommen. Er äußerte seine Befürchtungen gegenüber der

Frankfurter Allgemeinen Zeitung vom 9. Juni 1992: "Die deutsche Provinzialität kann teuer werden". Und weiter: "Eine Übernahme ausländischer Ideen in den deutschen Alltag sehe (ich) schon gar nicht. (...) Motto: wenn wir es schon immer so gemacht haben, können wir es auch so belassen, wir sind ja doch perfekt. ...". Druckers Kritik ist deutlich: "Alle Ressourcen werden gepflegt und gehegt, nur die Motivation und Leistung der Menschen im Unternehmen werden immer noch als gegeben behandelt." Und: "Manager sollten nicht die Technik ihrer eigenen Betriebe verwalten, sondern sich darauf konzentrieren, wofür sie bezahlt werden: am Markt Geld verdienen."

Verfolgen wir diese Gedanken weiter. Sehen wir uns die Verwaltungsbereiche großer deutscher Unternehmen (oder die Verwaltung überhaupt) an. Auf eine Tatsache stoßen wir dabei sofort: Dienstleistung und Verwaltung halten sich ständig in Immobilien auf und erbringen in Immobilien ihre Wertschöpfung.

Aber was hat das mit Facility Management zu tun? Ist es der Ersatz des operativen Geschäfts der Dienstleister? Oder eine Verbesserung? Ist es eine andere Form von Hausverwaltung? Oder ist es gar eine noch weitergehende Automatisierung in Bürogebäuden als wir sie heute schon vielfach haben? Das alles ist es eben nicht, und das alles kann es auch in Zukunft nicht sein.

Facility Management für Immobilien ist ein Konzept, ein System. Dieses ermöglicht es, die vorhandenen und in Zukunft immer knapper werdenden Ressourcen intensiver nutzen zu können.

3. Kosten der Immobilienbewirtschaftung

Im niederländischen 'De Financiele Telegraaf' hieß es am 19. Februar 1991: "Wer sich die Kosten für die Firmenunterbringung einmal etwas genauer ansieht, wird eine überraschende Entdeckung machen. Das reine Unterbringen in einem Gebäude umfaßt nämlich noch nicht einmal ein Drittel der gesamten Unterbringungskosten." 'Die Zeitung zitiert Jan Regterschot, Berater in einem niederländischen Beratungsunternehmen: "1988 war Facility Management in den Niederlanden noch ein nahezu unbekannter Begriff, heute kennt es jeder Manager".

Und weiter: "Durch eine bessere Vergabestrategie im Dienstleistungsbereich können Kosteneinsparungen zwischen 20 und 30 Prozent erreicht werden." Später im Artikel behauptet Regterschot, "daß sich der Prozentsatz an nach außen vergebenen Arbeiten bei niederländischen Betrieben in den vergangenen fünf Jahren auf nunmehr ca. 45 Prozent verdoppelt hat" und er erwartet, "daß sich dieser Prozentsatz in den kommenden fünf Jahren auf 60 Prozent steigern wird."

Das Beratungsunternehmen, für das er tätig ist, untersuchte gleichzeitig die Gesamtkosten eines Arbeitsplatzes. Dabei fielen neben den Fixkosten, die in diesem Fall im wesentlichen Personalkosten darstellen, vier weitere wesentliche Punkte auf: Catering, die Hauspost, Datenkommunikation und — als einer der 'wesentlichen Brocken' — die Verwaltung der Firmenräume.

Was heißt das für uns in Deutschland? Ist die Situation hier mit der in den Niederlanden vergleichbar? Könnten solche Vergleiche herangezogen werden, und wenn ja — wie sehen sie aus?

Zunächst müssen wir uns von dem Gedanken freimachen, daß Vermieter und Eigentümer eine ganz andere Spezies sind als Flächennutzer, auch Mieter genannt. Beide Gruppen, Mieter und Vermieter, befassen sich mit dem gleichen Gegenstand, nämlich mit der Immobilie. Beide wollen mit dieser Immobilie Geld verdienen: Der Vermieter will als Investor einen Ertrag mit seinem eingesetzten Kapital erwirtschaften. Die Mieter brauchen eine funktionierende Immobilie mit einer funktionierenden Infrastruktur, um ihr Geschäft betreiben zu können und ihrerseits Erträge zu erwirtschaften.

Wie erreicht man beide Ziele? Mieter und Vermieter, beide Marktbeteiligte, bedienen sich verschiedener Dienstleister, um unterschiedliche Aufgaben die Immobilie betreffend zu erfüllen. Die einzelnen Dienstleister, die die Immobilie funktionsfähig halten, brauchen ganz klar abgegrenzte Aufgabenfelder. Nur dann können sie ihre Aufgaben so durchführen, daß sowohl Eigentümer als auch Mieter ihren Vorteil davon haben. In einer Zeit steigenden Kostenbewußtseins muß man sich darüber klar werden, welche Kosten ein Quadratmeter Büroraum tatsächlich involviert.

Die Kosten setzen sich zusammen aus denen

— des Rohbaus,
— des Ausbaus,
— der Einrichtung,
— der Heizung, Beleuchtung etc.,
— der Telekommunikation,
— Abgaben, wie Steuern, Versicherungsprämien etc.,
— der Instandhaltung und
— der Verwaltung.

Der Rohbau ist die langlebigste sachliche Komponente eines Gebäudes. Seine ursprünglich hohen Kosten verschwinden jedoch gegenüber allen anderen, wenn man den gesamten Lebenszyklus eines Gebäudes betrachtet, innerhalb dessen die Ausbauelemente und erst recht die Einrichtung mehrfach erneuert werden und die Nutzungskosten sich zu beachtlichen Beträgen summieren.

Wie aber sieht die Kostenträgerstruktur einer Immobilie eigentlich aus? Betrachten wir das Ganze einmal interdisziplinär und starkt vereinfacht. Hier soll es um

— Verwaltungskosten,
— die Instandsetzung,
— die Gruppe der Betriebskosten,
— die Wartungskosten und
— die Organisationskosten

gehen.

Im Bereich der Verwaltungskosten ist der klassische Verwalter zu finden. Er handelt im Auftrag des Eigentümers und kümmert sich um den Abschluß von Mietverträgen, deren Einhaltung und das Miet-Inkasso. Außerdem erledigt er das eventuell notwendige Mahnwesen, die Buchführung und das Rechnungswesen für die Immobilie. Der Verwalter erstellt die notwendigen Grundlagen für die Nebenkostenabrechnung. Und die führt, wie wir alle wissen, sehr häufig zu großen Überraschungen.

Der Bereich der Instandsetzung wird in gewerblichen Mietverträgen sehr häufig mit der Instandhaltung verwechselt. In den DIN 31051 ist die Instandhaltung definiert als Summe der Wartungs-, Inspektions- und Instandsetzungstätigkeiten. Gerade im gewerblichen Vermietungsmarkt findet hier ein heftiges Verwirrspiel statt. Für die Instandsetzung gilt: die regelmäßig notwendigen Instandsetzungs- und Wiederherstellungskosten müssen dem Eigentümer oder dem Flächennutzer zugeordnet werden. Und hier wird es sehr schwierig. Man wird in den meisten Mietverträgen Formulierungen wie "Die Instandhaltung/Instandsetzung obliegt dem Mieter" finden. Aber in der DIN 31051 wird die Instandhaltung anders definiert, nämlich als Wiederherstellung verbrauchter Komponenten. Die wiederum gehört nach gängigem Rechtsverständnis zu "Dach und Fach" und damit eigentlich in den Bereich des Eigentümers.

Es folgt die Gruppe der Betriebskosten. Die umfaßt im wesentlichen Steuern, Versicherungen, andere kommunale Abgaben und Unterhaltskosten für den allgemeinen Bereich.

Innerhalb der Wartungskosten werden alle für eine Immobilie abgeschlossenen Wartungsverträge aufaddiert und abgerechnet. Dies wird in regelmäßigen Intervallen und fast automatisch abgewickelt. Dabei fragt niemand danach, ob das Sinn ergibt oder dieser Wartungsaufwand überhaupt notwendig ist.

Diese Fülle der anfallenden Kosten, die tatsächlich immer vorhanden sind, lassen sich eventuell kurzfristig aufschieben. Diese Kosten, die man zum Beispiel mit der Verzögerung von Reparaturen spart, werden später mit um so größerer Wucht anfallen. Dabei ist zu beachten, daß diese Kosten bei den derzeitigen Organisations-Systemen von ganz unterschiedlichen Kostenträgern beurteilt, veranlaßt und abgerechnet werden.

Hier entsteht der Eindruck, daß durch die richtige Organisation dieses komplexen Gebietes Immobilie nicht zu unterschätzende Einsparungspotentiale realisiert werden können. Ich habe die Auflistung der Bewirtschaftungskosten in eine sehr einfache Struktur gebracht und damit zwangsläufig verkürzt. In der Realität ist der Bereich der Bewirtschaftungskosten noch viel komplexer. Jedes Unternehmen kann für sich ähnliche Beispiele und Berechnungen aufstellen.

Den Kosten einer Bürofläche soll ein Nutzen gegenüberstehen, wobei die qualitativen Faktoren der Bürofläche diesen Nutzen entscheidend beeinflussen. Allerdings wurde auch schon erkannt, daß ein gutes Büro nicht allein aus der Summe der mittlerweile als wichtig anerkannten Faktoren besteht. Die Hauptaspekte für ein gutes Büro sind kurz umrissen:
— die Ergonomie,
— die akustische und visuelle Ungestörtheit,
— die Kommunikation und die Privatsphäre,
— die Beleuchtung,
— das Klima,
— die Raumgestaltung.

Nun kommt es leider selten genug vor, daß alle diese Aspekte an einem Arbeitsplatz optimal gelöst sind. Irgendeiner dieser Bereiche hinkt aus irgendwelchen Gründen immer hinterher. Selbst wenn alle Forderungen nominell erfüllt sind und man davon ausgehen könnte, daß für die arbeitenden Menschen eine angenehme Atmosphäre entstanden wäre, ist dies leider nicht zwangsläufig so.

Der Grund dafür liegt in der oft isolierten Planung und Ausführung der einzelnen Bereiche; da hat beispielsweise der Architekt in Abstimmung mit der Geschäftsleitung die Gebäudekonzeption entwickelt. Wenn dann die Räumlichkeiten fast bezugsfertig sind, beginnt die meist viel zu überstürzte Beschaffung der Büroeinrichtung. Bekanntermaßen entdeckt der kostenbewußte Bauherr spätestens zu diesem Zeitpunkt, daß das Budget nun verbraucht ist und sich zudem enorme Kostensteigerungen abzeichnen. Und so entscheidet bei den innenarchitektonischen Einrichtungen in sehr vielen Fällen immer noch das vordergründige und unreflektierte Kostendenken. Die Konsequenz dieses Handelns ist den Beteiligten zu diesem Zeitpunkt noch nicht bewußt. Die Stunde der Wahrheit kommt — wie immer — erst später. Das Ergebnis sind oft Büros und Immobilien, die wohl auf den ersten Blick gefallen, keinesfalls aber den Bedürfnissen der Mitarbeiter entsprechen.

Dabei besteht das Versäumnis nicht allein im Fehlen der koordinierenden Hand für Inneneinrichtung, sondern vor allem darin, daß die psychischen Faktoren stark vernachlässigt wurden. Auf die Notwendigkeit der Motivation von Mitarbeitern brauchen wir hier nicht weiter einzugehen — das Bewußtsein dieser Notwendigkeit können wir heute voraussetzen.

Man sieht, dieser gesamte Bereich ist ziemlich verworren. Ihn transparenter zu gestalten, ist eine Frage des Informationsmanagements. Unter diesem Blickwinkel stellt sich eine Immobilie wie ein Nervensystem dar. Ein Nervensystem, dessen Synapsen — um in der Sprache der Neurologen zu sprechen — in vielen Bereichen blockiert sind.

Es ist dringend notwendig, daß jede der Kostenträgergruppen mit der anderen kommuniziert. Durch intensive Kommunikation können mit Sicherheit erhebliche Mehrfachfunktionen vermieden werden. Es können erheblich bessere Abstimmungen der einzelnen Tätigkeiten durchgeführt werden. So wird das Ziel aller Beteiligten erreicht: Wir schaffen eine funktionierende Immobilie, mit der und in der Erträge von alle Beteiligten erwirtschaftet werden können.

4. Anforderungen an einen nutzergerechten Arbeitsplatz

Zum Arbeitsumfeld gibt es häufig Beschwerden. Zwar ist jede davon einem anderen Bereich zuzuordnen, aber im wesentlichen entstehen alle diese Beschwerden durch mangelnde Kommunikation. Die zehn Standardbeschwerden über das Arbeitsumfeld sind:

— keine Zeit für Atempausen,
— Überschwemmung mit Dokumenten,
— eingeengte Raumsituation,
— schlechtes Klima,
— trockene, stickige Luft,
— unpraktische Arbeitsanordnung,
— Kabel sind im Weg und stören,
— veraltetes Mobiliar,
— fehlende Entspannungsmöglichkeiten,

— zu hoher Lärmpegel.

Was passiert sonst in komplexen Büro-Immobilien?

— Organisationsstrukturen werden geändert,
— Abteilungsgrößen werden angepaßt,
— es gibt flexible Arbeitszeiten,
— unterschiedliches Unternehmenswachstum führt zu unvollständiger Raumbelegung,
— die Belegung wechselt.

Aus diesen Situationen resultieren die unterschiedlichsten Veränderungen. Anzupassen sind Wände und Decken, haustechnische Systeme und Kommunikations-Systeme sowie die Arbeitsplätze selbst.

Hier ergeben sich bestimmte Notwendigkeiten für Planung und Konstruktion der Immobilie: Das beginnt mit einer sogenannten interaktiven Gebäudehülle. In dieser werden Fassade und Fenster als regelbarer Filter für Licht und thermische Energie betrachtet.

Es geht weiter mit der Forderung nach multifunktionalen Flächen, die auf geänderte Organisationsstrukturen im Unternehmen schnell reagieren können. Doch wie sehen viele Immobilien heute tatsächlich noch aus? Wir sprechen zwar von intelligenten Gebäuden — aber diese Intelligenz kann sich nicht erschöpfen in einer immer komplexeren Ausrüstung mit Gebäudetechnik.

In einem falsch konzipierten Gebäude verbrauchen wir einen ganz erheblichen Anteil der persönlichen Kapazität nur, um die durch eine falsche Konzeption hervorgerufenen Widerstände zu überwinden. Ziel sollte es jedoch sein, daß das Gebäude durch seine Struktur die Leistungsfähigkeit der Nutzer unterstützt und steigert.

Damit bekommen die Anforderungen an Gebäudeplaner und Projektentwickler ganz andere Dimensionen. Es kann nicht darum gehen, eine Immobilie herzustellen mit einer möglichst großen Quadratmeterzahl Grundrißfläche, sondern es muß darum gehen, Lebens- und Arbeitsraum für viele Beteiligte zu schaffen.

5. Wertewandel und Informationsmanagement

In unserer Gesellschaft findet derzeit ein Wertewandel statt: Was bedeutet das für uns, für diejenigen, die sich mit Immobilien beschäftigen? Es bedeutet, daß die Anforderungen an die Arbeitsplätze in einer Büroimmobilie immer komplexer werden. Arbeitsplätze werden teuerer. Die Leistungsfähigkeit der Arbeitsplätze und damit natürlich auch die Leistungsfähigkeit der für die Arbeitsplätze zur Verfügung gestellten Fläche muß also wachsen. Diese Komplexität ist nicht statisch, sondern sie ist sehr dynamisch: Es ist nicht möglich, die Immobilie in aller Komplexität herzustellen und es dann dabei zu belassen.

Was haben nun Veränderungen in den Werten der Gesellschaft mit der Komplexität der Immobilie und deren Arbeitsplätzen zu tun? Unsere Wirtschaft verändert sich — wie eingangs erwähnt — in Richtung auf eine Dienstleistungsgesellschaft. Der produzierende Bereich wird immer kleiner. Dabei sei noch einmal an die zur Zeit laufende Diskussion über die nicht mehr tragbare Kosten des Produktionsstandortes Deutschland erinnert.

Dienstleistungen werden im wesentlichen in Bürogebäuden erbracht, die mit sehr aufwendigen Arbeitsplätzen versehen sind. An diesen Arbeitsplätzen müssen hochbezahlte Mitarbeiter der jeweiligen Unternehmen mehr erwirtschaften, als die Durchführung der Dienstleistung und die Bereitstellung der Arbeitsplätze kosten. Mit den Veränderungen in unserer Gesellschaft wachsen die Anforderungen an die ausführenden Dienstleister. Das bedeutet: Die einzelnen Personen und Plätze kosten mehr.

Hinzu kommt die Dynamik im Wertewandel: Die Gesellschaft besinnt sich mehr auf sich selbst. Arbeit wird nicht mehr um ihrer selbst willen und aus Pflichtgefühl getan, sondern sie muß dem Lustprinzip genügen. Zukünftige Unternehmer müssen sich darauf einstellen: Die Akademiker, die das gesamte Arbeitsleben als Sachbearbeiter verbringen müssen, geben sich nicht mehr mit Geld allein zufrieden.

Der Einzelhandel hat es uns vorgemacht: Es gilt, eine Erlebniswelt Arbeitsplatz zu schaffen. Und da alles in einer Zeit, in der sich die Anforderungen der Gesellschaft an ihr Umfeld und damit auch an die Arbeitsplätze in immer größerer Geschwindigkeit verändern.

Arbeitsplätze werden in Immobilien eingerichtet. Deshalb ist dies ein Thema, das jeden, der sich mit der Planung und der Bewirtschaftung von Immobilien befaßt, ganz hautnah berührt. Wie aber kann man darauf reagieren? Die Anpassungsgeschwindigkeit läßt sich nur durch geeignetes Informationsmanagement bewältigen.

Jeden Tag gibt es innerhalb der verschiedenen Kostenträgergruppen, die ich eingangs geschildert habe, eine Vielzahl von Informationen. Dabei dürfen wir nicht vergessen: Informationen im weitesten Sinne haben nur potentiellen Informationsgehalt. Nach einer Untersuchung der Universität Saarbrücken kommen z. B. von den täglichen Informationen aus unseren Medien nur zwei Prozent wirklich an. Niemand hat bisher bewiesen, daß das in unserer täglichen Arbeitswelt nicht ebenso ist. Was wir Informationen nennen, steht nur für die technische Möglichkeit, daß daraus eine Nachricht für den Empfänger werden könnte.

Es gibt zeitliche Probleme beim Aufnehmen der Informationen, es gibt mediale Probleme, es gibt eine Unzahl von sozio-psychologischen Barrieren und mentalen Verfälschungen. Damit verschärft sich das Problem. Es wird immer schwieriger, aus der wachsenden Summe der Informationen diejenigen herauszufiltern, die relevant sind. Was die Informationsverarbeitung betrifft, verhält sich der Mensch permanent wie ein grober Filter. Deshalb wird es immer schwieriger, aus den einzelnen Informationen ein stimmiges Weltbild zusammenzusetzen. Kurz gesagt: Es wird immer schwieriger, die Wirklichkeit zu sehen bzw. zu erkennen.

Aber eine schnellebige Zeit kümmert sich nicht um diese Informationsprobleme. Die Welt wird immer komplexer, immer zappeliger, immer fließender, immer schneller und dynamischer und verändert dabei permanent ihr Aussehen.

Durch die Informationsexplosion wird unser Umfeld immer mehr zu einer Teil- und Scheinwelt. Wir müssen also Werkzeuge und Einrichtungen schaffen, die potentielle Informationen zu tatsächlichen Ergebnissen zu verarbeiten.

6. Zusammenfassung

Die Ausführungen sollten deutlich machen, daß die Bewirtschaftung von Immobilien heute sehr viel mehr erfordert als eine Aneinanderreihung von diversen Dienstleistungen, die scheinbar endlos weiterlaufen, nachdem sie einmal eingerichtet wurden. Die Industrie hat in der Anpassung ihrer Fertigungsmethoden vorgemacht, was alles möglich — und nötig ist, um auch international wettbewerbsfähig zu sein.

Damit ist die Funktion des Immobilienmanagers, wenn wir ihn so nennen wollen, klar: Er hat die Aufgabe, die Bereitstellung von unterstützenden Dienstleistungen mit einem 'just in time'-System zu organisieren. Er muß dafür sorgen, daß die Gebäude-Infrastruktur die Leistungsfähigkeit ihrer Benutzer unterstützt und steigert.

Man braucht ein System, das es ermöglicht,
— komplexe Informationsströme zu sortieren,
— ihre Bedeutung aufeinander abzustimmen und
— geeignete Maßnahmen zur Unterstützung ihrer Nutzer zu initiieren.

Diese Teilbereiche, die Einzelbereiche, die Gebäude, verlangen nach einem dafür ausgebildeten Manager, nach dem Facility Manager. Alles, was er bewegt, berührt die Wettbewerbsfähigkeit aller Beteiligten. Diese lassen sich zu drei Gruppen zusammenfassen:

— Die Investoren und Eigentümer der Immobilie in ihrer Funktion als Bereitsteller von Flächen. Diese Flächen müssen im Substanzwert erhalten und verbessert werden.
— Die Vielzahl einzelner Dienstleister, die in und um die Immobilie tätig sind. Alle diese Dienstleister können unkoordiniert mit einem geringen Wirkungsgrad oder, und darum geht es, gezielt mit einem hohen Wirkungsgrad eingesetzt werden.
— Diejenigen, um die es tatsächlich geht: Die Nutzer der Immobilie, die auf der ihnen zur Verfügung stehenden Fläche das erwirtschaften, was sie an die Dienstleister, an die Eigentümer abgeben, und die gleichzeitig selbst einen Ertrag aus ihren originären Geschäften erwirtschaften wollen.

Die Beschäftigung mit diesen vielen Wirkfaktoren geht weit über das heutige Verständnis von Immobilienmanagement hinaus. Wir müssen uns darüber klar werden, daß die mentalen Auswirkungen der Umgebung deutliche Einflüsse auf die Produktivität haben. Und wir müssen erkennen, woraus die Umgebung besteht — und wie der Nutzer mit ihr kommuniziert.

Ein gezielter Einsatz von Facility Management, verbesserte und verstärkte Kommunikation bewirken einen sehr realistischen Ansatz bei der Verbesserung von Unternehmensressourcen.

Hier ist klar zu erkennen, daß ein nur technischer oder ein nur betriebswirtschaftlicher oder gar ein nur verwaltungstechnischer Lösungsansatz höchst unvollkommen ist.

Die eingangs skizzierte Kostenüberlegung zeigt, daß die gesamten, mit der Bereitstellung und Nutzung von Arbeitsplätzen verbundenen Kosten die direkten Investitionskosten der Immobilie weit übersteigen. Das bedeutet, daß der Verantwortliche für die spätere Nutzung der Immobilien an den Anfang der Immobilienentwicklung und der Planung gesetzt werden muß. Die Einbindung der Faktoren, die im Zuge des derzeitigen Wertewandels immer deutlicher werden, stellt Anforderungen aus dem sozio-ökologischen und sozio-emotionalen Bereich an Immobilien. Damit sind Kaufleute, Techniker und auch Architekten weit überfordert.

Wir brauchen heute einen Manager, der gelernt hat, in komplexen, neuronalen Systemen zu denken. Wir brauchen jemanden, der Programme entwickeln kann, die in einem ganzheitlichen strategischen Rahmen koordiniert sind. Es geht darum, Gebäude, ihre Systeme und Inhalte kontinuierlich bereitzustellen, funktionsfähig zu halten und an die wechselnden organisatorischen Bedürfnisse anzupassen. Wir brauchen ein neues Denk- und Informationsverhalten — nicht zuletzt um zu erkennen, daß Facility Management nicht die Verwaltung von Informationen ist, sondern deren Moderation.

Unternehmens- und Immobilienstrategien

von
Ranko Bon

1. Einführung

Aus meiner engen Zusammenarbeit mit amerikanischen und europäischen Firmen konnten die im folgenden dargestellten Grundkonzeptionen für ein Management von Unternehmensimmobilien entwickelt werden. Im englischsprachigen Raum hat sich der Begriffsinhalt auf Grund seiner mannigfaltigen fachspezifischen Wurzeln und Entwicklungswege unter den unterschiedlichsten Begriffen etabliert: Corporate Real Estate Management, Property oder Estate Management, Fixed oder Operational Property Asset Management, Real Property Management oder Real Estate Asset Management sowie Real Property Portfolio Management.

Inhaltlich befaßt sich das Management von Unternehmensimmobilien mit dem Management von Gebäuden und Grundstücken privater und öffentlicher Unternehmen, die selbst nicht im Immobilienbereich tätig sind. Andererseits muß ein Unternehmen, das eine Fläche in Anspruch nimmt, diese richtig bewirtschaften, wie die Mehrheit der großen Unternehmen zunehmend erkennt.

Das Management von Unternehmensimmobilien umfaßt das ganze Spektrum von Tätigkeiten bezüglich Gebäude- und Grundbesitz: Investitionsplanung und -management, Finanzplanung und -management, Bauplanung und -management sowie Facility Planning und Facility Management.

Ebenso wie eine Flotte von Schiffen benötigt auch eine 'Flotte' von Gebäuden eine Gesamtstrategie und die Koordinierung der einzelnen Elemente. Mag jedes Schiff eine eigene spezifische Funktion haben, die Flotte als ganzes wird hingegen durch eine für alle verbindlichen Strategie geführt. Ähnlich im Unternehmen, wo die strategischen Ziele den Kurs bestimmen. Das primäre

Anliegen des Managements von Unternehmensimmobilien besteht darin, eine enge Übereinstimmung zwischen den Geschäfts- und Immobilien-Strategien eines Unternehmens herzustellen und aufrechtzuerhalten.

Jede Immobilie durchläuft einen Zyklus, der seinen Ausgangs- und Endpunkt in 'unerschlossenem Land' hat. Die Zyklusphase, in der sich eine bestimmte Immobilie befindet, muß im Lichte weiterer relevanter Zyklen wie beispielsweise Produkt- oder Prozeß-Zyklen betrachtet werden. Das Management von Unternehmensimmobilien befaßt sich mit dem gesamten Zyklus jeder einzelnen Immobilie im Bestand, wobei der Schwerpunkt auf der Verwertung liegt. Genauer gesagt, befaßt sich das Management von Unternehmensimmobilien mit dem Verhältnis zwischen dem Immobilienzyklus und anderen strategischen Zyklen, die für das betreffende Unternehmen kennzeichnend sind.

Das Management von Unternehmensimmobilien wendet sich hauptsächlich an Unternehmen mit einem bedeutenden Immobilienbestand. Letztlich besteht die Aufgabe darin, eine befriedigende Planung, Beschaffung, Organisation und Verwertung von Immobilien zu gewährleisten und diese Dienstleistungen dem Kunden zur Verfügung zu stellen. Darum werde ich mich insbesondere auf Systeme zur Entscheidungshilfe konzentrieren. Solche Systeme müssen für jeden Kunden mit einem bedeutenden Immobilienbestand maßgeschneidert sein.

2. Die Struktur des Immobilienbestands und Möglichkeiten zu Ertragssteigerungen

Der gesamte Immobilienbestand kann als eine strukturierte Sammlung von Grundstücken mit den dazugehörigen Gebäuden sowie ggf. weiterem Land für künftige Erschließungen aufgefaßt werden. Einige Gebäude können einzeln über ein großes geographisches Gebiet verstreut sein, andere sind in Gruppen angeordnet und können einem bestimmten gemeinsamen Zweck dienen. Diese Gruppierungen können in ein und demselben geographischen Gebiet, aber auf verstreuten Grundstücken liegen, oder sie können klar umrissene Areale auf einem einzigen Stück Land oder auf mehreren benachbarten Grundstücken bilden.

Die möglichen Arbeitsabläufe sind für Gebäude und Grundstücke in verschiedenen Teilen des Immobilienbestands eines Unternehmens unterschiedlich. Umgekehrt sollte die Struktur des Immobilienbestands die unterschiedlichen Abläufe für verschiedene Klassen von Immobilien widerspiegeln. Eine wichtige Funktion des Managements von Unternehmensimmobilien besteht darin, Buch zu führen über die vorhandenen Optionen für die verschiedenen Komponenten des Immobilienbestands. Diese Informationen können bei jenen Immobilien, die für Veräußerungen oder erhebliche Rekonstruktionen vorgesehen sind, als Grundlage für die Eventualitätsplanung dienen.

Die Möglichkeiten, Kosten und Nutzen von Gebäudebesitz zu beeinflussen, sinken rapide in den Planungs- und Entwurfsphasen des Bauprozesses. Instrumente des Managements von Unternehmensimmobilien müssen so früh wie möglich im Immobilienlebenszyklus angewendet werden. Die Informationen über die 'guten' und 'schlechten' Gebäude eines Unternehmens sind als Anhaltspunkte sowohl für neue Bauprojekte als auch für Reparatur- und Rekonstruktionsprojekte unschätzbar. Da der Immobilienbestand eines großen Unternehmens sich erheblich von allen anderen Anlagen unterscheidet, muß jedes Unternehmen eine Datenbank mit unternehmensspezifischen Informationen erstellen und weiterführen.

Die primäre operative Aufgabe des Managements von Unternehmensimmobilien besteht darin, in Form geeigneter Indikatoren Methoden und Werkzeuge für die Herstellung und Weiterführung einer Feedback-Schleife zwischen dem Ertrag des Immobilienbestands und der Führungstätigkeit zur Verfügung zu stellen. Die Feedback-Schleife öffnet den Weg zur kontinuierlichen Steigerung des Immobilienertrags im Rahmen sich stets verändernder Unternehmensziele. Kontinuierlicher Mehrertrag im Einklang mit sich ändernden Unternehmenszielen ist die 'Theorie', auf die sich das Management von Unternehmensimmobilien gründet. Der Schwerpunkt liegt auf der Bereitstellung von Werkzeugen, die dazu beitragen, den Immobilienbesitz eines Unternehmens in die richtige Richtung zu manövrieren. Bei der Bestimmung, welche Richtung für das Unternehmen die richtige ist, stützt das Management sich auf die Geschäftsstrategie des Unternehmens. Die Informationen über den Immobilienertrag sollten so angeordnet werden, daß die Geschäftsführung die Konsequenzen ihrer Führungstätigkeit für den Immobilienertrag sowie die Wirkungen der Immobilien auf den Gesamtertrag des Unternehmens erkennen kann.

Das Management von Unternehmensimmobilien erfordert eine effektive Überprüfung des Immobilienertrags mit Hilfe eines Systems von Ertragsindikatoren. Bei einem gegebenen Budget gibt es einen Zusammenhang zwischen vielen Indikatoren, die selten gemessen werden, und wenigen Indikatoren, die oft gemessen werden. Letzteres ist ersterem vorzuziehen, weil die Geschäftsführung im allgemeinen stärker an der relativen Tendenz als an den absoluten Werten der Ertragsindikatoren interessiert ist.

Wie in der Produktion besteht das Ziel der statistischen Qualitätskontrolle darin, zu sichern, daß der tatsächliche Immobilienertrag sich zwischen gewünschten Ober- und Untergrenzen bewegt. Diese Grenzen können über einen Zeitraum enger werden. Bei Immobilien sollte die statistische Qualitätskontrolle mit besonderer Sorgfalt angewendet werden. Erstens sind Quervergleiche von Gebäuden aufgrund ihrer Heterogenität schwierig; selbst gleiche Gebäude an unterschiedlichen Standorten werden sich als sehr verschieden voneinander erweisen. Zweitens sind Längsvergleiche von ein und denselben Gebäuden zu unterschiedlichen Zeiten schwierig, weil viele Prozesse an Gebäuden sehr langsam verlaufen; vieles wird sich selbst über einen langen Zeitraum als gleich erweisen.

Ein interessantes Beispiel aus der Unternehmenspraxis ist die Anwendung der statistischen Qualitätskontrolle auf Daten, die auf Mängelanzeigen über Gebäude beruhen. Obwohl man von rund 5.000 Mängelanzeigen pro Jahr auf ca. 112.000 m^2 Unternehmens-Facilities ausgehen kann, werden diese Informationen fast ausschließlich für die Bearbeitung der einzelnen Mängelanzeigen genutzt. Mehrere Anwendungen in großen Unternehmen haben gezeigt, daß die statistische Qualitätskontrolle hilfreich sein kann bei der Feststellung und Überprüfung von chronischen Problemen, welche Gesamtlösungen in bezug auf Facilities oder Immobilien erfordern.

3. Strategische Ziele und Entscheidungshilfen

Ein Grundanliegen des Managements von Unternehmensimmobilien ist der Erhalt der Fähigkeit des Unternehmens, sich wandelnden ökonomischen Bedingungen anzupassen. Die Struktur der Immobilienertrags-Indikatoren sollte deshalb der Struktur des Immobilienbestands entsprechen. Das Management von Anpassungsfähigkeit und Flexibilität sollte nicht allein auf einzelne Gebäude gerichtet werden. Das Problem entsteht zumindest auf zwei weiteren Ebenen: bei Gebäudegruppen und bei dem Immobilienbestand als ganzes. Zudem treten auf allen drei Ebenen spezifische Aspekte des Problems auf: physische, finanzielle und organisatorische. Physische Aspekte dominieren auf der Ebene einzelner Gebäude; finanzielle Aspekte sind auf der Ebene des Immobilienbestands vorherrschend; organisatorische Aspekte sind besonders wichtig auf der Ebene von Gebäudegruppen.

Der Immobilienertrag sollte zu dem Zwecke gemessen werden, im Interesse einer Ertragssteigerung allmählich den gesamten Immobilienbestand durch kontinuierliche Führungstätigkeit zu verändern. Das Hauptziel besteht darin, den Gesamtertrag des Immobilienbestands zu verbessern, indem der Durchschnittsertrag erhöht und die Schwankung um den Durchschnittsertrag verringert wird. 'Guter' oder 'schlechter' Ertrag sind relative Begriffe. Der beste Ertrag in einem Zeitabschnitt mag in einem anderen Zeitraum als der schlechteste aufgefaßt werden. Auch wird es notwendigerweise zu jeder Zeit sowohl 'gute' als auch 'schlechte' Gebäude geben.

Statistische Verfahren des Managements von Unternehmensimmobilien werden erst allmählich in die Unternehmenspraxis eindringen. Doch es sind mehrere Systeme von Indikatoren des Immobilienertrags entworfen worden, um Ausreißer im Immobilienbestand festzustellen und zu überwachen, d. h. Immobilien, die bei der Einteilung extreme Positionen einnehmen. 'Erfolglose' Immobilien können entweder veräußert oder durch zusätzliche Kosten aufgebessert werden, während 'Stars' einerseits durch Design und Bauart, andererseits durch Management produziert werden können. In einer Welt, in der die seltenste Ressource die Umsicht der Manager ist, ist es höchst zweckmäßig, ihr Augenmerk auf etwa zehn Prozent des Immobilienbestands zu lenken.

Das Hauptanliegen bei der Entwicklung von Entscheidungshilfe-Systemen besteht darin, Wege zu finden, um die in einem Unternehmen vorhandenen Informationen so anzuordnen, daß die höchste Führungsebene die Konsequenzen ihrer Führungstätigkeit auf den Immobilienertrag sowie die Wirkungen der Immobilien auf den Gesamtertrag des Unternehmens erkennen kann. Die Feedback-Schleife kann durch ein entscheidungsunterstützendes System geschlossen werden. Wie Übersicht 1 zeigt, besteht die Software eines Entscheidungshilfe-Systems aus folgenden Hauptkomponenten: Wissensbank, Nutzer-Interface, Modellbank und Datenbank.

Es ist zweckmäßig, zwischen zeitweiligen und ständigen Aspekten im Management von Unternehmensimmobilien zu differenzieren. Erstere können mit Problemlösung oder Entscheidungsfindung assoziiert werden, letztere mit Problemfindung oder Zustandsbewertung. Die meisten Management-Instrumente richten sich gegenwärtig auf die Problemlösung. Problemfindung wird relativ vernachlässigt. Hier müssen frühere Entscheidungen überprüft werden und künftige Probleme müssen erkannt werden, um rechtzeitig Gegenmaßnahmen einzuleiten.

Viele wichtige Entscheidungen auf dem Immobiliensektor werden mit Umsicht getroffen, vor allem bezüglich Erwerb und Veräußerung. Da bei Erwerb und Veräußerung von Gebäuden und/oder Grundstücken beträchtliche Finanzmittel bewegt werden, werden derartige Entscheidungen von führenden Managern sorgfältig bedacht. Für das Treffen einzelner Entscheidungen existiert ein breites Spektrum von Instrumenten und Verfahren. Dabei sind Instrumente für die Haushaltsplanung und Kosten/Nutzen-Analysen vorherrschend. Im allgemeinen wird jedoch das Management der Immobiliennutzung vernachlässigt. Hier verlagert sich der Schwerpunkt auf die kontinuierliche Überprüfung des Immobilienertrags, die notwendige umsichtige Entscheidungen zur Steigerung dieses Ertrags erleichtern kann.

Übersicht 1: Basisarchitektur eines CREM DSS
(Corporate Real Estate Management Decision Support System)

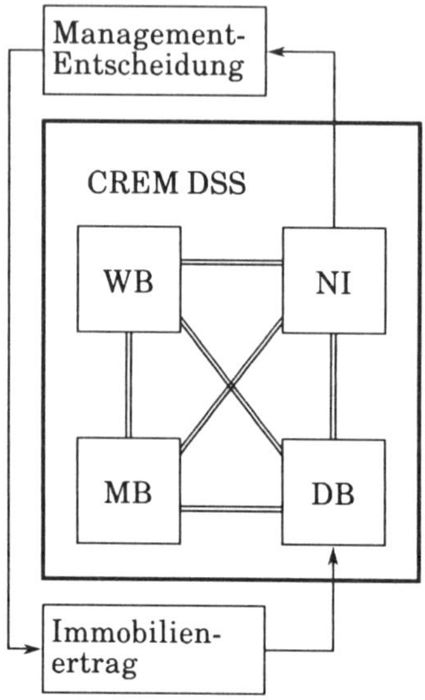

Legende:
WB — Wissensbank, NI — Nutzer-Interface, MB — Modellbank, DB — Datenbank

In der Unternehmenspraxis betrifft die Problemfindung beispielsweise Gebäude, die erhebliche Veränderungen in Design und/oder Bauart erfahren haben. Derartig weitreichende Veränderungen betreffen in der Regel die Funktion, Größe oder die Lage des Gebäudes. Ein geringer Ertrag im Lebenszyklus eines Gebäudes steht in engem Zusammenhang mit einer solchen weitreichenden Veränderung. Anders gesagt, eine weitreichende Veränderung, die häufig nicht vermieden werden kann, ist als Vorhersage für den künftigen Gebäudeertrag zu betrachten. Wenn Informationen über die frühe Geschichte des Gebäudes verlorengegangen oder den Managern nicht zugänglich sind, wird ein unergiebiger Ertrag nicht richtig interpretiert. Daher ist es wichtig, alle Gebäude, die derartige Veränderungen durchlaufen haben, sorgfältig zu überprüfen, um bestimmten Problemen, die daraus entstehen können, zuvorzukommen.

Die Entwicklung von Entscheidungshilfen im Management von Unternehmensimmobilien kann ein langwieriger und kostspieliger Prozeß sein. Andererseits können einige Software-Werkzeuge, die auf dem Markt erhältlich sind, genutzt werden, um grundlegende Funktionen von Entscheidungshilfe-Systemen auf den Immobilien-Management-Bereich anzuwenden. Tabellenkalkulations- und Datenbanksysteme können als Kern eines einfachen Entscheidungshilfe-Systems genutzt werden, während fachspezifische und andere Wissensbank-Systeme angewendet werden können, um den Nutzer durch das Entscheidungshilfe-System zu führen, von grundlegenden Instruktionen über einzelne Arbeitsschritte bis hin zur Interpretation der Ergebnisse.

Vielleicht besteht die wichtigste Lehre aus der Unternehmenspraxis darin, daß die Informationen, die für ein Entscheidungshilfe-System für das Management von Unternehmensimmobilien benötigt werden, in den meisten Unternehmen bereits vorhanden sind. Die Sammlung und Verarbeitung von neuen Informationen ist selten effektiv und sollte mit großer Sorgfalt angegangen werden. Die Informationen, die regelmäßig von mehreren Nutzern verwendet werden, sind im allgemeinen von größtem Wert. Finanzkennziffern, die für die Analyse und Darstellung des Unternehmensertrags genutzt werden, sind in diesem Kontext von besonderem Wert.

4. Forschungsaufgaben

Die Forschung auf dem Gebiet des Managements von Unternehmensimmobilien darf nicht als eine Aktivität verstanden werden, die direkt zu Entscheidungen oder umsetzbaren Resultaten führt. Die Komplexität der Probleme und Werkzeuge im Management von Unternehmensimmobilien bedingt als einen Zwischenschritt systematisches Lernen. Alle erfolgreichen Forschungs- und Consulting-Projekte erfordern Teamwork zwischen der Forschungsgruppe und der Unternehmensführung. Mehr noch, erfolgreiche Arbeit auf diesem Gebiet erfordert die Unterstützung ranghoher Manager; ohne deren Unterstützung kommt dieses Management über Anfangsschritte nicht hinaus.

Die Tätigkeiten im Management von Unternehmensimmobilien durchlaufen im allgemeinen vier Phasen: Erkenntnis, Analyse, Durchführung sowie Überprüfung und Weiterentwicklung. Die Anfangsphase ist für den Erfolg der Arbeit entscheidend. Wenn die Erkenntnis, daß die Arbeitsweise des Immobilien-Managements erheblich verändert werden muß, nicht von führenden Managern kommt, sind die folgenden Phasen in Gefahr, in ihrer Reichweite und Effektivität beschnitten zu werden.

Obwohl es einige Grundprinzipien gibt, die der Entwicklung von entscheidungunterstützenden Systemen für unterschiedliche Unternehmen zugrunde liegen, muß jedes Entscheidungshilfe-System mit besonderer Aufmerksamkeit für die Spezifika eines jeden Unternehmens entwickelt werden. Aus diesem Grunde ist die Forschungs- und Entwicklungsarbeit auf diesem Gebiet anspruchsvoller und interessanter als auf den meisten anderen Gebieten, die mit Ertragsmessung und -bewertung befaßt sind.

Facility Management im Spiegel eines erneuerten Bauverständnisses der Architekten

Die Entwurfswerkstatt der Zukunft

von
William J. Mitchell

1. Das virtuelle Entwurfsatelier: Ein Szenarium

Das traditionelle Entwurfsbüro ist ein Raum mit Zeichentischen, Schränken zur Aufbewahrung von Entwürfen und angrenzenden Konferenz- und Demonstrationsräumen. Charles Dickens hat es beschrieben, und es ist im Grunde genommen bis heute unverändert geblieben. Es hat sich in der Tat seit Jahrhunderten nicht verändert. Die einzig bedeutsame moderne Neuerung besteht darin, daß heutzutage die Bildschirme der CAD-Workstations Zeichenbretter und Reißschienen aus Holz ersetzen mögen. Dies kann den Design-Prozeß effizienter machen, aber es verändert den Prozeß nicht grundsätzlich.

Betrachten wir nun eine Architektin der nahen Zukunft. Auf einem Bauplatz für einen Ferienort in einem abgelegenen Teil Indonesiens klappt sie ihren Laptop auf, öffnet ein Videophone-Fenster und spricht, um ein Problem zu lösen, mit ihrem Statiker in Los Angeles. Sie haben beide zugleich, in Echtzeit und in Interaktion, Zugang zum dreidimensionalen CAD-Modell des Projekts, und sie beziehen sich während des Gesprächs darauf, wobei sich z. B. das Modell auf einem Server im Heimatbüro in Boston befindet. An einem bestimmten Punkt der Diskussion beschließt die Architektin, den Bauherrn in die Konferenz einzubeziehen. Er befindet sich gerade in einem Hotelzimmer in Tokio, wie sie auf einem zusätzlich sich öffnenden Videofenster sehen kann. Das Problem, das die Architektin bewegt, berührt den Zugang zum Bauplatz. Ein Erdrutsch hat unvorhergesehene Schwierigkeiten mit der Lage einer Brücke verursacht. Um das Ausmaß des Schadens zu ermessen und neue Standorte in Betracht zu ziehen, beauftragt sie eine Informationsagentur, relevante Satellitenbilder ausfindig zu machen. Während sie sprechen, durchforscht die Informationsagentur das Netzwerk und liefert bald schon die gewünschten Informationen. Die Architektin entwirft die Lösung vor Ort und spricht mit einem Assistenten in Boston, den sie mit der Ausarbeitung der Details beauftragt. Der Assistent modifiziert das Geometriemodell und übermittelt ein paar Tage später die Änderungsaufträge dem bauausführenden Hauptbüro in Seoul. Diese Arbeit wurde in der virtuellen Entwurfswerkstatt ausgeführt.

In der Lehre der Architektur und Stadtplanung ist augenfällig, daß viele Tätigkeiten und Verfahren des traditionellen Architekturbüros direkte Entsprechungen im virtuellen Design-Atelier haben. Betrachten wir die folgenden Beispiele.

Die virtuelle Begutachtung

Der Student befindet sich beispielsweise am MIT. Der Außengutachter, ein namhafter Architekturkritiker, befindet sich in seinem Büro in Barcelona.

Beide haben Workstations mit Zugang zum CAD-Modell des studentischen Projekts, mit Video-Fenster und Audio-Verbindung für ein Gespräch 'unter vier Augen'. Die kritische Erörterung des Projekts erfolgt in üblicher Weise. Der Architekturkritiker wird — ähnlich wie ein Anwalt — für seine Konsultationszeit bezahlt. (In einem fortgeschritteneren Atelier könnte der Student über Gutscheine verfügen, die er nach Bedarf für Konsultationen mit verschiedenen Gutachtern in verschiedenen Phasen der Projektarbeit verwenden könnte. Namhafte, anerkannte Kritiker würden selbstverständlich teurer sein als junge Assistenten.) Das Gespräch wird auf Digitalmedien aufgezeichnet, so daß der Student es jederzeit abspielen kann.

Bauplatzmodelle

Traditionell werden die Bauplatzmodelle, die in Architektur- und Stadtplanungsateliers verwendet werden, mühsam aus Pappe, Schaumstoff und Holz gefertigt. Die Herstellung eines Bauplatzmodells kann am Anfang sehr viel Zeit in Anspruch nehmen. In einem virtuellen Atelier hingegen wird ein CAD- oder GIS[1]-Modell verwendet, das einfach über das Netzwerk erreichbar ist oder importiert wird. (Nehmen wir beispielsweise an, daß die zentrale Verkehrsbehörde ein detailliertes CAD-Modell von Bostons Stadtzentrum kon-

1 Geometric bzw. Geographic Information Systems

struiert hat. Ein derartiges Modell würde dann den Ateliers dieser Region für ihre Projekte zur Verfügung stehen.)

Visuelle Referenz-Datenbanken

Eine der wichtigsten Ressourcen eines Architekturbüros oder einer Architekturschule ist ihre Sammlung von Referenz-Datenbanken. So verfügen Architekturschulen traditionell in ihren Bibliotheken über große Bestände an Diapositiven mit Ansichten und Details von Bauwerken. Die Effektivität solcher Lehrmittel ist indes sehr begrenzt, da Dias unikale, fragile Objekte sind und den meisten Studenten und Lehrkräften nicht ständig zur Verfügung stehen. Wenn diese Bildersammlung in digitaler Form existiert, steht jedes Bild potentiell für jedermann zu jeder Zeit und an jedem Ort via Netzwerk zur Verfügung. Eine derartige Verfügbarkeit würde einen revolutionierenden Einfluß auf den Diskurs in Architekturbüros ausüben. Der Diskurs wäre angereichert mit Informationen und tiefer und wirksamer im Fundus der vorgefundenen architektonischen Probleme, Antworten und Lösungen verwurzelt.

Informationsagenturen, Analytiker und Berater

In der Vergangenheit wurden für technische und Kostenanalysen CAD-Systeme entwickelt, die die Analyseverfahren mit zentralisierten Datenbanken integrierten. Ähnlich gab es Versuche, zentralisierte Datenbanken für Bauprodukte und -materialien zu erstellen. Dies führte zu monolithischen, schwerfälligen, unflexiblen Systemen, die in der Praxis selten ihr Ziel erreichten. Im virtuellen Architekturbüro hingegen könnten Analyseverfahren und Produkt-Datenbanken an vielen verschiedenen Orten im Netzwerk zur Verfügung gestellt werden. Beispielsweise könnten Lieferanten von Bauprodukten Server mit Datenbanken über ihre eigenen Produkte versorgen; ein Architekt, der spezifische Informationen über ein Produkt benötigt, würde eine Agentur beauftragen, sich im Netz nach Produkten umzuschauen, die die gegebenen Anforderungen erfüllen. (Das American Institute of Architects führt gegenwärtig ein derartiges System ein.)

Im allgemeinen werden Informationen und Analysen zur Unterstützung des Entwurfs dezentralisiert zur Verfügung stehen. Man wird sehr stark auf Informationsagenturen bauen, um im Verlauf der Arbeit am Projekt die erforderlichen Informationen und Analysen zu erhalten. In dem Maße wie die Informations-und Analysemöglichkeiten zunehmen, werden die Studenten in der virtuellen Entwurfswerkstatt in einer mit Informationen angereicherten Umgebung arbeiten.

Konstruktion von Modellen und Prototypen

Die Rolle von gegenständlichen Modellen und Prototypen im Entwurfsprozeß wird sich wandeln, doch Modelle und Prototypen werden weiterhin notwendig sein. Schnelle Systeme zur Konstruktion von Modellen, die automatisch geometrische Daten in Objekte transformieren, Laserschneider, Stereolithographie und ähnliche Elemente werden im virtuellen Design-Atelier voraussichtlich an Bedeutung gewinnen. Modelle werden nicht mehr mit Pappe, Schere und Klebstoff an den Arbeitstischen der Studenten gefertigt, sondern aus Geometriedateien entwickelt und durch ein Netzwerk an Orte übermittelt, an denen entsprechend schnelle Verfahren zur Konstruktion von Prototypen zur Verfügung stehen.

Netzwerk-Entwurf

Die traditionelle Fertigstellung des Entwurfs gegen Ende eines Projekts ist eine intensive Anstrengung, um Zeichnungen und Modelle für die Präsentation zur abschließenden Jury-Begutachtung anzufertigen. In dem virtuellen Büro wandelt sich die Aufgabe, den Design-Vorschlag zu präsentieren, zur Produktion von Projektionen, bildlichen Darstellungen, Animationen, Referaten und Analysen auf der Grundlage der CAD-Datenbanken. Die Ressourcen des gesamten Netzwerks stehen dem Studenten potentiell zur Verfügung, und die Arbeit kann so aufgeteilt werden, daß die Aufgaben gleichzeitig ausgeführt werden können. Dies ist nun ein schneller und effizienter Prozeß an Stelle eines langen, ermüdenden und anstrengenden. Anstatt in mühevoller Kleinarbeit Zeichnungen und Modelle anzufertigen, kann sich der Student auf die intellektuelle Aufgabe konzentrieren, wie seine Idee am besten darzustellen ist.

Die virtuelle Demonstration

Wenn die Studenten ihre Projekte beenden, stellen sie traditionsgemäß ihre Zeichnungen zur Begutachtung aus. Es gibt einen festgelegten Termin, und die Arbeiten müssen bis zu diesem Termin als Objekte eingereicht und an der Demonstrationsfläche ausgestellt sein. Der — traditionellen — Ausstellung der Ergebnisse entspricht in der virtuellen Entwurfswerkstatt die Übertragung der relevanten Dateien mit Hilfe des Netzwerks auf eine bestimmte Maschine.

Die virtuelle Jury

Eine Jury, in der distinguierte Gäste versammelt sind, um die fertiggestellten studentischen Projekte zu begutachten, ist ein traditioneller und lebenswichtiger Bestandteil einer Entwurfswerkstatt. In einem virtuellen Atelier können die Mitglieder der Jury über die ganze Welt verstreut sein.

Sie benötigen zum Konferieren wenigstens eine Video-Telefon-Verbindung mit nahtloser Integration von Digitalbildern, um Animations-Clips studentischer Projekte präsentieren zu können. Ein noch ehrgeizigeres (und letztlich effektiveres) Verfahren bestünde darin, den gleichzeitigen, geographisch verteilten Zugang zu CAD- oder GIS-Modellen zu integrieren. Ein wichtiges Nebenprodukt wäre die Möglichkeit, die präsentierte studentische Arbeit und die ablaufende Diskussion vollständig aufzuzeichnen und festzuhalten.

2. Technologien als Voraussetzung

Die Technologien, die das virtuelle Architekturbüro ermöglichen, sind jetzt soweit entwickelt, daß das Konzept zum Prototyp weiterentwickelt werden kann. Zu den wichtigsten Technologien gehören die folgenden:

CAD- und GIS-Technologie für die Modellierung entstehender Design-Vorschläge

Kommerziell erhältliche Systeme sind nun soweit entwickelt, daß sie sehr effizient und zuverlässig die praktische Design-Arbeit unterstützen. Die Kapazität ist das Hauptproblem in der Praxis. Das virtuelle Architekturbüro muß über eine ausreichende Anzahl von Workstations, Software-Lizenzen und Platz auf Festplatten für die Speicherung von Projekten verfügen.

Visualisierungssysteme zur Darstellung von Bildern und Animationen von 3D-Geometriemodellen

Kommerzielle Systeme wie WAVEFRONT können grundlegend all das leisten, was hier benötigt wird. Wiederum ist die Kapazität ein Problem. Da eine hochwertige Visualisierung computerintensiv ist, sollten die Systeme so organisiert werden, daß sie die Kapazität des Netzwerks voll ausnutzen. Echtzeit-Visualisierungssysteme werden voraussichtlich von wachsender praktischer Bedeutung sein.

Digitale Bild-Technologie

Entscheidend für den Erfolg des virtuellen Entwurfsateliers wird die Fähigkeit sein, effizient hochwertige digitale Bilder (sowohl Stand- als auch bewegte Bilder) festzuhalten, zu speichern, zurückzuholen, aufzuteilen, zu manipulieren, analysieren und interpretieren. Derzeit werden die relevanten Technologien rapide weiterentwickelt und vermarktet. Entwurf und verwandte Anwendungsgebiete stellen einen potentiellen Markt für verschiedene neue Produkte dar. Und die Zeit ist reif für ernsthafte, praktische, umfangreiche Untersuchungen der Anwendungsmöglichkeiten des Digital-Bildes auf dem Gebiet des Entwurfs.

Video-Telekonferenz-Technologie

Die Video-Telekonferenz-Technologie ist für die effektive Interaktion von geographisch voneinander entfernten Orten erforderlich. Die Technologie muß preiswert genug und einfach im Gebrauch sein, um eine unkomplizierte Nutzung während des Entwurfsprozesses zu gewährleisten. Die Technologie muß mit CAD und GIS integriert werden, so daß die Video-Telefonkonferenzen sich mit den Geometriemodellen des Design-Vorschlags befassen können. Erfreulicherweise bewegt sich die Technologie der Video-Telefonkonferenz gegenwärtig in diese Richtung.

Netzwerke mit hoher Bandbreite

Das virtuelle Entwurfsatelier erfordert die Bewegung von riesigen Mengen von Bilddaten durch ein Netzwerk, den Zugang zu großen Datenbanken und ein hohes Niveau der Interaktion. Daher ergeben sich beträchtliche Anforderungen an die Bandbreite des Netzes. Jüngste und absehbare künftige Entwicklungen bei Netzwerken mit hoher Bandbreite werden eine wesentliche Grundlage für das virtuelle Design-Atelier liefern.

Laptop-Computer mit drahtloser Telekommunikation

Laptop-Computer ermöglichen es, in das virtuelle Entwurfsatelier von entfernten Bauplätzen aus, auf Reisen u. ä. einzutreten. Studenten werden Laptops mit sich tragen an Stelle eingerollter Zeichnungen. Die gegenwärtigen intensiven Bemühungen, Produkte dieser Art zu entwickeln und zu vermarkten, sind effektiv zu nutzen.

Gleichzeitiger Zugang

Echte Zusammenarbeit bei der Design-Arbeit erfordert gleichzeitigen Zugang zu CAD- und GIS-Datenbanken von geographisch unterschiedlichen Orten aus. Dies kann ein großes Problem sein, und keineswegs alle Systeme unterstützen diese Form des Umfangs (insbesondere populäre Systeme nicht, die primär für den PC-Gebrauch vorgesehen sind). Die relevante grundlegende Datenbank-Technologie entwickelt sich jedoch weiter.

Vernetzte Input/Output-Geräte

Flexible, multimodale Input/Output-Geräte sind eine Notwendigkeit. Die für das Design benötigten Daten muß man abtasten, vom Video festhalten, von 2D-Zeichnungen oder 3D-Objekten digitalisieren, mit Hilfe von graphischen Input-Geräten konstruieren oder eingeben können. Der Output kann eine unterschiedliche Rolle im Entwurfsprozeß spielen. Man kann den Output in Farbe oder monochrom drucken, auf großen Blättern aufzeichnen, auf 35mm-Filme oder Video-Aufzeichnungen schreiben oder in 3D produzieren. Eine hochwertige Output-Qualität ist äußerst wichtig. Viele der notwendigen Geräte sind teuer in der Anschaffung und im Betrieb und erfordern eine genaue Überwachung. Sie können jedoch eine große Anzahl von Nutzern bedienen und kosteneffektiv sein, wenn sie als Netzwerkgeräte eingesetzt werden. Dieser Einsatz ist für die Mehrzahl der relevanten Geräte zunehmend machbar.

Software zur Unterstützung der Gruppenarbeit

Ein großer Teil der Organisation und Koordination, die für Gruppenarbeit von geographisch verschiedenen Orten (z. B. die Planung einer Telefonkonferenz) erforderlich ist, kann potentiell eher durch Software durchgeführt werden als durch direkte Kommunikation von einer Person zur anderen. Das virtuelle Designatelier wird aus der fortgesetzten Entwicklung und Vermarktung dieser

Art von Software Nutzen ziehen. Potentiell gibt es bedeutende Einsatzmöglichkeiten für Übersichtstafeln und Mitteilungsblätter, Frage- und Antwortschemata, gesprochene Kommentare zu Zeichnungen und Modellen, Video-Post etc.

Interface

Es ist bezeichnend für Entwerfer und Planer, daß sie unvorhersehbare Informationen zu unvorhersehbaren Zeiten benötigen. Die nötige Information mag an unbekannten Orten im Netzwerk verstreut existieren. Es wird ständig notwendig sein, riesige Informationsmengen zu sichern (z. B. historische Datenbanken über frühere Projekte), um die wertvollen Informationsstücke ausfindig zu machen. Die Entwicklung der Technologie der aktiven Schnittstellen wird voraussichtlich eine wichtige Rolle bei der Herausbildung des virtuellen Designateliers spielen.

Da diese und andere Technologien weiterentwickelt und integriert werden, um eine zunehmend nahtlose Arbeitsumwelt zu schaffen, wird das virtuelle Architekturbüro immer ausgereifter und effektiver. Dieser Entwicklungsprozeß wird voraussichtlich eine beträchtliche Zeit in Anspruch nehmen.

3. Ein Pilotprojekt

Als eine erste Erprobung der Idee der virtuellen Entwurfswerkstatt wurde im Februar 1993 ein kurzes Pilotprojekt durchgeführt. Teilnehmer waren Lehrkörper- und Studenten-Gruppen von der MIT School of Architecture and Planning (Cambridge, Massachusetts), der Harvard University Graduate School of Design (ebenfalls Cambridge), Washington University (St. Louis), der University of British Columbia (Vancouver) und der University of Hong Kong. Die Studenten arbeiteten gemeinsam zwei Wochen lang an einem Entwurf unter Verwendung von INTERNET als dem primären Kommunikationsmittel.

Das Projekt sah vor, Lückenbauten für ein traditionelles Dorf in den Neuen Territorien unweit von Hong Kong zu entwerfen. Das Dorf besteht aus regelmäßig angeordneten, sehr schönen traditionellen Häusern; es existieren jedoch einige leerstehende Flächen sowie Abschnitte, die in unbefriedigender Weise mit modernen Häusern bebaut wurden. Die traditionellen Häuser entsprechen nicht den Raumansprüchen einer modernen Familie aus Hong Kong; es ist auch schwierig, die alten Häuser mit modernen sanitären Einrichtungen, elektrischen Leitungen und Geräten auszustatten. Die Aufgabe der Studenten bestand darin, neue Haustypen zu entwerfen, die modernen Standards entsprechen und zugleich mit dem dörflichen Charakter harmonieren, und die Dorfanlage unter Verwendung dieser Haustypen zu rekonstruieren.

Ein Autocad-3D-Bauplatzmodell des Dorfes wurde in Hong Kong konstruiert und durch FTP den Nutzern an den anderen vier Orten zur Verfügung gestellt. Zudem wurden Photos des Dorfes digitalisiert und allen Hochschulen übermittelt. Der schriftliche Auftrag für das Projekt wurde von einem Mitglied des Lehrkörpers in Vancouver entwickelt und dann über elektronische Post an alle anderen Hochschulen gesandt. Die aus all dem resultierende Sammlung von Dateien lieferte die Basisinformation, mit der alle Studenten arbeiteten.

In der ersten Projektwoche entwarfen Studenten an allen vier Standorten Typenhäuser, produzierten 3D-Modelle und erzeugten Bilder. Am Ende der Woche fand eine elektronische Demonstration statt; zum Termin übermittelten die Studenten über FTP die Dateien mit ihren Projekten an einen bestimmten Server in Vancouver. Die Studenten arbeiteten auf verschiedenen Plattformen (Silicon Graphics, Sun, Athena DECstations, Macintosh) und Modellierer (Autocad, Computervision, Wavefront, Alias) und mit verschiedenen Modellierern, in Abhängigkeit davon, was an den verschiedenen Orten zur Verfügung stand und was ihnen bekannt war. Unvollkommene, aber dennoch ausreichende Kompatibilität wurde erreicht durch Verwendung von DXF als Austauschformat für Geometriemodelle sowie TIFF und TARGA als Format für Bilder. Die Studenten waren in der Lage, die eingereichten Projekte gegenseitig zu begutachten.

In der zweiten Woche wurde jeder Student aufgefordert, ein Projekt für die Rekonstruktion des ganzen Dorfes anzufertigen, einschließlich Lückenbauten und moderner Ersatzbauten. Die Studenten wählten Typenhäuser aus dem verfügbaren, gemeinsam erstellten Repertoire und paßten diese in Kopien des Bauplatzmodells ein. Während dieser Phase entwickelte sich ein beträchtlicher E-Post-Verkehr zwischen den Studenten an den verschiedenen Orten, als sie um Erklärungen der verschiedenen Haustypen ersuchten, ihre Kritik an den Arbeiten anbrachten, Modifizierungen vorschlugen und Fragen beantworteten. Am Ende der Woche reichten die Studenten wiederum ihre Projekte in Vancouver ein.

Um das Projekt abzuschließen, wurde eine virtuelle Begutachtung durchgeführt. Identische Sets von Bilddaten wurden allen Hochschulen zwecks Darstellung der Endprojekte übermittelt. An jedem Ort versammelten sich Studenten, Mitglieder des Lehrkörpers und die geladenen Mitglieder der Jury um eine Workstation, die mit einem großen Monitor oder Video-Projektor ausgestattet war. Die Bilder wurden in koordinierter Reihenfolge auf dem Display zur Darstellung gebracht, und die Diskussion der Jury verlief in üblicher Weise. Dies alles funktionierte recht gut, trotz einiger Pannen in Technik und Koordination, die bei einer derart einfachen Anordnung erwartet werden konnten.

Die Aufgaben und Interaktionen in diesem kurzen Projekt wurden sichtlich vereinfacht. Zur Anwendung kam nur ein niedriges Niveau der Telekommunikationstechnik. Die Erfahrung jedoch erwies sich als anregend für alle Beteiligten. Ernsthafte Entwurfsarbeit wurde geleistet, und die Grundidee wurde wirksam demonstriert. Es wurde deutlich, daß diese Art von Projektarbeit mit Hilfe eines höheren Niveaus der Technologie in der Tat sehr gut funktionieren kann.

4. Schlußfolgerungen

Vor fast vier Jahrzehnten schaute Norbert Wiener in *Cybernetics* mit bemerkenswerter Voraussicht in die Zukunft und eröffnete einen ersten Einblick in das virtuelle Architekturbüro:

> "Um die größere Bedeutung der Transformation von Informationen im Vergleich zur bloßen physischen Transformation zu erkennen, wollen wir einen Architekten in Europa annehmen, der den Bau eines Gebäudes in den Vereinigten Staaten beaufsichtigt... Unter diesen Bedingungen, selbst ohne materielle Objekte zu entsenden oder zu empfangen, kann der Architekt eine aktive Rolle bei der Ausführung des Gebäudes ausüben. Lassen wir ihn wie gewöhnlich seine Pläne und technischen Beschreibungen aufzeichnen. Ultrafax (Wieners gedachtes Kommunikationsgerät, Anmerkung des Verfassers) stellt ein Hilfsmittel dar, mit dem ein Faksimile aller erforderlichen Dokumente innerhalb des Bruchteils einer Sekunde übertragen werden kann, und die empfangenen Kopien sind als Arbeitspläne durchaus so gut wie die Originale. Der Architekt wird über den Fortgang der Arbeit durch photographische Aufnahmen auf dem laufenden gehalten. Diese Photos werden jeden Tag oder mehrmals täglich aufgenommen und ihm per Ultrafax übermittelt. Bemerkungen oder Hinweise, die er seinem Vertreter vor Ort mitteilen möchte, können per Telefon, Ultrafax oder Telex übertragen werden. Kurz, die körperliche Beförderung des Architekten und seiner Dokumente kann durch die Nachrichtenübertragung von einem Ende der Leitung zum anderen ersetzt werden."

Es ist an der Zeit, das schon jetzt weit über Wieners Voraussicht hinausgehende Potential der Computer- und Telekommunikationstechnologien zu erfassen und Wieners Visionen zu verwirklichen bzw. zu übertreffen.

Die kommende Umwälzung in der Architektur[1]

von
Francis Duffy

1. Triebkräfte der Veränderung

Der geschichtliche Zusammenhang, in dem der Berufsstand der Architekten geschaffen wurde, ist einer Vergegenwärtigung wert. In der Bemerkung, 'zu bauen bedeutet, ausgeraubt zu werden', spiegelt sich ein Jahrhunderte altes Mißtrauens einem chaotischen Gebilde gegenüber, dem wir heute die Ehre der Bezeichnung 'Bauindustrie' zukommen lassen. Darauf reagierend schlossen sich Architekten in den frühen Jahren des neunzehnten Jahrhunderts zusammen, um das zu werden, was man heute in der Computerwelt 'Anwälte des Auftraggebers' nennt, d. h. Fachleute mit ethischen Prinzipien, die dazu in der Lage sind, die Interessen ihres Auftraggebers von ihren eigenen zu unterschei-

1 Anmerkung der Herausgeber: Der folgende Artikel entwickelt einen Gedankengang, der um die berufliche Stellung des Architekten und in diesem Zusammenhang um die inhaltliche Bestimmung seiner Aufgabe sowie die ethischen Prinzipien seiner Berufsausübung kreist. Dabei setzt der Autor sich kritisch mit zwei miteinander zusammenhängenden wirtschaftspolitischen Ansätzen auseinander, die in seinem Herkunftsland Großbritannien bereits seit langem erklärte Regierungspolitik sind und auch bereits ungleich stärkere Wirkungen entfalten konnten als in Deutschland: die Deregulierung aller gesellschaftlichen Bereiche und eine angebotsorientierte Wirtschaftspolitik. Ein ethisches Selbstverständnis des Architekten, das dessen Anwaltschaft für die Klienten und Nutzer betont, muß sich zwangsläufig an diesen Tendenzen reiben. Der Autor entfaltet seine Überlegungen vor dem Hintergrund einer Rezession, die Großbritannien schon seit längerem erfaßt hat und die für Architekten schmerzhafte Auftragsrückgänge zur Folge hat. Als Reflexion über die Kernaufgaben des Architekten angelegt, enthalten sie dennoch auch eine Botschaft für das Facility Management.

den. Sie durchlebten damals denselben Prozeß, den Facilities Manager heute erfahren. Architekten wie Facilities Manager bewegen sich damit auf beiden Seiten der Grenze zwischen der Angebotsseite, die in Gestalt eines Heeres von Auftragnehmern auftritt, und der Nachfrageseite, womit hier die natürlichen Nutzer gemeint sind.

Makellos und uneigennützig, wie die Motive der Gründer der berufsständischen Architektenorganisation im Vereinigten Königreich in der Theorie und oft auch in der Praxis nun einmal waren, dauerte es nicht lange, bis der Apparat der Verhaltensregeln, der Registration, des Curriculums, der Honorarordnung, des Titelschutzes usw. zumindest für Außenseiter Mechanismen zu gleichen begann, die eher dazu da waren, Wettbewerber auszuschließen, als das Gemeinwohl zu bewahren.

Das war die Art aller Berufsverbände im neunzehnten Jahrhundert: Der beste Weg, um in einer Welt des Wettbewerbs, in der nur Erfolg oder Mißerfolg zählen, die Identität eines Berufes herzustellen und zu bewahren sowie diejenigen auszuschließen, die als 'Scharlatane' galten, bestand darin, einen möglichst hohen Schutzzaun um ihn zu errichten. Dieses Vorgehen ist entschuldbar, da es lange vor der Erfindung des Systemdenkens als ein Weg zur Integration von Komplexität gesehen wurde.

Facilities Management erreicht sein Reifestadium in dem völlig anderen Klima der letzten Dekade des zwanzigsten Jahrhunderts. Ich frage mich, ob ich denn allein dastehe mit der Wahrnehmung eines gewissen Neides unter Facilities Managern, sowohl hierzulande als auch in den USA, auf gewisse anachronistische und monopolistische Praktiken — Praktiken, die eher geschaffen sind, auszuschließen als zu integrieren —, welche die Architekten wie alle anderen ständisch organisierten Berufe nolens volens unter unnachgiebigem deregulativem und antimonopolistischem Druck ablegen. Noch wichtiger ist, daß Integration stärker als Abschottung das hervorstechende Merkmal des geistigen und beruflichen Lebens in unserem komplexen Zeitalter sein sollte. Es wäre schade, wenn trotz solcher starken Triebkräfte der Veränderung, wie Konsumentenorientierung, Systemdenken, Globalisierung, umfassender Information und vielfältiger Technik, die Facility Manager überkommene, auf Abschottung angelegte Praktiken aufnähmen, während die Architekten und andere ältere Berufe sich darum bemühten, neue und offenere Formen der Berufsorganisation zu schaffen.

2. Die Reform der Architektur

Unter den Bedingungen einer extremen Krise werden Reformen viel bereitwilliger unternommen. Heute scheinen Architekten bereit zu sein, ihren Beruf neu zu definieren, um einen sich herausbildenden Bedarf zu befriedigen. Bedingung ist, daß, was sich auch immer an der Weise ändern mag, in der Architektur hervorgebracht wird, die Architekten nicht gezwungen sind, die Werte aufs Spiel zu setzen, die ihnen am meisten bedeuten. Diese Werte sind zusammenfassend zu beschreiben als

— Schutz des Nutzers,
— Primat des Entwurfs,
— Verfügung über die Wissensgrundlagen.

Zusammen begründen diese drei Werte ein ethisches, künstlerisches und intellektuelles Programm. Das, was Architekten zu reformulieren und zu erreichen versuchen, ist sehr nahe an dem, wofür, wie ich glaube, auch Facilities Manager eintreten.

Alle diese Ideen sind in der Strategiestudie der RIBA (Royal Institute of British Architects, die britische Architektenkammer) ausgearbeitet, deren erster Abschnitt im Mai 1992 von der RIBA publiziert und im Juli 1992 durch eine Sondernummer von Building in der gesamten Bauindustrie verteilt wurde. Gegenwärtig werden alle Architekten und jedermann, den es interessiert, eingeschlossen selbstverständlich die Facilities Manager, zu ihren Meinungen über die im ersten Abschnitt getroffenen Schlußfolgerungen und festgelegten Richtungen befragt. Nächstes Jahr soll eine großangelegte Feldstudie beginnen, um die gegenwärtigen betrieblichen und finanziellen Bedingungen in einer Auswahl von Architekturbüros zu erfassen und herauszufinden, was Auftraggeber und Nutzer von Architektenleistungen heute erwarten und morgen möglicherweise verlangen werden. Architekten sind nicht besonders wohlhabend. Sie haben nicht viel zu verlieren und finden, daß es umso besser wäre, je mehr sie darüber wüßten, wo sie stehen. Es geht um eine Reform des Architektenberufs, um sich herausbildenden Bedürfnissen der Bauherren, Nutzer und der Gesellschaft zu entsprechen, ohne die Prinzipien aufzugeben, die auf die eine oder andere Weise immer das Wesen der Architektur ausgemacht haben.

3. Der Architekt des Chaos

Die durch die RIBA-Studie bisher aufgedeckten Veränderungen besitzen Implikationen, die auch für Facilities Manager Gewicht haben.

Architekten haben zwar einerseits viel mit der Bauindustrie zu tun, doch sind sie wie die Facilities Manager kein Teil jener Industrie, weil sie den Nutzern ebenso nahe und deshalb auch verantwortlich sind. Da die Interessen der Anbieterseite außerordentlich mächtig sind, unterliegen Architekten zunehmend der Konkurrenz durch solche Auftragnehmer, die den Bauherren integrierte Dienstleistungen 'aus einer Hand' anbieten.

Facilities Manager werden die Analogie zu der Unterscheidung zwischen denjenigen Mitgliedern ihres Berufs, die Bestandteil der Benutzerorganisation sind, und denjenigen, die als Auftragnehmer auftreten, in ihrem Bereich erkennen. Die Frage ist: Aus welcher Position ist es leichter, mit dem geringsten Interessenkonflikt die Sache der Nutzer zu vertreten? Die RIBA-Studie argumentiert, daß Architekten im Verhältnis zu der mächtigen, doch von Eigeninteresse getriebenen Bauindustrie über zwei Vermögen verfügen:

— Erstens sind sie am besten in der Lage, in dem Maße, wie sie die Konsumenteninteressen verstehen und zu artikulieren fähig sind, den Konsumenten zu schützen;
— zweitens verstehen sie es, zu entwerfen, da ihre Ausbildung darauf angelegt war, Verlangen in Realität umzusetzen.

Die Studie argumentiert weiter, daß Macht und Einfluß der Architekten viel mehr von diesen beiden Vermögen abhängen, als von irgendeiner selbstverfügten Führungsrolle unter den Bauleuten. Die kennzeichnende oder Kernbefähigung von Architekten ist ihre Fähigkeit, Entwurfslösungen zu liefern, die Bedürfnisse von Bauherren und Nutzern befriedigen. Daß Architekten den ästhetischen und den funktionalen Nutzen des Entwurfs schaffen, gibt ihnen eine entscheidende und zentrale Rolle im Bauprozeß.

Die drei von den RIBA-Beratern formulierten strategischen Empfehlungen entstammen dieser Sicht:

— Die Architekten müssen ihre zentrale Rolle festigen, indem sie sich darauf konzentrieren, die Anforderungen der Bauherren und Nutzer zu verstehen.
— Die Architekten müssen ihre Fähigkeit, Entwurfsleistungen zu erbringen, verbessern.
— Die Architekten müssen darauf vorbereitet sein, ein weiteres Spektrum von Entwurfs- und Managementleistungen zu erbringen.

Außenseiter mögen nicht dazu in der Lage sein, zu erfassen, wie bedeutungsvoll diese einfachen Empfehlungen sind. Viel von dem unbeweglichen Konservativismus, der der gegenwärtigen Berufsausübung der Architekten innewohnt — ihr Versagen vor der Aufgabe, sich der Zeit anzupassen und neue Wege zu finden, um den Klienten zu dienen —, entstammt einer Einrichtung, die den Architekten über 30 Jahre lang außerordentliche Vorteile gebracht hat: dem sogenannten 'Plan of Work', einem vorzüglichen, Schritt für Schritt vorgehenden Leitfaden zur Berufsausübung und zur Honorarabrechnung.[2]

Ein Übermaß an Tugend verwandelt sich oft in ein Laster — und der 'Plan of Work' bildet hier keine Ausnahme. Während die normale Weise, Architektenaufgaben zu lösen, dort beispielhaft vorgezeichnet ist, besteht die Schwäche dieses Dokuments und der Denkweise, auf die es sich stützt, darin, stillschweigend den Wert alternativer Lösungswege zu verkleinern. Was zwar unvermeidlich, in einer Zeit des Wandels aber unentschuldbar, unter 'sonstige Leistungen' eingeordnet wird, interpretieren Bauherren und Architekten sofort als 'unwesentlich'.

4. Die Bedeutung des Entwurfs

Das Hauptargument gegen die durchgängige Ankopplung der Honorarbemessung an den Planungsfortschritt, wie sie der 'Plan of Work' vorsieht, ergibt sich aus der ebenso unbeabsichtigten wie außerordentlich zerstörerischen Konsequenz einer Entwertung des Entwurfs.

Facilities Manager, die nie den Luxus einer festgelegten Stufenleiter der Honorare genossen und die sich selbst nie als Designer verstanden, mögen sich wohl fragen, welches Gewicht das Entwerfen für ihre Angelegenheiten hat.

Für die Autoren der RIBA-Strategiestudie bedeutet der Entwurf mehr als nur Styling — obwohl man zugeben muß, daß viele Architekten den Entwurf auf etwas reduziert haben, was sich zwischen Mode und Magie bewegt. Viele berühmte Architekten von Bürogebäuden beschäftigen sich z. B. beinahe ausschließlich mit dem 'Entwurf' der 10 cm tiefen sichtbaren Hülle des Gebäudes, das sie entwerfen. Die Strategiestudie argumentiert zwingend dafür, daß dies falsch ist.

Der Entwurf sollte etwas viel Grundlegenderes sein: Die kompetente und kostenbewußte Zuweisung von Ressourcen trotz Ungewißheit, unvollständiger

2 Der 'Plan of Work' entspricht ungefähr der deutschen HOAI, die ja auch zugleich mit den Modalitäten der Honorarabrechnung ein Schema zur sachlichen und zeitlichen Gliederung der Architektenleistungen festlegt.

Information und sich verschiebenden Zielen, um sowohl unmittelbare als auch langfristige Unterbringungsprobleme der Nutzer, Bauherren und auch der Gesellschaft als Ganzes zu lösen.

Der so verstandene Entwurf ist in keiner Weise die ausschließliche Domäne der Architekten, aber ihre Ausbildung versetzt sie in die Lage, Wissen und Urteilsfähigkeit — von ethischen Grundsätzen einmal abgesehen — anzuwenden, um schwierige und umstrittene Aufgaben, die oft sehr weitreichende Konsequenzen haben, zu lösen.

Facilities Manager werden darin eine Widerspiegelung der Entwicklung erkennen, welche die Definition ihrer eigenen Verantwortungsbereiche genommen hat, die sich vom tagesbedingten und technischen bis hin zum langfristigen und strategischen bewegten. Die RIBA-Studie beschrieb Design bewußt in Ausdrücken, die praktisch gleichbedeutend mit den Zielen und Verfahren des strategischen Managements sind. Facilities Manager erheben darauf ebenfalls Anspruch — mit anderen Worten: sie wollen sich auf der höchsten Ebene des unternehmerischen und unternehmenspolitischen Denkens durchsetzen. Nichts von dem kulturellen und künstlerischen Auftrag des Architekten wird durch diese Definition beeinträchtigt, noch daß irgendwelche der technischen Zuständigkeiten des Architekten aufgegeben würden. Nichts wird dadurch aufgegeben. Indem sie diese weite und strategisch ambitionierte Definition von Entwurf behaupten, weisen die Architekten die Behandlung als bloße Techniker durch die Bauindustrie zurück. Die Gegner des Facilities Management würden ganz zufrieden damit sein, wenn die Facilities Manager — bildlich gesprochen — im Kesselraum verbleiben würden und nichts damit zu tun hätten, die Zukunft der Unternehmen zu gestalten, für die sie arbeiten.

Angebotsorientiertes Denken tendiert immer dazu, die Problemlösung darauf zu beschränken, sich dem anzupassen, was die Hersteller liefern. Angebotsorientiertes Denken zieht es oft vor, dem Nachdenken über den Wandel auszuweichen. Innerhalb einer zunehmend komplexer werdenden und sich schnell wandelnden Welt ist dies nicht nur eine dumme Haltung, sondern auch unethisch.

5. Die Wissensgrundlage schaffen

Setzt man die Definition des Entwerfens als des Gebrauchs physischer Ressourcen im Dienste der Gesellschaft, also als einer geistigen Tätigkeit, die der höchsten Problemlösungsebene im Management nahesteht, voraus, dann müssen Facilities Manager ebenso wie Architekten einen überlebenswichtigen Anteil an der Lösung von Problemen ihrer Klienten und an der Entwicklung einer erfolgreichen Zukunft für sie übernehmen. Wenn Facilities Manager und Architekten ihr Bestes geben, können sie den Nutzer am wirksamsten schützen, indem sie strategische Ziele setzen und erreichen.

Facilities Management wurde oft als die Software beschrieben, die zu der Hardware gehört, die der Architekt liefert. Wie in der Computerwelt ist keine der beiden Seiten in sich selbst abgeschlossen; wesentlich ist vielmehr eine symbiotische Beziehung zwischen der architektonischen Hardware und der Software des Facilities Management, um der Aufgabe eines zeitlich ununterbrochenen Einsatzes der fortschreitend teurer werdenden Ressource Raum zum Zwecke der Lösung von Nutzerproblemen vollständig gerecht zu werden.

Jedoch ist dieses hochgesteckte Ziel nicht zu erreichen, ohne eine systematische Sammlung darüber aufzubauen, was Nutzer wollen, darüber, was Gebäude leisten und nicht leisten, und darüber, wie das Verhältnis von Nutzerbedürfnissen und Gebäudekapazität im zeitlichen Verlauf am besten abzustimmen ist. Die RIBA-Strategiestudie basiert auf der Idee, daß die berufliche Qualifikation vom Aufbau und Unterhalt einer solchen Wissensgrundlage abhängt. Tatsächlich ist der Zusammenhang zwischen Wissen und professioneller Einstellung noch enger: Berufsausübung ist nichts anderes als der ethische Gebrauch von Wissen im Zusammenhang des Handelns.

Die Geschäftswelt ist nicht dazu in der Lage, die Wissenslücke zu füllen. Noch können dies die Universitäten, deren wesentliche Tätigkeit darin besteht, zu forschen, ihre Arbeit zu überprüfen und zu validieren und die Theorie weiterzuentwickeln. Die einzige bedeutsame Rechtfertigung der freien Berufe und der Idee der beruflichen Qualifikation besteht darin, daß ihre Mitglieder nicht nur in einer besseren Position, sondern auch intellektuell besser befähigt sind als die Geschäftswelt oder die Universitäten, handlungsbezogenes Wissen aufzubauen. Es ist zu hoffen, daß Architekten wie auch Facilities Manager bereit sind, dieser großen und fortdauernden Verantwortung gerecht zu werden. Wenn nicht, sind die Ansprüche auf Beachtung in der strategischen Ebene, die Facilities Manager und Architekten erheben, nicht mehr als eine Menge heiße Luft.

6. Eine neue Form der beruflichen Organisation

Exklusivität war das Kennzeichen der Berufsstände. Es sollte klar sein, daß, während Architekten weiterhin die höchsten Standards für Zulassung und Ausbildung erstreben, die strategische Studie auf sehr verschiedenen und weit offeneren Prinzipien gegründet ist. Wissen erfolgreich zu entwickeln, aufrechtzuerhalten und weiterzugeben, muß immer die wahre Probe der professionellen Einstellung sein und ist es grundsätzlich immer gewesen. Es gibt einige offenkundige Lehren für Facilities Manager, denen die RIBA-Studie Nachdruck verleiht:

— Die Notwendigkeit, beim Aufbau der Wissensgrundlage der Facilities Manager so vielseitig und kontaktfreudig wie möglich zu sein: Der Bereich des Wissens ist unendlich;
— der Imperativ, Fraktionsstreitigkeiten innerhalb des Facilities Management zu vermeiden; z. B. zwischen verschiedenen Verbänden und Einrichtungen und zwischen verschiedenen Spezialisierungen wie dem Management von Büros, Universitäten und Gesundheitseinrichtungen. Der Rahmen des Berufsstandes muß groß genug sein, um sie alle zu umfassen;
— der vergleichbare Imperativ, daß der Berufsstand international in seinem Anspruch und seiner Organisation sein muß;
— die Definition, der Aufbau, die Haltung und die Bewahrung einer Sammlung des allein dem Facilities Management zuzuordnenden Wissens muß eine hohe Priorität erhalten;
— die von Anfang an erfolgende Anerkennung, daß Facilities Management ein vielfältiges Thema mit vielen Facetten des Fachwissens und der Forschung ist;
— die Gründung von und die Investition in Schulen auf Universitätsniveau und Forschungseinrichtungen, um die Wissensentwicklung, die in der Praxis im Zusammenhang des Handelns stattfindet, zu ergänzen und zu vervollständigen;
— die volle Verpflichtung auf das Konzept, daß die Berufsausbildung nie perfekt, nie vollständig ist, sondern sich durch das gesamte Leben eines Berufsmitglieds hindurch entfalten und entwickeln sollte;
— die heute gegebene großartige Gelegenheit, alle diese Ziele nicht im Wettbewerb, sondern in voller Zusammenarbeit mit verbündeten beruflichen Organisationen zu erreichen ohne etwas vom besonderen Charakter des Facilities Management aufzugeben.

Durchlässige Grenzen, Vielfalt, die Bereitschaft, Allianzen einzugehen, aufgeschlossene und uneingeschränkte Forschung, die Verpflichtung zu lebenslangem Lernen und eine Besessenheit darauf, die Wissensgrundlage aufzubauen, sollten die wesentlichen Charakteristika des neuen Professionalismus und selbstverständlich auch des Facilities Management, des neuesten Zweigs der Freiberufler, sein.

Architektur — Informatik — Management
Neue Perspektiven einer alten Beziehung

von
Hans Kahlen

In der Informatik und der Computertechnik im engeren Sinne sahen Architekten bisher ausschließlich Lieferanten für Werkzeuge, deren Wirkung vor allem darin bestehe, ihre Arbeit zu beschleunigen und komfortabler zu machen. Dieser Aufsatz vertritt die Meinung, daß diese Sicht zu eng ist.

Die Informatik bzw. die Nutzung der von ihr hervorgebrachten Techniken birgt ein Potential zur Veränderung der Architektur und des Berufsbildes des Architekten. Allerdings wird diese Dimension des Verhältnisses beider Disziplinen erst sichtbar, wenn der Architekt lernt, sich als Manager zu begreifen und aus dieser Position sowohl seine Aufgaben als auch die Möglichkeiten der Informatik neu zu bewerten.

1. Frühe Prophezeiungen

Das Verhältnis von Architektur und Informatik ist heute alles andere als frisch. Vielmehr hat es bereits eine lange Geschichte hinter sich, die neben ermutigenden Erfolgen auch enttäuschte Erwartungen sah. Schon lange bevor brauchbare computerbasierte Werkzeuge für Architekten auf den Markt kamen, hatten einige Autoren Utopien wie die der Architekturmaschine entworfen, welche die — sonst nur schwer greifbare — Kreativität des Architekten quasi aufsaugen und vergegenständlichen sollte. Eine solche Maschine würde automatisch eine architektonische Lösung produzieren, wenn man sie mit einer präzisen Beschreibung des Problems fütterte.

Doch selbst realistische Beobachter, deren Voraussagen weniger auf theoretischen Projektionen, sondern auf detaillierter Analyse der technischen Möglichkeiten beruhten, überschätzten die Effekte, welche die damalige Computertechnik auf die Architektur haben würde: Z. B. William J. Mitchell, einer der reputiertesten und einflußreichsten unter den Wissenschaftlern, die sich schon früh der Erforschung des Potentials der Informatik für die Architektur gewidmet hatten, sah in seinem zum Standardwerk gewordenen Buch[1] 1977 u. a. folgendes voraus:

— insgesamt einen revolutionären Einfluß des Computers auf die Architektur,
— die Durchsetzung formalisierter Gebäudebeschreibungssprachen als Grundlage der computergestützten Projektbearbeitung,
— die Automatisierung der wichtigsten Analyse- und Auswertungsverfahren bezüglich Statik, Bauphysik, Kosten und Dokumentation,
— die Funktion des Datenbankmanagers an zentraler Stelle innerhalb des Architekturbüros,
— eine neue Profession zwischen Architektur und Informatik, deren Aufgabe im Design von (computergestützten) Designsystemen bestehen sollte,
— bedingt durch die breite Verfügbarkeit computergestützter Hilfsmittel die Übernahme von immer mehr Entwurfsaufgaben durch Laien.

Es gehört wenig Kenntnis der Architektur und des Bauwesens dazu, um zu sehen, daß die Wirklichkeit von diesen Vorstellungen noch weit entfernt ist:

— Der Architektenalltag hat bisher noch keine revolutionäre Umgestaltung durch die Computertechnik erfahren,
— das wesentliche Kommunikationsmedium ist immer noch die Zeichnung und nicht etwa eine formale Sprache,
— Datenbankmanager sind in Architekturbüros noch seltener als 'Designer von Designsystemen' in der Softwareindustrie,
— das Entwerfen ist durch die heute zur Verfügung stehende Computerunterstützung bestimmt nicht einfacher geworden. In welchem Maße die Übernahme von Entwurfsaufgaben durch Laien wünschenswert und wahrscheinlich ist, bleibt weiterhin offen.

Weshalb ist dies so? Sind Anhaltspunkte erkennbar, die eine tiefgreifende Veränderung dieses Zustands erwarten lassen? Es gibt drei Determinanten, die in Betracht zu ziehen sind, wenn es gilt, die Gegenwart wie die Zukunft der Computerunterstützung für das Bauen einzuschätzen:

---

1 William J. Mitchell, Computer-Aided Architectural Design, New York, NY: Van Nostrand-Reinhold, 1977

— Die Situation des Bauens im Ganzen,
— die Aufgabe des Architekten,
— der Stand der relevanten Computer- und Softwaretechnik bzw. deren Entwicklungstendenzen.

Erst aus der zusammenhängenden Bewertung dieser Faktoren kann ein zukunftsträchtiges Bild von der Tätigkeit des Architekten und darin der Rolle computergestützter Werkzeuge entstehen.

2. Die Situation des Bauens

Wodurch ist das Bauen heute gekennzeichnet? Wichtig ist zu sehen, daß mehrere Seiten prägenden Einfluß auf es nehmen und daß jene dabei oft nur anonymen Zwängen gehorchen. Welcher Art sind diese Einflüsse?

— Wirtschaftlicher Druck: Den Bauherren liegt zunehmend an der beschleunigten, termin- und kostentreuen Planung und Ausführung von langfristig wirtschaftlichen Bauten. Der Zeit — in Gestalt der Produktzyklen, der Planungs-, Entwicklungs-, Herstellungs- bzw. Ausführungszeit — kommt heute eine wachsende wirtschaftliche Bedeutung zu. Die am weitesten entwickelten Industriegesellschaften sehen heute in der Zeit eine entscheidende Dimension, in der sie ihre Konkurrenz zunehmend austragen.
— Wachsende Nutzeransprüche: Die funktionalen, technischen und ästhetischen Anforderungen an Architektur wachsen infolge von Bestrebungen wie denen nach einer humanen Arbeitsumgebung, städtebaulicher Integrität, Corporate Identity, umfassender Nutzung der Informations- und Kommunikationstechnik, flexibel nutzbaren und wirtschaftlich unterhaltbaren Räumlichkeiten etc.
— Ansprüche des Gesetzgebers und der Öffentlichkeit: Eine Fülle von technischen und städtebaulichen Vorschriften mit Konsequenzen, die bis in Detailfragen hineinreichen, machen das Entwerfen nicht leichter. Bis zur Genehmigung eines Vorhabens ist eine große Zahl von rechtlichen Hürden zu nehmen. Zudem erfolgt dieser Vorgang unter den Augen einer kritischen Öffentlichkeit, deren Sensibilität z. B. in Umweltfragen gewachsen ist, und von Betroffenen, die ihre Ansprüche verteidigen.
— Spezialisierung: Das Bauen ist technisch, organisatorisch und rechtlich so kompliziert geworden, daß Planung und Ausführung immer mehr zur Sache von Spezialisten werden. Die ganzheitliche Sicht des Bauens und die gesamthafte Verantwortung für das Resultat drohen in dieser Entwicklung unterzugehen.

In ihrer Kombination sind die überwiegenden dieser Einflüsse geeignet, die Stellung des Architekten zu gefährden und die Architektur den Machern, Technikern und Juristen auszuliefern — letzten Endes auch zu Ungunsten der Nutzer und der Öffentlichkeit.

3. Die Aufgabe des Architekten

Wenn die Architekten in Zukunft mehr sein möchten als nur Verschönerungsexperten, die oberflächlich ergänzen, was in seiner wesentlichen Struktur andere konzipiert haben, dann müssen sie sich den Herausforderungen stellen, die in dem zuvor skizzierten Zustand des heutigen Bauens liegen. Welche Aufgaben ergeben sich daraus?

— Der Architekt muß sich auf seine gesamthafte Verantwortung für das Bauen besinnen. Diese bildet den Ausgangspunkt für alle weiteren Anstrengungen, seine Rolle im Bauen zu definieren.

— Der Architekt muß die Einheit des Bauens wiederherstellen: Dies kann der Architekt nicht, indem er Spezialist unter Spezialisten wird. Er muß vielmehr — um die Formulierung von Hannes Meyer zu verwenden — zum Organisator der Spezialisten werden.[2]

— Dazu muß der Architekt das Ganze des Bauens und der Nutzung des Gebauten überschauen; woraus sich seine Zuständigkeit nicht nur für die Planung, sondern auch für die Beratung zum Bedarf und zur Nutzung, sowie zur Konzeption von Bauten ableitet. Den Phasen 1—9 der HOAI muß, wie Degenhard Sommer formulierte[3], eine Phase 0 vorausgehen und müssen die Phasen 9+x folgen.

— Der Architekt muß realisieren, daß seine gesamthafte Verantwortung ihm eine Managementaufgabe auferlegt. Seine Aufgabe besteht darin, Menschen, Material und Kapital zu bewegen, um ein Ziel zu erreichen, das er in Zusammenarbeit mit den Beteiligten und Betroffenen präzisiert. Die Zielfindung ist selbst ein dynamischer Prozeß, der mit der Errichtung eines Gebäudes nicht abgeschlossen sein muß.

---

2 Vgl. Hannes Meyer, 'bauen', in: ders., Bauen und Gesellschaft, Schriften — Briefe — Projekte, Dresden: VEB Verlag der Kunst, 1980

3 Vgl. Degenhard Sommer, "'New Age' im Industriebau — Da stehen wir also — Besser: da liegen wir — Als Sonderfachmann für Behübschung", in: DBZ Deutsche Bauzeitschrift, Heft 11, November 1987

— Der Architekt muß sich die informationstechnische Basis schaffen, auf der er seiner Verantwortung gerecht werden kann. Planung ist von sich verzweigenden und immer wieder zusammenfließenden Informationssträngen abhängig, an denen außer den Architekten auch die Fachingenieure und weitere Beteiligte wirken. Die Kontrolle über den Planungsprozeß als Ganzen schließt die über das Geflecht der Informationsstränge ein. Dazu muß er die fachlichen Schnittstellen, die sich aus dem heutigen arbeitsteiligen Planungsprozeß ergeben, datentechnisch zu unterstützen in der Lage sein.

Will der Architekt die umfassende Zuständigkeit für das Bauen zurückgewinnen, die er in den weiter zurückliegenden Glanzzeiten seiner Profession innehatte, dann muß er sich dem Fortschritt öffnen, indem er die Herausforderung annimmt, die in der Komplexität des heutigen Bauens liegt. Nur als Manager, der das relevante informationstechnische Instrumentarium zu nutzen weiß, wird er die Einheit des Bauens wiederherstellen können.

4. Was heißt Planung?

Ein Plan ist in den Augen der meisten Architekten eine Zeichnung bzw. ein Satz von Zeichnungen, nach der bzw. dem Fachleute einen Bau auszuführen in der Lage sind. Diese Definition ist zwar teilweise richtig, doch sie schöpft den Umfang des Begriffes nicht aus, weil sie nicht abstrakt genug ist.

Allgemeiner formuliert, besteht ein Plan aus einer Menge von Angaben, die einen oder mehrere Adressaten dazu in die Lage versetzen sollen, eine Aufgabe zu erfüllen. Ob jene Angaben dies tatsächlich tun, hängt von ihrer Natur, den Umständen und dem bzw. den Adressaten ab.

Ein Plan muß also nicht unbedingt der Beschaffung bzw. der Herstellung eines Gegenstandes gelten, sondern kann auch auf eine Zielfunktion, wie die Bewegung an einen bestimmten Ort, oder eine soziale bzw. politische Aufgabe, wie die Verhinderung von Wirtschaftskriminalität oder die Erhöhung der sozialen Gerechtigkeit, gerichtet sein. Pläne können in zwei Formen auftreten:

— Als konkrete Handlungsanweisung zur Erreichung des Ziels (wie: 'tue x und wiederhole dann y solange, bis z erreicht ist'),
— in Gestalt einer Beschreibung des Ziels, die einen fachkundigen und mit hinreichenden Mitteln ausgestatteten Kreis von Adressaten befähigt, es zu realisieren (wie: 'das gewünschte Objekt besteht aus den Komponenten x, y und z in der Anordnung a').

Die Pläne, die Architekten herstellen, nehmen überwiegend die zweite Form an. Beiden Formen ist gemeinsam, daß sie eine Modellwelt voraussetzen: Die erste schließt eine Vorstellung von den Handlungen ein, zu denen die Adressaten in der Lage sind, die zweite von den verfügbaren Komponenten und deren herstellbaren Konfigurationen.

Innerhalb dieser konzeptionellen Welten entwickelt der Planer jeweils ein Modell der beabsichtigten Handlung bzw. des erstrebten Gegenstandes. Dieses Modell ist primär eine Vorstellung im Kopf des Planers, die ihn in die Lage versetzt, Fragen über diese Handlung bzw. diesen Gegenstand zu beantworten. Aus meinem Reiseplan entnehme ich z. B., wie lange ich benötigen werde, um ans Ziel zu kommen, und was mich das kostet; aus den Genehmigungsplänen muß hervorgehen, wie sich ein Gebäude städtebaulich einordnet, welche GFZ es hat und was eine Errichtung ungefähr kosten wird.

Die wesentliche Funktion eines Modells besteht darin, Zeichen an die Stelle der Realität zu setzen: Um herauszufinden, wie teuer ein Bau kommen wird, kann man ihn natürlich ausführen, doch wenn man zuerst ein zeichnerisches und rechnerisches Modell davon entwickelt und dieses auswertet, erhält man sich die Freiheit, sein Budget auch noch für einen alternativen Bau verausgaben zu können, der vielleicht schöner, billiger, zweckmäßiger etc. ist.

Zwischen den Baubeteiligten erfolgt der Austausch von Modellen vorwiegend durch zeichnerische Darstellungen. Hierbei ist zu beachten, daß Bauzeichnungen nur den erfahrenen Fachleuten — und auch diesen nur, wenn sie bestimmte Qualifikationsanforderungen erfüllen — eine hinreichend präzise Vorstellung von dem beabsichtigten Bau vermitteln. Der Schlüssel zu dem geistigen Modell, das einen Satz von Zeichnungen als Bedeutung transportiert, liegt in der Zeichensprache, deren sie sich bedienen.

Die herkömmlichen Techniken der Visualisierung, Auswertung und Analyse von Plänen nehmen alle von der Vorstellung ihren Ausgang, die Fachleute sich auf der Grundlage von Zeichnungen zu bilden vermögen, und der Planungsprozeß besteht ganz wesentlich darin, diese Vorstellung bei den Beteiligten zu entwickeln.

Dieser Vorgehensweise setzten heute vor allem die Komplexität der Vorhaben und die Spezialisierung der Technik eine Grenze: niemand überschaut mehr ein Objekt bzw. einen Plan in seiner Gesamtheit, sowohl in allen seinen Details und Konsequenzen als auch im Zusammenhang seiner Entwicklung. Auswertung, Visualisierung und Analyse von Plänen werden damit zu aufwendige Arbeiten mit einem hohen Fehlerrisiko.

Wenn einerseits Planen beim Bauen bedeutet, ein Modell des zu errichtenden Objekts zu entwickeln, andererseits sich jedoch niemand mehr dieses Modell als Ganzes in seinen wesentlichen Zusammenhängen vorstellen und die entscheidenden Fragen bezüglich dieses Objekts aus sicherer Anschauung beantworten kann, stellt sich die Frage nach Werkzeugen, welche die Komplexität dieser Aufgaben reduzieren. Entscheidend ist dabei die Objektivierung der Modellvorstellungen, die Gliederung komplexer Zusammenhänge und Aufgaben in überschaubare Teile mit definierten Schnittstellen, die Automatisierung umfangreicher Such-, Sortier- und Berechnungsvorgänge sowie Mechanismen, welche die gemeinsame Nutzung von planungsbezogenen Informationen durch verschiedene Projektbeteiligte ermöglichen.

Worin könnten solche Werkzeuge bestehen? Welchen Beitrag kann die Informatik zur Entwicklung eines Instrumentariums leisten, das die Bildung, Auswertung, Visualisierung und Analyse umfassender Modelle in der Planung von Bauten unterstützt?

5. Was leisten Computer?

Informatische Problemlösungen beruhen in der Regel darauf, geistige Inhalte zu vergegenständlichen und zu formalisieren, um sie einer maschinellen Darstellung und Bearbeitung zugänglich zu machen. Es stellt sich also die Frage, welche Möglichkeiten die Formalisierung und Repräsentation in Datengestalt welcher Inhalte eröffnet.

Gegenwärtig sind im wesentlichen drei Ansätze der Unterstützung des Bauens durch informatische Mittel zu sehen:

— Die Repräsentation der graphischen Inhalte von Zeichnungen und der Textinhalte von Planungsdokumenten im Rechner;
— die Entwicklung einer Informationsarchitektur, die die geometrischen, technischen und funktionalen Aspekte eines Bauobjekts im Rechner darzustellen, auszuwerten und zu analysieren erlaubt;
— die Aufstellung eines Satzes formalisierter Planungsregeln, die es erlauben würden, die Architektenarbeit unmittelbar an den Rechner zu delegieren.

Der erste Ansatz beruht auf einem Computermodell der traditionellen Medien Zeichnung und Text, der zweite auf einem solchen der Architektur, der dritte auf einem ebensolchen des Architekten bzw. seiner Fähigkeit, Architektur zu machen. Wie machbar, wie erfolgversprechend sind diese Ansätze und welche Möglichkeiten verschaffen sie uns? Hier sei ein Raster von fünf Fragestellungen vorgeschlagen, innerhalb dessen sich eine Bewertung durchführen läßt:

— Auf welche Weise rationalisiert ein Werkzeug die Architektenarbeit und trägt dadurch zur Beschleunigung und höheren Wirtschaftlichkeit der Planung bei?
— In welchem Maße verbessert es die Qualität der Ergebnisse?

— Wie beeinflußt es die Inhalte und die Organisation der Architektenarbeit?
— Erhöht es die Kohärenz der Phasen und professionellen Aspekte der Planung durch informationelle Integration?
— Vermehrt das Werkzeug den Umfang der relevanten Information, über welche die Baubeteiligten kurzfristig verfügen können, indem es die automatische Generierung von Auswertungen, Visualisierungen und Analysen erlaubt?

Während die beiden ersten Fragestellungen auf meßbare äußere Ergebnisse zielen, haben die drei letzten die Effekte zum Gegenstand, die von den Werkzeugen unmittelbar auf die Arbeitssituation, die Arbeitsweise und den Kenntnisstand der Architekten und anderen Beteiligten ausgehen. Im folgenden sollen die drei oben aufgezeigten Ansätze im Lichte dieser Fragestellungen erörtert werden.

6. Die Zeichnung im Rechner

Werkzeuge der ersten Art verwandeln den Computer in ein Zeichenbrett bzw. eine Schreibmaschine. Das hat unmittelbare Rationalisierungseffekte:
— Änderungen sind im Speicher des Rechners in der Regel schneller ausgeführt als auf Papier,
— Reproduktion und Transfer der Arbeitsinhalte sind auf der Basis elektronischer Medien ebenfalls schneller und einfacher zu bewerkstelligen als mittels der herkömmlichen papiergestützten Technik,
— die letzterer anhaftenden Fehlerquellen und Ungenauigkeiten sind weitgehend ausgeschlossen.

Zudem hat diese Vorgehensweise beim Computereinsatz den Vorzug, sich auf eingeführte Produkte und dokumentierte Erfahrungen stützen zu können. Vom Architekten sind dabei zunächst keine innovativen Denkleistungen mehr gefordert. Er braucht nur auf das Beispiel der Kollegen zu schauen, die diese Form des Computereinsatzes bereits erfolgreich praktizieren.

Damit soll allerdings nicht gesagt sein, daß die Einführung solcher Werkzeuge immer problemlos verlaufe. Die wirkliche Herausforderung liegt in der Tat in der organisatorischen Integration des neuen Werkzeugs, sowie darin, seine dauerhafte Akzeptanz durch die Mitarbeiter zu bewirken.

Die Erwartungen, die unter der oben ausgeführten Zielsetzung mit dem EDV-Einsatz zu verbinden sind, vermag diese Vorgehensweise jedoch nur bedingt zu erfüllen:

— Die mit dem Computer erstellten Zeichnungen sind ebenso phasenspezifisch wie die auf herkömmliche Weise entstandenen, da die Darstellungsweise der Elemente maßstababhängig ist;
— die Übergabe von Informationen zwischen den Planungsphasen ist deshalb nur in eingeschränktem Umfang möglich;
— programmgesteuerte Abfragen, Visualisierungen, Auswertungen und Analysen sind nur bedingt durchführbar, da mit den im Rechner gespeicherten graphischen Daten keine durch einfache programmtechnische Mittel erkennbaren Inhalte und funktionalen Zusammenhänge verknüpft sind. Entsprechendes gilt, wenn Planungsdokumente mit einem Textsystem erstellt werden.

Sollte der Vorteil des Rechnereinsatzes nicht zumindest theoretisch darin bestehen, daß dadurch die Fortschreibung von Informationen erleichtert und ihre Auswertung, Visualisierung und Analyse automatisierbar wird? Woher rührt dann diese widersinnige Einschränkung?

Die Ursache dafür liegt — grob gesagt — darin, daß die Modelle im Rechner nicht mit den Modellen im Kopf der Baufachleute übereinstimmen. Der am schwersten wiegende Unterschied besteht darin, daß ein fachkundiger Betrachter mit den graphischen Elementen einer Zeichnung eine architektonische, d. h. gestalterische, technische oder funktionale Bedeutung assoziiert, eine Computersoftware der hier diskutierten Art jedoch nicht; weshalb solche Programme nicht automatisch ein Türsymbol in einem 1:100 Plan für eine Visualisierung durch eine bildliche Darstellung ersetzen, die Anzahl z. B. eines gewissen Typs von Holzprofil ermitteln oder die Inhalte bestimmter Flächen und Volumen ausrechnen können.

Objekte, die in der beschriebenen Weise im Rechner repräsentiert sind, dreidimensional zu visualisieren, ist mit einem hohen Aufwand verbunden, da fehlende Informationen über die dritte Dimension, über Farben und Texturen, erst noch zu addieren sind.

Die Konsequenz ist klar: Auf der Basis einer derartigen Software läßt sich kein Informationssystem bauen, das die Kohärenz der Planung entscheidend verbessert und dem Architekten erlaubt, kritische Fragen schnell zu beantworten. Das Planwerk fällt immer noch in viele unverbundene Darstellungen auseinander, die nur die jeweiligen Fachleute korrekt interpretieren können. Auswertungen, Analysen und Visualisierungen bleiben ein mühevolles Geschäft. Die Synopsis der fachlichen Aspekte wird nicht unterstützt. Ebenso wenig ist damit die informationelle Integration aller Phasen im Lebenszyklus eines Gebäudes zu schaffen.

7. Das Modell im Rechner

Wie sind die Mängel eines Ansatzes zu überwinden, der im Rechner vor allem eine effiziente Zeichen- und Schreibmaschine sieht? Der Weg scheint klar zu sein: Indem man mehr als nur graphische Elemente oder Texte im Rechner speichert.

Die kritische Frage ist die nach der genauen Natur des 'mehr'. Zwei ebenso gegensätzliche wie sich ergänzende Vorgehensweisen sind denkbar:

— Die Gruppierung der graphischen Primitive zu Bedeutungseinheiten sowie deren Ergänzung um Attribute, die technische, wirtschaftliche etc. Daten speichern.

— Die zusammenhängende Beschreibung der geometrischen, technischen und funktionalen Struktur eines Gebäudes in einer formalen Sprache.

Selbstverständlich muß die zweite Methode die Leistungen der ersten umfassen: Die Worte der formalen Sprache müssen in graphische Zeichen übersetzbar sein, um die zeichnerischen Darstellungen hervorzubringen, die Baufachleute gewohnt sind. Graphische Elemente, die als Ensemble für Worte der Sprache stehen, müssen die Identifizierung dieser Worte ermöglichen. Indem er auf ein Element der graphischen Repräsentation eines Fensters zeigt, muß ein Anwender dazu in der Lage sein, die Beschreibung dieses Fensters abzurufen.

Welchen Ort nimmt die 3D-Modellierung innerhalb dieses Rahmens ein? Zunächst ist daran zu erinnern, daß die Repräsentation von dreidimensionalen Körpern im Rechner bereits den Bereich des rein Graphischen überschreitet. Es genügt nicht, z. B. nur Kanten und Flächen zu speichern, sondern auch die Information, daß bestimmte Flächen an bestimmten Kanten 'zusammengeklebt' sind, um die Oberfläche eines Körpers zu bilden, muß sich repräsentiert finden. Wirkliche 3D-Modellierung ist mehr als nur graphische Datenverarbeitung.

Was spricht dafür, den Weg von der Abstraktion einer formalen Sprache hin zur graphischen Darstellung zu nehmen, anstatt letztere mit zusätzlichen Informationen anzureichern? Vor allem, daß die in der architektonischen Ordnung des Entwurfs gründenden Beziehungen der modellierten konstruktiven Elemente durch Daten, die an graphische Primitive angehängt sind, nur umständlich und ineffizient zu repräsentieren sind.

Solange graphische Elemente über die Abbildung der architektonischen Ordnung im Rechner dominieren, wird die Phasenabhängigkeit der Darstellungen und die Schwerfälligkeit von Änderungen ein Problem bleiben. Z. B. sicherzustellen, daß mit einer Wand auch die in ihr sitzende Tür und der an ihr befindliche Wasseranschluß versetzt werden, setzt den Vorrang der Ordnung über die Graphik voraus.

Architekten entwerfen, indem sie eine Ordnung von Körpern und Räumen festlegen. Präzise metrische Angaben, wie etwa die Dicken der Wände, sind dabei unerheblich und werden in der Regel erst später festgelegt. Anders als ein Zeichenprogramm, das nur Linien abbildet, kann sich eine Software, die auf einer Repräsentation der architektonischen Ordnung beruht, der Plastizität der Phantasie anähern.

Wenn die Ordnung der Architektur sich im rechnerinternen Modell wiederfinden soll, dann muß diesem selbst eine Ordnung zugrundeliegen: Dies ist die einer Informationsarchitektur, welche die Kategorien benennt und zueinander in Beziehung setzt, in denen Bauten zu begreifen sind, und dadurch die Grammatik der Sprache festlegt, in der Architektur zu beschreiben ist.

Eine solche Informationsarchitektur für das Bauwesen existiert noch nicht. Von ihr wäre jedoch ein hoher Nutzen zu erwarten:

— Der Übergang vom Computer-Aided Draughting zum Computer-Aided Design, durch Unterstützung nicht des Bauzeichnens, sondern des Entwerfens.
— Die Einheit der funktionalen (Raumbuch), konstruktiven (Bauelemente) und ausführungsbezogenen (Gewerke) Sicht von Bauten.
— Die Automatisierung wesentlicher Auswertungen und Analysen.
— Werden dem auf der Informationsarchitektur beruhenden Gebäudemodell die Eigenschaften einer Datenbank gegeben, ermöglicht dies paralleles Entwerfen und Konstruieren im Team.
— Die Unterstützung wichtiger Aktivitäten in der Nutzungsphase von Bauten wie Instandhaltung, Kostenüberwachung, Umbau etc.
— Damit verbunden die informationelle Integration der fachlichen Aspekte und Phasen der Planung sowie der Lebensphasen des Gebauten.

Womit der sachliche Zusammenhang von Planen, Bauen, Nutzen und Instandhalten erst seine angemessene Widerspiegelung erhält. Dies ist der mit den Mitteln der Informationstechnik zu spinnende rote Faden, den der Architekt in der Hand behalten muß.

8. Der Entwurf aus dem Rechner

Ein standfestes, funktional akzeptables und vor allem genehmigungsfähiges Gebäude entspricht einer Vielzahl von Regeln. Diese Regeln bilden die Essenz der Bauvorschriften und der Vorgaben des Bauherren.

Viele Architekten wenden in ihrer Arbeit zudem Regeln an, die sie entweder selbst entwickelt oder von ihren Lehrern und Vorbildern übernommen haben. Regeln können zweierlei Charakter besitzen:

— Regeln, die ein Entwurf erfüllen muß und deren Einhaltung deshalb zu überprüfen ist,
— konstruktive Regeln, deren Anwendung das Entwerfen erleichtert, indem sie Lösungen zumindest für Teilprobleme erzeugt.

Z. B. die Konstruktion einer Außenwand muß gewisse Anforderungen an die Standfestigkeit, die Wärmedämmung und den Feuchtigkeitsschutz erfüllen. Diese Anforderungen lassen sich in Regeln fassen, die zwar ihre Überprüfung erlauben, den Architekten jedoch nicht beim Entwurf der Konstruktion unterstützen. Dazu dienen konstruktive Regeln, die den Architekten bei der Auswahl der Materialien, Verarbeitungsweisen und Fügungen anleiten.

Fraglich ist natürlich immer, ob das Produkt der Anwendung einer konstruktiven Regel alle Prüfkriterien erfüllt. Eine solche Regel wird vielleicht nur die Befriedigung einiger Prüfregeln garantieren. Die Übertragbarkeit des regelgeleiteten Entwerfens auf den Rechner hängt von zwei Voraussetzungen ab:

— Die Regeln müssen formalisiert sein, damit sie durch ein Programm implementierbar sind;
— der Entwurf selbst muß in einer formalen Notation repräsentierbar sein, um seine automatische Erzeugung bzw. Überprüfung zu gestatten.

Die hier betrachteten Methoden können also nur auf der Grundlage des zuletzt diskutierten Ansatzes zum Erfolg führen. Je reicher das im Rechner gehaltene Modell ist, desto mehr Möglichkeiten der Analyse eröffnen sich. Insofern handelt es sich nur darum, die Früchte einer umfassenden Modellierung zu ernten.

Wie sehen dagegen die Aussichten des generativen Ansatzes aus? Dürfen wir hoffen — oder befürchten —, daß die Architektur aus dem Rechner Wirklichkeit wird; wobei 'aus dem Rechner' heißen soll: vom Rechner erzeugt und nicht nur auf ihm entwickelt und in ihm modelliert?

Zunächst kommen einige Einwände in den Sinn, welche die Machbarkeit des generativen Ansatzes in Zweifel ziehen:

— Bauaufgaben sind in der Regel nicht scharf genug formuliert, um sie formalisieren zu können. Vor allem steht am Anfang eines Bauvorhabens meist keine explizite und vollständige Zielformulierung. Vielmehr klären und entwickeln sich die Ziele mit dem Fortschreiten des Vorhabens. In diesem Prozeß eine moderierende Rolle zu spielen, gehört zu den Aufgaben des Architekten, die sich aus seiner gesamthaften Verantwortung ergeben.

— Die Regeln, denen Architekten folgen, sind meist noch unschärfer formuliert als ihre Aufgaben. Zudem ergibt sich das Problem, die Anwendbarkeit einer Regel zu beurteilen. Dazu benötigt eine Architekturmaschine wiederum eine Regel.

— Generative Verfahren erzeugen in der Regel zu viele Lösungen. Die sogenannte kombinatorische Explosion der Lösungsmenge ist ein Problem, das alle Ansätze plagt, die komplexe Aufgaben wiederholt in Teilaufgaben zerlegen und durch blinde Kombination von Teillösungen zu lösen trachten. Auch die schnellsten Rechner sind unzureichend, um alle kombinatorisch erzeugten Lösungen zu bewerten.

— Offen bleibt die Frage, wer die Verantwortung trägt für Lösungen, die vom Rechner automatisch erzeugt wurden. Der Einsatz automatischer Verfahren ist nur dort verantwortbar, wo ihrer Anwendung eine gesicherte Theorie zugrunde liegt, welche die Qualität der Ergebnisse prognostizierbar und bewertbar macht.

Im Sinne des obigen Kriteriums ist es sicher vertretbar, die Stahlquerschnitte einer Bewehrung von einem Programm berechnen zu lassen. Das Entwerfen steht jedoch nicht auf vergleichbar sicheren wissenschaftlichen Beinen, um dasselbe für den Grundriß einer Büroetage tun zu können. Künstliche Intelligenz ist mangels einer theoretischen Fundierung ihrer Anwendungsbereiche bisher ein uneingelöstes Versprechen geblieben. Automatisches Entwerfen als ein entsprechender Anwendungsfall teilt dieses Schicksal.

Die automatische Generierung von Lösungen wird sich also vorerst auf abgrenzbare einfache Teilaufgaben beschränken. Ein Programm kann z. B. Vorschläge für die Konstruktion von Treppen machen. Größere Bedeutung als die Generierung wird jedoch die Analyse von Lösungen haben. Der Computer wird weniger entwerfen, sondern das vom Architekten Entworfene auf die Einhaltung der Vorschriften, auf Wirtschaftlichkeit etc. überprüfen und allen Beteiligten in möglichst realistischen Bildern vorführen. Der dritte Ansatz ist anscheinend dort am fruchtbarsten, wo er sich als konsequente Weiterentwicklung des zweiten darstellt.

9. Probleme und Perspektiven

Wo stehen wir heute tatsächlich, was die Computerunterstützung des Bauens angeht? Die Programme, die heute in der Praxis Anwendung finden, entsprechen meist nicht präzise den angeführten Kategorien, sondern bewegen sich oft zwischen ihnen.

Allerdings sind die meisten der heute eingesetzten Produkte im Grunde Zeichenprogramme, gehören also in die erste Kategorie. Sie bieten jedoch oft Erweiterungen, die es erlauben, graphische Elemente mit architekturspezifischen Bedeutungen zu versehen, in begrenztem Umfang 3D-Visualisierungen durchzuführen etc. Ansätze, in die dritte Kategorie vorzustoßen, sind bisher kaum wahrnehmbar. Was ist an der heutigen Situation besonders unbefriedigend?

— Die Herstellung hochwertiger Visualisierungen ist immer noch mit einem großen Aufwand verbunden. Die Durchgängigkeit zwischen den Architektur-CAD-Systemen und den High-end-Renderingprogrammen ist nicht gegeben.
— Die graphischen CAD-Daten sind nicht in ausreichendem Maße mit solchen verbunden, welche die technische, funktionale und wirtschaftliche Struktur eines Objekts reflektieren. Die für die Bewertung eines Entwurfs entscheidenden Auswertungen und Analysen sind nicht oder nur unzureichend automatisierbar.
— 3D-Volumenmodellierung ist, wegen der großen Zahl der entstehenden Körper bzw. Flächenprimitive und den daraus resultierenden langen Reaktionszeiten der Systeme, in großen Projekten nicht einsetzbar.
— Die Übergabe von CAD-Daten zwischen den Planungs- und Lebenszyklusphasen sowie zwischen den Beteiligten ist mangels eines Standards, der auf einem umfassenden Produktmodell beruht, immer noch ein mit Schwierigkeiten beladenes Unterfangen mit allzu oft unbefriedigenden Ergebnissen. Ähnliches gilt auch für die Planungsdokumente, die Textgestalt haben. Es fehlt insgesamt ein Rahmenstandard für die Baudokumentation.
— Heutige CAD-Systeme unterstützen in der Regel Teamwork überhaupt nicht oder nur sehr unzureichend. Die meisten sind reine Einzelbenutzersysteme. Concurrent Engineering — ein Schlüsselbegriff aus dem Maschinenbau, mit dem sich die Hoffnung verbindet, Entwicklungszeiten entscheidend verkürzen zu können — ist damit nicht möglich.

Der Bedarf an Werkzeugen, welche die angeführten Mängel nicht aufweisen, ist unabweisbar. Folgende Tendenzen und Bestrebungen unterstreichen diesen Sachverhalt:

— Visualisierungen in Gestalt von Videofilmen, photorealistischen Graphiken etc. stellen heute ein wesentliches Medium der Kommunikation zwischen Architekt, Bauherren, Behörden, Nutzern, Investoren und der Öffentlichkeit dar. Eine gute Visualisierung überzeugt oft mehr als viele Worte. Sie in allen — besonders auch den frühen — Planungsphasen kurzfristig präsentieren zu können, stellt einen Wettbewerbsvorteil dar.

— Eine frühzeitige Bewertung von Entwürfen unter Gesichtspunkten wie Genehmigungsfähigkeit, Ausführbarkeit, Machbarkeit der Nutzung, Wirtschaftlichkeit, Energiebilanz etc. gewinnt für alle Beteiligte unter den Bedingungen eines verschärften Wettbewerbs zunehmende Bedeutung.

— Eine effiziente und präzise Planung verlangt die enge Zusammenarbeit der Beteiligten. Datenaustausch auf der Basis eines angemessenen Produktmodells ist deshalb unerläßlich. Dies gilt in gleicher Weise von der Zusammenarbeit mit den Gebäudeverwaltern zum Zwecke einer effektiven Nutzung und Instandhaltung im Sinne des Facility Management.

— Eine beschleunigte Planung stellt heute für die Bauherren aus der Wirtschaft einen wesentlichen Faktor im Wettbewerb dar. Neben der Beschleunigung der Einzelschritte stellt vor allem deren Parallelisierung eine Quelle dar, aus der sich Zeit gewinnen läßt.

— Seine Verantwortung kann der Architekt nur so weit wahrnehmen, wie sein Wissen und seine Steuerungsmöglichkeiten reichen. Aus diesem Grund benötigt er Werkzeuge und Schnittstellen, die seine Informations- und Kontrollmöglichkeiten in der ausgeführten Weise erweitern.

Folgendes Fazit drängt sich auf: Bei allen Vorzügen, die existierende Systeme aufweisen mögen, sind doch weitere Anstrengungen nötig. Die Architekten müssen aus einem erneuerten Verständnis ihrer vielgestaltigen Rolle als Kreative, als Berater und Manager ihre Forderungen an die Informatik formulieren.

Die zukünftige Informationsarchitektur für das Bauwesen kann nur das Ergebnis einer interdisziplinären Anstrengung sein, die folgende Momente umfaßt:

— Formulierung eines Berufsbildes, das den Herausforderungen, die in den Management- und Beratungsaufgaben des heutigen Bauens liegen, ebenso gerecht wird wie den Chancen, welche die Informatik eröffnet.

— Bestimmung der fachlichen Schnittstellen zu den anderen mit dem Bauen und der Nutzung von Bauten befaßten Professionen, wie Fach-Ingenieure, Facility Manager etc.

— Spezifikation der Anforderungen, die aus der Sicht des erneuerten Berufsbildes an das informatische Instrumentarium wie an die Qualifikationen des Architekten zu stellen sind.

— Formalisierung und Implementierung der Werkzeugsspezifikationen in enger Zusammenarbeit zwischen Architekten und Informatikern.

— Begleitende Zusammenarbeit mit Sozial- und Wirtschaftswissenschaftlern, um die Integrierbarkeit in betriebliche und gesellschaftliche Zusammenhänge sicherzustellen.

Literatur

Meyer, Hannes; 'bauen'; in: ders., Bauen und Gesellschaft, Schriften — Briefe — Projekte; Dresden: VEB Verlag der Kunst, 1980

Mitchell, William J.; Computer-Aided Architectural Design; New York, NY: Van Nostrand-Reinhold, 1977

Sommer, Degenhard; "'New Age' im Industriebau — Da stehen wir also — Besser: da liegen wir — Als Sonderfachmann für Behübschung"; in: DBZ Deutsche Bauzeitschrift; Heft 11, November 1987

AUTORENVERZEICHNIS

Keith **Alexander**, BSc BArch; Architekt; Jahrgang 1949; Architekturstudium an der Welsh School of Architecture (WSA) und der University of Wales am Institute of Science and Technology (UWIST); Akademischer Direktor des 'Centre for Facilities Management' an der University of Strathclyde, Glasgow; Kursleiter des postgradualen MSc und MBA Facilities Management; Gründer und seit 1988 Vorsitzender des EuroFM European Facilities Management Network; Berater für Facility Management bei großen (Privat-)Unternehmen und im (öffentlichen) Gesundheitswesen in England und Schottland.

Dipl.-Ing. Henning **Balck**, Architekt; Jahrgang 1943; Studium der Architektur an den Universitäten Karlsruhe und Stuttgart; Inhaber des Instituts für Projektmethodik und Objektservice in Mannheim; Lehrtätigkeit an Fachhochschulen und Fortbildungsakademien; Unternehmensberater mit den Schwerpunkten Facility Management und Projektmanagement und der Einführung dieser Konzepte in Großunternehmen.

Prof. Franklin D. **Becker**, PhD; Jahrgang 1946; BA, Psychology, University of California, Davis; MA, Social Psychology, Boston University; PhD, Social Psychology, Environmental Psychology, University of California, Davis; Professor für Facility Planning and Management and Human/Environment Relations am College of Human Ecology an der Cornell University, Ithaca, NY; Mitbegründer des dortigen Facility Planning and Management Programs.

Prof. Ranko **Bon**, PhD; Jahrgang 1946; Dipl.-Ing. Arch. der Universität Belgrad; Master of City Planning der Harvard Graduate School of Design; PhD in Urban Studies and Planning am MIT; von 1980—1983 Dozent für Economic Policy and Planning am Economics Department der North Eastern University; 1983—1990 Dozent für Building Economics am Architecture Department des MIT Massachusetts Institute of Technology; seit 1990 Bovis Professor of Construction Management and Economics am Department of Construction Management and Engineering der University of Reading, England.

Francis **Duffy**, MArch, MA, PhD; Architekt; Jahrgang 1940; Architekturstudium an der Architectural Association School in London, und der University of California, Berkeley, sowie der Princeton University; 1971 mit Partnern Gründung eines Architekturbüros, der späteren DEGW International Ltd.; Beratungstätigkeit für Nutzeranforderungen im 'Office Planning', der Flächennutzung und für Organisationsstrukturen; Visiting Professor in Facility Management am University College London; Forschung und Publikationen im Bereich der Entwurfstheorie und -praxis und im Facility Management; gegenwärtig Präsident des Royal Institute of British Architects (RIBA).

Dipl.-Soz. Dr. Gernot **Feldhusen**; Jahrgang 1943; Studium der Soziologie und Volkswirtschaft an der Universität Hamburg; Promotion an der Universität Gießen zur Berufssoziologie der Architekten; 1968—1986 Geschäftsführer und wissenschaftlicher Mitarbeiter des Bundes Deutscher Architekten; 1986—1992 Chefredakteur der Zeitschrift Bausubstanz; seit 1992 Geschäftsführer des Gesamtverbandes Dämmstoffindustrie GDI.

Jeffrey M. **Hamer**; Jahrgang 1949; BArch der University of Southern California, MArch der University of California at Los Angeles; Dozent an der Graduate School of Architecture and Urban Planning der UCLA; Mitbegründer und langjähriger Manager 'The Computer Aided Design Group'; Präsident der Asset Direction Inc. in Oak Park, CA, eines Beratungsunternehmens für Facility Management.

Dipl.-Ing. Dr. techn. Heinrich **Harden**; Jahrgang 1930; Studium des Bauingenieurwesens an der Technischen Universität Braunschweig; Dissertation 1989 über integrierte, EDV-unterstützte Planung; beratender Ingenieur; betreibt seit 1977 die IHP, eine Ingenieurgesellschaft in Braunschweig, mit den Schwerpunkten Projektplanung und -steuerung; 1978 Gründung der IPEC Ingenieurgesellschaft für Projektsteuerung, Entwicklung/EDV, Consulting mbH; zur Entwicklung von Software, speziell für CAD-Anwendungen, und der Schulung von Architekten und Ingenieuren, 1983 Gründung der ICT Institut für Computertechnologie GmbH in Braunschweig mit Niederlassungen seit 1986 in Mainz und 1991 in Cottbus.

Dipl.-Ing. Uwe W. **Heidbreder**, Architekt; Jahrgang 1936; Studium der Architektur und humanistisches Studium an der Technischen Universität Berlin; ab 1969 Tätigkeiten in der Agiplan Gruppe in unterschiedlichen leitenden Funktionen; Lehrtätigkeiten an der Fachhochschule Wuppertal: Experimentelles Entwerfen und Arbeitsmethodik; Arbeitsschwerpunkte der letzten Jahre: Planungen, Unternehmensberatungen und Entwicklungen auf den Gebieten strategische Werksentwicklungsplanung, Facilities Management und Quality Management.

Univ.-Prof. Dkfm. Dr. Michael **Hofmann**; Jahrgang 1932; Leiter der Interdisziplinären Abteilung für Wirtschafts- und Verwaltungsführung am Institut für Wirtschafts- und Verwaltungsführung, Personalwirtschaft und Wirtschaftspädagogik an der Wirtschaftsuniversität Wien; umfangreiche Beratungstätigkeit, spezialisiert auf psychologische Personal- und Managementberatung; 1983 Mitgründer der CSG Consulting Studien-Gruppe, der Vorläuferin der MCI Management Consulting Institut GmbH, jetzt Wien und Berlin; Projektleitung im Bereich Beratungsforschung; Betreuung interdiszplinärer und interuniversitärer Projekte; Mitinitiator der Entwicklung des Forschungsschwerpunktes Facility Management und der Gründung des Facility Management Instituts, Zürich, jetzt Berlin.

Prof. Dr.-Ing. Dipl.-Ing. Hans **Kahlen**, Architekt (BDA); Jahrgang 1952; 1974 bis 1981 Studium der Architektur an der Fachhochschule und der Rheinisch-Westfälischen Technischen Hochschule in Aachen; 1977 Dipl.-Ing. (FH); 1981 Dipl.-Ing RWTH; 1977 Gründung eines eigenen Architekturbüros; Forschung im Bereich EDV-Einsatz in der Architektur; 1990 Dissertation an der Universität Dortmund über CAD in der Architektur und Gründung der FCA Forschungsgesellschaft für Computeranwendung in der Architektur, Aachen; Wettbewerbserfolge im In- und Ausland; Planung und Durchführung von Großprojekten für private und öffentliche Bauherren; seit 1990 mit besonderem Schwerpunkt in Berlin und den neuen Bundesländern; seit 1993 Inhaber des Lehrstuhls für Architekturdarstellung und Architekturinformatik an der Fakultät für Architektur und Bauingenieurwesen der Technischen Universität Cottbus.

Dipl.-Ing. Jürgen **Krummacker**; Jahrgang 1951; Studium der Versorgungstechnik an der Fachhochschule Braunschweig-Wolfenbüttel; verschiedene Tätigkeiten im haustechnischen Anlagebau; seit Mitte 1980 gezielte Beschäftigung mit der Bewirtschaftung von Immobilien in technischer und kaufmännischer Hinsicht; seit 1991 Geschäftsführer der Köllmann Verwaltung und Technik GmbH.

Prof. William J. **Mitchell**; Jahrgang 1944; BArch der Melbourne University; Master of Environmental Design der Yale University; Master of Arts der Cambridge University; 1970—1986 an der School of Architecture and Planning der University of California, Los Angeles; Direktor des Architecture/Urban Design Program; Lehrtätigkeit an der Yale University, Carnegie-Mellon University, der Cambridge University sowie an der Graduate School of Design der Harvard University; seit 1992 Professor für Architektur, Medien-Kunst und Medien-Wissenschaft am MIT Massachusetts Institute of Technology, Cambridge, MA, und Dekan der School of Architecture and Planning.

Gareth Edward **Mulligan**, BA; Jahrgang 1971; 1988—1990 Studium am Trinity College in Dublin mit dem Schwerpunkt Volkswirtschaftslehre; 1990—1991 Teilnahme am Austauschprogramm der Universität Tilburg, Holland; 1992 Praktikum bei der FCA Forschungsgesellschaft für Computeranwendung in der Architektur, Aachen, und am FMI Facility Management Institut in Berlin; seit 1993 Doktorand bei Prof. Ranko Bon am Department of Construction Management and Engineering an der University of Reading, England.

Edmond P. **Rondeau**, MBA; Jahrgang 1945; MBA in Real Estate der Georgia State University; Bachelor of Architecture des Georgia Institute of Technology; Mitglied und ehemaliger Präsident der 'International Facility Management Association' (IFMA); langjährige Beratungstätigkeit im Bereich Immobilien-Management und Facility Management.

Melvin R. **Schlitt**; Jahrgang 1950; BA in Business Administration der Michigan State University; leitende Tätigkeit im Bankwesen, Bereich Liegenschaften; Forschungs-, Lehr- und Beratungstätigkeit am Facility Management Institute, Ann Arbor, MI; Gründungsinitiator der IFMA International Facility Management Association, jetzt Houston, TX; ab 1980 zuerst bis 1984 Teilzeit-, dann hauptberuflicher Geschäftsführer der IFMA; 1990 Gründung des Beratungsunternehmens M. R. Schlitt Associates in Houston, TX; Beratungs-, Tagungs- und Seminartätigkeit im Bereich Facility Management.

Dipl.-Volkswirt Wolf D. **Schumacher**, Jahrgang 1948; Studium der Wirtschaftswissenschaften mit den Schwerpunkten Industriebetriebslehre und Unternehmensforschung an der Johannes-Gutenberg-Universität Mainz am Rhein; langjährige Unternehmensberatungstätigkeit im Bereich Produktions-Logistik bei einem großen internationalen Beratungsunternehmen; seit 1984 selbständiger Unternehmensberater auf technisch-betriebswirtschaftlichem

Gebiet; Arbeitsschwerpunkte: betriebliche Logistik und Ressourcenmanagement.

Dr. rer. nat. habil. Diplomphysiker Werner **Schwarz**; Jahrgang 1939; Studium der Physik an der Friedrich-Schiller-Universität Jena; Dissertation 1972 über Quantenchemie; anschließend 24 Jahre Industrietätigkeit als Hauptabteilungsleiter und Direktor von Industrierechenzentren; seit 1977 Honorardozent; Promotion B (Habilitation) 1985; ab 1986 Hochschuldozent im Fachbereich Bauingenieurwesen der Technischen Hochschule Leipzig und dort von 1988 bis 1992 Leiter des interdisziplinären Forschungsprojekts 'Computerintegriertes Bauen (CIB)'; seit 1990 Leitung von Forschungsprojekten des FMI Facility Management Institut; seit 1993 Lehrbeauftragter am Lehrstuhl für Architekturdarstellung und Architekturinformatik an der Fakultät für Architektur und Bauingenieurwesen der Technischen Universität Cottbus.

o. Univ.-Prof. Dipl.-Ing. Dr.-Ing. Degenhard **Sommer**, Architekt; Jahrgang 1930; 1952—1955 Architekturstudium in Karlsruhe und am IIT Illinois Institute of Technology in Chicago bei Mies van der Rohe; seit 1959 freiberuflich tätig; seit 1973 Universitätsprofessor für Industriebau und seit 1980 Vorstand des Institutes für Hochbau und Industriebau an der Technischen Universität Wien.

Theodore B. **Stout**; Jahrgang 1952; Mitbegründer des Atlanta Chapter der 'International Facility Management Association' (IFMA); langjährige Tätigkeit als Betriebsgebäude- und Liegenschaftsverwalter; Beratungstätigkeit mit Spezialisierung auf Verwaltung von Firmengebäuden und Liegenschaften; Veröffentlichungs- und Vortragstätigkeit im Bereich Facility Management; Präsident der Ressources Sciences Associates Inc.; Chappaqua, NY.

Dipl.-Ing. Lutz **Weisser**, Architekt; Jahrgang 1962; Architekturstudium an der Technischen Universität Wien und der Rheinisch Westfälischen Technischen Hochschule in Aachen; seit 1986 Architekt in Wien in der Büropartnerschaft 'Architekten am Graben'; seit 1989 wissenschaftlicher Assistent und Lehrbeauftragter am Institut für Hochbau und Industriebau der Technischen Universität Wien.